中外价值观教育
前沿论丛

顾　问　杨晓慧
总主编　高　地

美国现代道德文化建构与
软实力变迁研究

高地 著

商务印书馆
创于1897
The Commercial Press

图书在版编目（CIP）数据

美国现代道德文化建构与软实力变迁研究 / 高地著
. — 北京：商务印书馆，2024
ISBN 978-7-100-23974-5

Ⅰ．①美… Ⅱ．①高… Ⅲ．①道德建设－研究－美国
Ⅳ．① B82

中国国家版本馆 CIP 数据核字 (2024) 第 095573 号

中外价值观教育前沿论丛
顾　问　杨晓慧
总主编　高　地
美国现代道德文化建构与软实力变迁研究
高　地　著

商 务 印 书 馆 出 版
（北京王府井大街 36 号　邮政编码 100710）
商 务 印 书 馆 发 行
艺堂印刷（天津）有限公司印刷
ISBN　978-7-100-23974-5

2024 年 6 月第 1 版　　　开本 710×1000　1/16
2024 年 6 月第 1 次印刷　　印张 13¼
定价：68.00 元

总　序

一

　　当今世界正经历百年未有之大变局。这既是一场发生在经济与政治领域的深刻变局，也是一次人类价值秩序的深度变革。一方面，随着中国的和平稳步崛起，我国的国际地位和世界影响力显著提升，推动构建人类命运共同体、共建"一带一路"倡议得到了国际社会积极响应，赢得了世界人民的广泛认同，中国价值正在全世界显示出前所未有的影响力和感召力。而与之相对的，是老牌发达资本主义国家经济增长乏力，政治与社会风险加剧，长期以来构成西方主导意识形态的自由主义价值秩序面临着越来越严重的深层困境。恰如习近平总书记所言，"我国处于近代以来最好的发展时期，世界处于百年未有之大变局，两者同步交织、相互激荡"。

　　价值秩序变革必然伴随着激烈的价值冲突。全球化时代，原本植根于不同经济基础、文化样态和制度模式的各类价值观逐渐相互激荡、彼此碰撞，包括现代价值与传统价值的碰撞、世俗价值与宗教价值的碰撞、社会主义价值与资本主义价值的碰撞等。尤其在保护主义、孤立主义与民粹主义大行其道的当下，文明间的交流互鉴与相互理解显得格外重要。习近平总书记指出，"文明是多彩的，人类文明因多样才有交流互鉴的价值"，"文明是平等的，人类文明因平等才有交流互鉴的前提"，"文明是包容的，人类文明因包容才有交流互鉴的动力"。以更加开放包容的精神，积极吸收和借鉴人类文明的有益成果，同世界各国一道携手构筑"和平、发展、公平、正义、民主、自由"的全人类共同价值，为社会发展进步提供正确的精神指引和强大的精神动力，是当代中国价值观建设的重要使命。

　　从价值秩序变革和价值冲突加剧的背景出发，教育的基础性、先导性地位愈发得到凸显。为了应对复杂的世界局势，确保未来的生存权和发展权，世界各国都日益注重通过教育树立主导价值，凝聚价值共识，为本国、本民族培养人才。可以说，价值观教育已经成为一个兼具民族性与世界性的人类课题。对于中国而言，中国价值的影响力和感召力既取决于中国价值观自身的科学性、真理性，同时也取决于能否开展行之有效的价值观教育与对外价值传播。党的十八大以来，我国高度重视通过价值观教育承载马克思主义理论研究和实践传播，广泛开展培育和践行社会主义核心价值观、大中小学思想政治理论课建设、深化创新爱国主义教育等实践活动，为全社会的有序运行、良性发展提供了明确的价值准则和价值引领，在各种利益矛盾与思想差异之上最广泛地形成了价值共识和团结奋斗的强大精神力量。与此同时，我们大力推动中国文化走出去，尽力讲好中国故事、阐述中国理念、展示中国魅力，使世界人民更加理解和认同中国价值观，有效提升了中国价值的影响力与感召力。

从价值秩序变革和价值冲突加剧的背景出发，还需要深刻把握世界价值观教育发展的重大课题，既包括如何进一步创新发展、不断提升科学性和有效性的长期性课题，也包括在多元文化交融交锋背景下如何"保持本色"和"引领世界"的时代性课题。对此，我们要统筹把握中华民族伟大复兴战略全局与世界百年未有之大变局，立足以文明交流互鉴推动构建人类命运共同体的战略高度，秉持"以我为主、为我所用"的原则，以全面建设社会主义现代化国家的重大战略需求为引领，不断加强中外价值观教育的交流合作与对话沟通，系统研究世界各国价值观教育的理论创新与实践范式，深入把握价值观教育的普遍规律与特殊现象，科学考察不同历史文化背景下大众传播的价值心理和接受习惯，全面认识中外价值理念的差异性和相通性，为"对内凝聚价值共识"和"对外讲好中国故事"提供价值遵循，使当代中国形象更加闪亮，使人类命运共同体理念更加深入人心，使人类和平发展事业更加行稳致远。这是新时代加强国际价值观教育比较研究的本质意涵与根源所在。

二

放眼世界，价值观教育是人类社会一项具有普遍性的实践活动，广泛被各国政府、政党、集团、社会团体等用来宣扬特定的价值观，以实现一定的教育和政治目的。虽然不同国家在意识形态、政治制度、价值立场、基本国情、社会现状等方面存在着显著差异，价值观教育的目标、内容和方略也不尽相同，但价值观教育在维护社会稳定、巩固主流意识形态、强化主导政治文化等方面的目的是一致的，这构成了中外价值观比较研究得以可能的现实基础。

国际价值观教育比较研究主要关注世界各国开展价值观教育的基本路径、特色做法和经验教训，旨在把握国际价值观教育的实施状况，并总结特点、发掘规律，为我国价值观教育的创新发展提供有益启发，服务于筑牢国家意识形态安全与文化强国建设。虽然国内外在价值观教育的称谓上有所不同，例如道德教育、公民教育、政治教育、宗教教育、爱国主义教育等，但无论哪种称谓，其实质都是围绕"价值观"的教育。道德教育主要关注道德价值观的形成和发展，公民教育主要关注政治和社会价值观的培育和养成，宗教教育主要关注宗教价值观的宣扬和传播。也就是说，这些名称虽各有不同，但都有一个共同点，那就是体现了价值观在教育中的必要性与合法性，体现了国家、学校、社会在培育价值观方面的重要性。这种内在的共通性和一致性为我们把握价值观教育与其他德育活动之间的关联，以及处理好价值观教育的"名实之辩"问题提供了可能。

国际价值观教育比较研究一直都是我国比较思想政治教育学、比较教育学、哲学等学科的重点关注领域，基于不同学科视域开展的国际价值观教育研究也各有侧重。比较思想政治教育学注重将价值观教育国际比较放在国家主导意识形态与教育实践的互动关系之中加以审视，着重探究价值观教育如何发挥巩固政权和稳定社会的功能；比较教育学侧重于从教育实践活动本身出发开展研究，深入系统把握各国价值观教育在目标、内容与方法方面的理论动态和基本特点；哲学更加关注价值观教育折射出的特定国家与民族的思想意蕴和价值取向，从而把握其背后所蕴含的国家哲学与社会思潮动态。可以说，目前国内学界已经在价值观教育国际比较研究方面取得了较为突出的研究成果。但总体来看，目前这一领域还存在着较为广阔的拓展空间，还面临着如何从注重规模扩张的宏观勾勒转向注重质量提升的内涵式发展的问题，具体包括进一步夯实理论基础、丰富国别研究、加强微观透视、创新研究范式、服务中国需要等重大任务，这都构成了未来进一步丰富发展国际价值观教育比较研究的可能路径。近年来，学界已经开始了深化和扩展在这方面的努力尝试，在已有的丰硕成果基础上，专门围绕价值观教育国际比较的基础理论、国别样态、可借鉴性等问题形成了一批高质量研究成果，为进一步把握价值观教育的本质和规律、提升价值观教育的科学化水平做出了重要贡献。

在全面建设社会主义现代化国家新征程的时代方位下，我们需要从全面建设社会主义现代化国家、构建人类命运共同体的战略高度开展国际价值观教育比较研究，广泛深入调研世界典型国家价值观教育在指导理论、总体战略、制度设计、实施路径、教育成效上的基本状况，全面把握世界价值观教育的总体态势与发展特点，着力研究当代世界价值观教育前沿问题和发展趋势，系统总结当代世界各国价值观教育的典型经验与失败教训，进而为新时代新阶段我国培育践行社会主义核心价值观和对外传播中国价值、讲好中国故事、提升国际话语权提供有益借鉴和理论参考。

三

《中外价值观教育前沿论丛》（以下简称"论丛"）是东北师范大学思想政治教育研究中心（以下简称"中心"）推出的"比较思想政治教育研究"系列成果之一。论丛秉持"以我为主、批判借鉴、交流对话"的基本原则，对国外多个典型国家的价值观教育状况进行了深度透视与全面把握，意在拓展原有论域，进一步深化学术研究、强化学科建设、服务国家需要。

中心是国内学界较早关注该领域的研究团队之一，多年来一直将"价值观教育的国际比较"作为主要研究方向。先后获立多项国家社科重大项目和教育部重大攻关项目、获批"当代青少年德育研究学科创新引智基地"（"111"计划）、承担国家留学基金委"中外青少年德育比较研究创新型人才培养项目"、推出"高端研究成果外译计划"。在成果出版方面，正在规划推出"译丛""论丛"和"教丛"系列"比较思想政治教育"研究成果。其中，《思想政治教育前沿译丛》已在人民出版社完成第一辑出版。《中外价值观教育前沿论丛》则集合了中心团队近年来在国际价值观教育领域的最新研究成果。未来还计划推出相应系列教材。

这套论丛在研究对象选取方面，以不同的政治制度类型、社会发展程度、民族文化传统和价值观教育典型性为遴选原则，以美国、俄罗斯、日本、加拿大、新加坡以及欧洲部分国家为研究对象，旨在综合把握不同国家价值观教育的一般样态与典型特质，并在时间向度上揭示民族国家价值观教育内容与形式的历时态变迁规律。

在研究点位选取方面，论丛主要针对国外价值观教育的三类典型主体——国家、学校和社会三个层面展开调查研究，分别就国家战略与制度设计、课程体系与实践方式及运行体系与实施载体等维度进行考察，重在分析多元主体在价值观教育中的职责使命、作用方式及其相互间的协同配合机制。其中，又着重关注考察国外价值观教育在学校教育层面的基本做法，包括课程建设、教材设计、教法实施等。

在理论视域方面，论丛基于我国价值观教育研究的学科立场和理论范式，不局限于"价值观教育"的概念称谓，而是广泛着眼于国际道德教育、品格教育、公民教育、历史教育、政治教育、宗教教育等多种德育活动，力图实现对国际价值观教育理论与实践的全景式把握。

在受众群体方面，论丛主要面向四大读者群：一是思想政治教育学、教育学、政治学、社会学等领域的理论工作者；二是教育主管部门决策者、中小学及高校一线教师、辅导员等思想政治工作者；三是思想政治教育、道德教育、比较教育等相关专业的本科生和研究生；四是对价值观教育问题拥有浓厚兴趣的读者朋友。

论丛在研究过程中特别重视价值取向与意识形态立场。但由于是涉及国外的研究，有些内容可能是对国外价值观教育的还原与呈现，请读者加以注意辨别，批判性地进行阅读和思考。

杨晓慧
2021 年 4 月于东北师范大学思想政治教育研究中心

目　录

第一章
道德文化与软实力

道德文化是一个国家、民族、社会对道德伦理的集中表达，彰显着国家行为的正当性，反映着社会道德风气与氛围，体现着国民道德素养与形象。道德文化作为一种文化软实力，具有阶级性、民族性、时代性等特征，主要体现为对其他国家、民族、社会的道德感召力、文化吸引力和价值凝聚力。

第一节　何谓道德文化

回答"何谓道德文化"这一问题，需要从道德与文化的内在关系入手，进而厘清道德文化的内涵、发展和基本特征。

一、道德与文化的内在关系

一般来说，当前学界关于道德与文化关系的探讨形成了两种主要的认识范式：一种是文化相对主义的道德论，强调道德由文化决定，只能归于某种特定文化的一部分；一种是道德普遍主义的文化观，强调道德的普遍性和同质性，把文化置于道德的从属地位。

文化相对主义的道德论的核心主张是"不同的文化有不同的道德规范"。这基本上属于对道德问题的文化相对主义态度。就像美国文化人类学家露丝·本尼迪克特（Ruth Benedict）在其著作《文化模式》中讲到的那样，"道德在每一个社会都是不同的，而且它是社会所认可的习惯的适宜术语"[①]。具体而言，这种主张一般包括以下观点：（1）不同社会有不同的

[①] ［美］露丝·本尼迪克特：《文化模式》，王炜等译，北京：社会科学文献出版社，2009年，第177页。

道德规范；（2）一个社会的道德规范在那个社会的范围内决定什么是对的；（3）没有客观的标准来判断一个社会的道德规范比另一个社会的道德规范更好；（4）我们自己社会的道德规范也没有特殊的地位，它只是众多规范中的一种；（5）我们对其他文化中的道德规范应当采取一种宽容的态度①。在这样的主张中，相对于道德而言，文化居于更加至上的地位。道德被看作是某种社会规范，只是特定文化的衍生物。道德不仅因文化而生，依附于特定文化，其作用范围也仅局限在本文化内部。不同文化有不同道德，不同文化中的道德具有"不可通约性"，它们之间不可比较，不分高下，只能以相互包容和接纳的态度来对待彼此。一言以蔽之，文化相对主义必然导致道德相对主义。

道德普遍主义的文化观采取了一种截然相反的认识路线。这种主张强调，人们无论文化、种族、宗教、国籍还是性别，都可以且应当遵循一套普遍适用的道德准则。相较于文化相对主义的道德论而言，道德普遍主义的文化观有着更为悠久的思想传统。但受限于当时的历史条件，古代道德普遍主义思想的文化视域并未得到充分开显。随着人类的历史逐渐向世界历史转变，出于解决战争、疾病等人类重大危机的现实需要，道德普遍主义以多元文化和价值观协调者的姿态再次出场，尝试在道德问题上寻求一种全人类的一致理解。尤尔根·哈贝马斯（Jürgen Habermas）认为，道德问题与伦理问题在性质上不同：伦理问题涉及的是一个政治共同体和文化共同体对于他们自己的共同生活形式的理解，我们要承认伦理规范的多元性；而道德问题涉及的是所有人所共同遵行的规范是什么的问题，因此道德的命题必须是普遍性的②。对于道德命题的普遍性论证必须在人际交往中进行，确保道德论证的普遍性要求人们不能只从自己的角度考虑问题，而是要进行普遍的角色交换，从任何一个可能的利益相关者的角度来考察。此外，对于道德普遍主义学说中文化问题的研究并不仅限于形而上学层面的探讨，现当代道德心理学也发挥了重要作用。例如，美国学者艾略特·特里尔（Elliot Turiel）基于相关实证研究得出，文化的自在性并不

---

① ［美］斯图亚特·雷切尔斯：《道德的理由》，杨宗元译，北京：中国人民大学出版社，2009年，第20页。

② 参见［德］尤尔根·哈贝马斯：《在事实与规范之间》，童世骏译，北京：生活·读书·新知三联书店，2003年，第196—198页。

包含对道德的规定，在儿童社会化的过程中，道德判断在各种文化中会以类似的方式出现，界定道德判断的基本标准存在于几乎所有的文化中[①]。同时，道德推理又不可避免地与其他推理之间产生相互作用，冲击着文化规定的非道德成分，并进而影响文化的规定性，产生文化的变迁。

文化相对主义的道德论与道德普遍主义的文化观形成了两种关于道德与文化关系的认识范式。一种把道德置于文化的从属地位，可以称之为"文化至上论"；另一种把文化置于道德的从属地位，可以称为"道德至上论"。两种观点的共同之处在于，无论在哪一种范式中，道德与文化的关系都是不对等的。实际上，现实中大多数学者对于这个问题的认识并没有那么极端。一些文化相对主义者会承认不同文化间存有类似的伦理准则和道德规范；一些道德普遍主义者也会承认文化对道德的影响作用，但他们认为这些影响都是有限的，在有些时候甚至是可以忽略不计的。此外，研究主体视角的局限性也制约着人们对二者关系的理解。文化人类学家往往突出文化的重要地位，把文化置于道德之上，道德伦理学家则时常得出相反的结论。

客观地讲，这两种认识范式都在不同侧面深入分析了道德与文化的内在关系，做出了重要的科学贡献。但要真正揭示道德与文化关系的实质，需要以马克思主义为指导，运用唯物史观，进行历史和实践的考察。

其一，道德与文化源于人的现实关系，随着社会发展而不断变化。在马克思主义看来，道德与文化不是抽象的概念，而是具体的、现实的。正如马克思恩格斯在《德意志意识形态》中所指出："像国家、宗教、道德等这些一般的名字，决不会使我们感到迷惑，因为这些名字只是许多个人的现实关系的抽象。"[②]其现实性在根本上取决于社会的经济基础与经济关系。当然这并不否认，道德与文化的发展也相互影响并反作用于经济基础。"政治、法、哲学、宗教、文学、艺术等的发展是以经济发展为基础的。但是，它们又都互相作用并对经济基础发生作用。这并不是说，只有经济状况才是原因，才是积极的，其余一切都不过是消极的结果"[③]。基于现实社会

---

① 参见［美］艾略特·特里尔：《社会知识的发展：道德与习俗》，高地、柏路译，长春：东北师范大学出版社，2020年。

② 《马克思恩格斯全集》（第三卷），北京：人民出版社，1960年，第320页。

③ 《马克思恩格斯选集》（第四卷），北京：人民出版社，2012年，第649页。

发展的道德与文化,也是不断发展、变化的。世界上不存在所谓永恒、终极的道德教条,也不存在一成不变的文明与文化。归根到底,道德与文化是"随着人们的生活条件、人们的社会关系、人们的社会存在的改变而改变"①。

其二,阶级分析是解开道德与文化关系奥秘的"总钥匙"。以阶级关系为主分析道德与文化,是马克思主义区别于其他一切学说的显著特征。"人们自觉地或不自觉地,归根到底总是从他们阶级地位所依据的实际关系中——从他们进行生产和交换的经济关系中,获得自己的伦理观念"②。在阶级尚未被消灭以前,道德总是阶级的道德,文化也总是阶级的文化。马克思主义并不否认道德与文化的其他特征,如民族性、时代性等,但阶级性是第一位的,更具本质性的特征。因此,道德不是抽象的道德,文化也不是抽象的文化,而是在特定历史阶段归属于某个特定阶级的,刻有鲜明的阶级烙印。同一阶级的道德与文化同根同源,联系密切;不同阶级的道德与文化具有不同的性质,甚至有强烈的对立性。

其三,关于道德与文化的评价问题。马克思主义一方面否认永恒道德价值,与普遍道德主义相区别;另一方面也否认各民族道德间文化界限的绝对性,与文化相对主义相区别。按照唯物史观的观点,道德与文化的动态发展性在一定程度上决定了人们可以对其作出客观和历史的评价。也就是说,在某种意义上,道德有优劣之分,文化也有高下之别。只不过这种优劣和高下是相对而言的,首先应当明确比较的具体对象。例如,相较于封建主义的道德与文化,资本主义的道德与文化是先进的;但和社会主义的道德与文化相比,它们又是落后的。评价道德与文化先进或落后的标准主要在于,能否促进生产力的发展,能否推动人类社会的进步。

二、道德文化的内涵及表现

当前道德文化业已成为研究社会传统、文化构成、道德理念、国家行为、民族性格等领域的重要概念。道德文化这一概念并非拥有悠久的"传统",而是一些学者为了解释特定社会现象,解决特定社会问题而对研究

---

① 马克思、恩格斯:《共产党宣言》,北京:人民出版社,2018年,第48页。
② 恩格斯:《反杜林论》,北京:人民出版社,2018年,第98页。

进行学科交叉融合的思维产物。可以说,道德文化既是一个学术概念,也是解决或解释具有强烈道德属性的综合性学术问题的一种研究思路。当前随着道德文化相关研究不断丰富,该概念的相关研究涉及多个领域,其学术轮廓逐渐被勾勒出来。

代表性观点一:道德文化是在各国具有历史底蕴的文化现象中起统领地位的道德精神。如有学者认为,"中国传统文化,彻头彻尾,乃是一种人道精神、道德精神","中国传统人文精神所以能代替宗教功用者,以其特别重视道德观念故"①。有学者将文化视为"形神统一"内在结构的生命体,"神"是指道德理念,"形"则指最能显现其"神"的符号和载体等外在形式,由此道德文化也成了由"神"构成具有影响力"形"的整体。②

代表性观点二:道德文化是贯穿社会发展各个层面具有持续性影响的道德现象。《中国伦理学百科全书》认为,"道德文化不仅包括有确定形态的道德意识、道德规范、道德活动,而且包括由此转化而成的人们的价值观念、思维方式"等,在社会结构、社会制度中产生持续性的影响和积淀。③有学者将当代社会文化生活中道德生活及其活动视为道德文化,认为道德活动对文化发展的进程具有重要影响,使文化成为一种富有道德属性的社会现象。④

代表性观点三:道德文化是一种具有道德属性的社会文化的集中表达。《文化学辞典》认为,道德文化和整个文化联系在一起,前者是后者体内的精神中枢和核心,道德文化在人类的整个文化体系中都扮演着"良心"或"德性"的角色。⑤有学者认为,"我们所说的'道德文化',就是把道德当作一类文化现象,从文化的角度,从与政治、经济相联系又相区别的角度来理解道德,从文化的层面上来理解道德现象总体"⑥。近年来,很多以传

---

① 钱穆:《民族与文化》,北京:九州出版社,2011 年,第 12 页。
② 朱贻庭:《中国传统道德哲学 6 辨》,上海:文汇出版社,2017 年,第 3 页。
③ 罗国杰:《中国伦理学百科全书·伦理学原理卷》,长春:吉林人民出版社,1993 年,第 42 页。
④ Tester K . Moral Culture[J]. Human Rights Review, 1997.
⑤ 覃广光:《文化学辞典》,北京:中央民族大学出版社,1988 年,第 53 页。
⑥ 夏伟东:《论道德文化的承接》,《中国人民大学学报》,1989 年第 6 期。

统或现代"中国道德文化"为主题词的专著①，多将道德文化视为具有道德属性的特殊文化类型。

代表性观点四：道德文化是道德心理所衍生出的个人的文化类型。有学者认为，从个人心理发展的视角出发，认为道德文化可以被看作是一套不断发展的道德和价值导向以及特殊知识的集合。②有学者认为，文化的自在性并不包含对道德的规定，道德文化是个体的道德判断进行推理产生的文化现象，它影响文化的规定性，产生文化的变迁③。这种观点是西方心理学学派的典型观点，从个人的微观视角去审视道德推理产生的文化现象。

以上观点均是以探索道德与文化间的从属、结构、因果、形态等方面的关系来确定道德文化的形态，都承认道德在"道德文化"概念中的特殊作用，即或作为一种统领概念，或作为一种核心表达。但以上概念均是在意识的关系中把握道德文化，一定程度上脱离了现实物质社会去探究意识发展规律，难以抓住道德文化形态变化的根本动因。道德文化源于社会生产力与生产关系发展的经济基础，本质上还是物质决定意识。马克思恩格斯在《德意志意识形态》中指出："人们的想象、思维、精神交往在这里还是人们物质行动的直接产物。表现在某一民族的政治、法律、道德、宗教、形而上学等的语言中的精神生产也是这样。"④道德文化不是从天上掉下来的，归根结底是由物质生活决定的，它是由社会的"人"按照社会发展的需要创造出来的。当具有道德属性的事物集合到一定程度时，它就已经超越了狭隘的道德范畴，成为具有强烈道德属性的文化现象。由此道德文化与政治文化、法律文化、宗教文化、艺术文化、民俗文化等不同类型的文化并列，共同构成社会意识形态。本书承认道德在文化中的规定性作用，将其视为文化的道德属性的源泉，将道德文化看作由一定道德价值所统领

① 如梁劲泰等人的《社会发展软实力中的道德文化研究》（知识产权出版社2014年出版），韩经太等人的《中国道德文化的传统与现实》（人民出版社2013年出版），《现代中国道德文化适宜性研究》（中国社会科学出版社2020年出版）等。
② Kurbanov R A, Nikonova E I, Gurbanov R A, et al. Anthropological Methods of Formation of University Students' Spiritual and Moral Culture[J]. International Journal of Environmental & Science Education, 2016, 11.
③ 参见［美］艾略特·特里尔：《社会知识的发展：道德与习俗》，高地、柏路译，长春：东北师范大学出版社，2020年。
④ 《马克思恩格斯选集》（第1卷），北京：人民出版社，2012年，第151—152页。

的具有强烈道德属性的文化现象，是基于人类生产关系对应的意识伦理形成的现实反映。道德文化是人类道德生活的产物，是人们在道德实践中凝聚的智慧结晶。道德文化基于生产关系形成一套维护上层建筑的逻辑体系，也因人类社会交往和社会实践发展现实历史的不同而呈现出不同形态。

道德文化以其具体形态的差异有狭义与广义之分。具体来说，狭义道德文化特指道德现象形成的文化共识，作为一种文化的类型出现。道德现象作为社会生产关系产生的精神产品，是社会伦理规范，以强制的或非强制的规则调和社会矛盾，这一系列社会伦理规范由于同出于生产关系，所以必然是成体系的，相互协调的，由此构成狭义的道德文化。比如说勤奋、节俭、忠诚等私德，公平、正义、自由等公德。狭义的道德文化是就道德来谈道德文化，其范畴集中于探讨道德形成的文化现象。广义的道德文化则是探讨文化领域的道德文化，是就文化来谈道德文化。由于道德的规范性作用，诸多领域的社会文化均由道德统筹，道德伦理实际上成为所有文化类型的基础，构成广义的道德文化。道德文化在文化体系中居于核心地位，道德与人的实践活动和社会发展密切相关，甚至为人类精神文化的根本。

道德文化与其他文化相比，更能反映社会的进步和文明程度。道德文化之所以如此重要，是由其自身对社会文明进步的特殊使命所决定的。道德文化是一种特殊行为规范总和，是调节人与人关系的准则。"研究道德文化，旨在揭示人类社会运用道德规范，进行道德生活实践、实现社会文明与进步的客观过程及其发展规律，以便使道德文化在人类精神文明中发挥应有的作用。"① 道德文化涉及的范围很广，既包含调节个人行为规范的一般公德与私德观念，如个人伦理、家庭伦理与公共伦理等，又包含调节国家与社会运行层面的经济伦理、政治伦理与环境伦理等。基于此，可以从三个方面理解和把握"道德文化"这一概念的主要表现：国家行为正当性与感召力、社会道德风气与氛围、国民道德素养与形象。

国家行为的正当性与感召力，指的是国家行为主要涉及国家利益、国家力量、国家对外政策、国家发展任务、国家长期及阶段性发展战略等。国际政治结构的无政府状态决定了各个国家行为体必须追求权力以保证安

---

① 黄钊：《中国道德文化》，武汉：湖北人民出版社，2000年，第7—8页。

全，鉴于安全困境的性质，国家的对外行为就出现了正当与不正当的差别。国家行为的正当性集中表现为道义考虑，我们可以从三个方面来判断国际行为是否符合道义主张，即动机（或者意图）、手段、后果。在行为正当的基础上，国家的行为会引起其他行为体的反应，也就是一国因自身的行为和话语而使他国出于崇拜、信念或信仰而在思想和行动上追随该国，即形成一种文化软实力，这源自于强大的道德力量。

社会道德风气与氛围，指的是一定社会环境内群体的集体意向和行为，是对人们的社会意识、社会心理和社会行为的一种综合性的形象表述，是特定时期社会文化发展的指示器。[①]进而，社会道德风气与氛围可以定义为社会心理和社会意识形态的外在表现，是社会意识、社会心理和社会行为的聚流，是通过社会成员的行为以及社会成员之间的相互作用共同呈现出某种社会道德发展态势。社会道德风气与氛围可以理解为在特定的时空中，社会成员对某一行为或事件所持的一种好恶的体验和反映，在不同的人文基础和理念支撑下，呈现出了不同的道德文化观感。

国民道德素养与形象，指的是国民的道德素养可分为个体道德素养和群体道德素养。个体道德素养不仅是道德行为主体从事活动的基本条件或能力，也指个体在社会道德实践中逐渐形成的道德品质。群体道德素养，是指众多个体道德品质所体现的总体道德状况和水平。国民道德素养与形象是公民素质、道德、行为和精神追求的抽象整合，它直接或间接地影响国家形象。总体来说，国民素养与形象较大程度上具象地反映了该国所特有的道德文化。

从深层意义上讲，这三种基本形态从根源上是在一种道德价值观念引领下的建构。这种道德价值及其引领下的三种基本形态整体构成整体的道德文化范畴。这种具有引领性的道德价值集中表现为，在一切社会关系中，凡涉及观念、标准、准则和规范问题，一般都包含善恶评价的道义问题。这种善恶的评价具有强烈的道德属性，是一个国家道德文化历史积淀与现实发展的集中体现，具有强烈的道德价值。这种道德价值一般由国家的统治阶级提出并倡导，有着一定的社会"价值导向"，意在告诉人们"道德应当是怎样的"，来引导人们形成符合统治阶级的道德预设。

---

① 李耀锋：《论公共政策对社会道德风气的影响》，《思想理论教育》，2014 年第 5 期。

三、道德文化的生成发展

从人类社会发展史来看，道德文化与人类社会一同诞生，并伴随着人类社会的发展而不断发展。"在人类社会初期，道德从生活条件中成长起来，在实践上逐渐构成人们行为的准则"[①]。可以说，有人类社会生活存在，就有相应的道德文化产生。道德文化是基于生产关系而形成的，是旨在维护上层建筑的逻辑体系，也因人类社会交往和社会实践发展现实的不同而呈现出不同形态。

原始社会道德文化是人类历史上最早产生的道德文化类型，是与原始社会的经济文化相适应的道德文化。这一时期的道德文化涉及范围相对狭隘，主要表现为风俗、禁忌、传统和宗教仪式等。其中，风俗习惯是维系原始社会存在和发展的主要力量。正如列宁所说，"在人们还在不大的氏族中生活的原始社会里，还处于最低发展阶段即处于近乎蒙昧的状态，在与现代文明人类相距几千年的时代，还看不到国家存在的标志。我们看到的是风俗的统治，是族长所享有的威信、尊敬和权力"[②]。这一时期，生产力低下、道德观念简单、贫乏。但原始社会的道德文化也有其朴素、美好、高尚的一面：在生产资料公有、平均分配的条件下，没有剥削和压迫，人们主要是把无条件服从和维护氏族和部落共同利益视为神圣义务，全体成员之间自由平等、团结互助。在我国，原始社会时期的神农氏"教民稼墙"、黄帝"教熊、罴、貔、貅驱虎"、尧命羲和"敬授民时"以及舜命禹治水等有关传说或神话故事，从一定角度歌颂了氏族首领为民兴利除害的优秀品德，反映了人们对勤劳、勇敢、智慧的诚挚追求。希腊人是早期道德文化的孕育和发源地之一，根据乔治·格罗特（George Grote）的《希腊史》，雅典氏族会共同举行一定的宗教仪式，氏族成员在受到侵害时相互有提供帮助、保护和支援的义务[③]。可以看出，在原始社会，人与人是平等互利的关系，大家和睦相处，结成群体，同心协力，共同对付自然环境的危险。团结协作、公正无私等道德观念在原始社会就已经有了萌芽。正如

---

① ［苏联］加里宁：《论共产主义教育》，北京：中国青年出版社，1979年，第236页。
② 《列宁全集》（第37卷），北京：人民出版社，2017年，第65页。
③ 参见［英］乔治·格罗特：《希腊史：从梭伦时代到公元前403年》，晏绍祥、陈思伟译，北京：北京理工大学出版社，2019年。

恩格斯所说，在原始时代，"没有士兵、宪兵和警察，没有贵族、国王、总督、地方官和法官，没有监狱，没有诉讼，而一切都是有条有理的……一切问题，都由当事人自己解决，在大多数情况下，历来的习俗就把一切调整好了。不会有贫穷困苦的人，因为共产制的家户经济和氏族都知道它们对于老年人、病人和战争残废者所负的义务。大家都是平等、自由的，包括妇女在内"。①

　　奴隶社会是人类第一个阶级社会，奴隶主阶级和奴隶阶级是当时的两大对抗阶级。与奴隶社会的经济文化发展相适应，人类社会首次孕育形成了由对立体系所组成的道德文化。正是因为奴隶社会中存在着奴隶主与奴隶之间的矛盾和斗争，从而产生了相互对立的道德文化体系。其中，奴隶主阶级的道德文化是占统治地位的道德文化，其特征是维护奴隶对奴隶主的人身依附关系，保护奴隶主的私有财产，提倡等级观念、男尊女卑和男主女从等。而奴隶阶级的道德文化则以反抗非人虐待、争取人身自由解放等为主要内容。这两种道德文化的相互对抗和斗争，是奴隶社会道德文化总体的主干。其中，奴隶阶级的道德文化在一定程度上赞美劳动，反对贵族的掠夺和贵族的等级统治，体现出进步的一面；奴隶主阶级思想家对本阶级道德文化加以论证，提出许多道德范畴、命题和观点，并建立起伦理思想体系，以调节经济、政治和文化生活，维护本阶级统治。

　　封建社会的经济文化发展比奴隶社会有了一定的进步，其道德文化与奴隶社会道德文化相比也有一定的进步性。封建社会存在着地主阶级和农民阶级两大对抗的阶级，地主阶级占有绝大部分土地和生产资料，以地租形式剥削农民阶级的劳动。在道德关系上，主要体现为封建、森严的宗法等级制度。由此，封建社会形成了地主阶级和农民阶级两种对立的道德文化，地主阶级的道德文化居于支配地位。地主阶级道德文化的主要特征是维护宗法等级制及其特权，借助宗法礼教或教会，进一步强化道德文化的调节功能。它一方面调节本阶级成员之间的关系，另一方面用以欺骗、麻痹农民阶级，使之成为忠顺的奴仆。这一时期，地主阶级道德文化更加规范化和神秘化。与此相对立的农民阶级道德文化，则倡导尊重劳动者的尊严和价值，不断为人身独立而斗争，并提倡勤劳、节俭等美德。总的来说，

---

　　①《马克思恩格斯选集》（第4卷），北京：人民出版社，2012年，第108—109页。

封建社会的道德文化以维护或反对宗法等级制为基本内容。地主阶级以等级"地位"作为善恶荣辱的评价标准，并根据父权等级制度制定不同层次的道德要求，"敬""亲""忠孝""信"成为基本道德规范。农民阶级则形成了不同于地主阶级的道德行为准则，要求贫富平等。封建社会道德文化的调节作用进一步加强，统治者更加注重通过道德修养和道德教育对人们进行精神控制。

　　资本主义社会道德文化是指与资本主义社会经济发展相适应的道德文化，与封建社会道德文化相比有着很大超越。从生产工具的变化来看，原始时代使用的是石器，奴隶制时代使用的是铜器，封建制时代使用的是铁器，而资本主义时代使用的则是机器、电器。这些"器"的演变，反映了人类物质文明进步的足迹。资本主义社会中，生产资料私有，资产阶级占有全部生产资料，并剥削无产阶级劳动成果。也由此，资本主义社会形成了资产阶级和无产阶级两种对立的阶级和相应的两种对立的道德文化体系。资产阶级占有生产资料并追求高额利润，在自由竞争、平等买卖、等价交换等经济原则的掩饰下，实际上追求的是个人利益最大化，利己主义是其道德文化的主要特征。具体来看，资产阶级的道德文化主要呈现为推崇个人主义、实用主义、利己主义和拜金主义，这些必然会导致其内部矛盾不断加剧，道德文化的调节功能减弱，道德危机日益严重。与之不同，无产阶级道德文化则更加强调集体主义和革命精神，无情地揭露和批判资产阶级道德文化的欺骗性和虚伪性。

　　共产主义社会是指在高度发达的社会生产力和最广大共识范围的基础上，实行各尽所能、按需分配原则的劳动者有序自由联合的社会形态。与共产主义社会的经济文化发展相适应的道德文化就是共产主义道德文化。1920 年列宁在《青年团的任务》中提出"共产主义道德"这一概念，并对它的特征和社会作用作了论述，指出："为巩固和完成共产主义事业而斗争，这就是共产主义道德的基础"，共产主义道德"是为人类社会上升到更高的水平，为人类社会摆脱对劳动的剥削服务的"[①]。共产主义道德文化在本质上区别于一切剥削阶级的道德文化和其他阶级的道德文化，是人类历史上道德文化的最高形式。共产主义道德文化有一个形成和发展的过程。

---

　　① 《列宁选集》(第 4 卷)，北京：人民出版社，2012 年，第 292 页。

它起源于资本主义社会的无产阶级，是在无产阶级和广大劳动人民反对资产阶级斗争的革命实践中逐渐产生的，并在马克思主义理论的指导下不断发展完善。共产主义道德文化是反映无产阶级和劳动人民根本利益的思想文化体系，符合最广大人民群众的共同利益。

四、道德文化的主要特征

道德文化作为一种特定的社会意识形态，是人类社会历史发展的必然产物。在阶级社会，人们总是处于一定的阶级地位之中。因此，作为社会政治经济反映的道德文化，不可避免地带有阶级性；人们又总是生活于一定的民族之中，总是按照本民族的思维模式、生活方式、风俗习惯、价值追求创造本民族的文化，形成民族性特征；各民族总是要将本民族的道德文化一代代地传下去，各个时代的道德文化又是该时代生产关系的产物，因此道德文化不可避免地具有鲜明的时代性。

（一）阶级性

恩格斯在《反杜林论》中指出："人们自觉或不自觉地，归根到底总是从他们阶级地位所依据的实际关系中——从他们进行生产和交换的经济关系中，获得自己的伦理观念。"[1] 阶级性是道德文化的本质所在，也是认识理解道德与文化关系秘密的"钥匙"。在阶级社会里，统治阶级的道德文化是占据社会主导地位的，也是为统治阶级服务的。任何新的统治阶级在确立自己统治地位后，不仅要改造物质生产，也要改造精神生产，不遗余力地确保二者均占据统治地位。"这在观念上的表达就是：赋予自己的利益以普遍性的形式，把它们描写为唯一合理的和公认的思想。"[2] 在阶级尚未被消灭以前，道德文化总是阶级的道德文化。"只有在不仅消灭了阶级对立，而且在实际生活中这种对立已被遗忘了的社会发展阶段上，超越阶级对立及这种对立的回忆之上的、真正人类的道德方才成为可能。"[3] 道德文化始终由特定的生产关系创造出来并为其所决定，它或者为统治阶级的利益辩护，或者当被统治阶级变得足够强大时，代表被压迫者对统治的反抗的道德抽象。道德文化固然也会随着社会发展而不断进步，"但是我们还没

---

① 《马克思恩格斯选集》（第3卷），北京：人民出版社，2012年，第470页。
② 《马克思恩格斯选集》（第1卷），北京：人民出版社，2012年，第180页。
③ 《马克思恩格斯选集》（第3卷），北京：人民出版社，2012年，第471页。

有越出阶级的道德"①。

因此，在阶级社会中总是存有两种道德文化，即统治阶级的道德文化和被统治阶级的道德文化。正如列宁所说，"每一个现代民族中，都有两个民族。每一种民族文化中，都有两种民族文化"。②统治阶级是占统治地位的阶级，其道德文化一般表现为社会的主流道德文化。被统治阶级的道德文化则局限于被统治阶级的圈层，在一定历史时期往往被统治阶级冠以"异端"之名。在一个现代民族国家内部，无产阶级道德文化与资产阶级道德文化共同存在，但相互对立。马克思和恩格斯多次对资产阶级宣扬的"正义""人道""自由""平等""博爱"等道德范畴的字眼进行激烈抨击，提出"我们拒绝想把任何道德教条当做永恒的、终极的、从此不变的伦理规律强加给我们的一切无理要求，这种要求的借口是，道德世界也有凌驾于历史和民族差别之上的不变的原则"③。

（二）民族性

"民族是人们在历史上形成的一个有共同语言、共同地域、共同经济生活以及表现在共同文化上的共同心理素质的稳定的共同体"④。民族是世界历史发展到特定阶段的产物，是在特定地域中长期历史实践和物质生产中形成的具有特定文化特征的群体。某些民族在共同生产中形成相对稳定的社会关系，并产生维系这种社会关系的道德文化纽带。由于不同民族的历史背景、地理环境、国家制度等有所差异，社会实践和生产方式也有所不同，其道德文化也具有不同的伦理观念和道德内核，并在长期的社会实践中形成独特的文化习俗特征。这使得在世界历史发展的过程中，某些群体的道德文化以独特的面貌出现，这种道德文化差异也构成该群体与他者的主要区别。

道德文化的民族性使其在世界历史发展的实践中被视为某些特定群体的标签，以独特性和差异性的形式展现在世人面前。本尼迪克特·安德森（Benedict Anderson）认为："道德在每一个社会都是不同的，而且它是社会

---

① 《马克思恩格斯选集》（第3卷），北京：人民出版社，2012年，第471页。
② 《列宁选集》（第2卷），北京：人民出版社，2012年，第344页。
③ 《马克思恩格斯选集》（第3卷），北京：人民出版社，2012年，第471页。
④ 《斯大林选集》（上卷），北京：人民出版社，1979年，第64页。

所认可的习惯的适宜术语。"① 道德文化是本民族区别于其他民族的重要标识。道德文化作为一种社会意识,是由特定群体的社会实践决定的。群体的范围可以是某个国家、民族,也可以是某个阶级、某种职业。在民族的意义上,"正是文化特征应该当成任何民族可以使人毫无例外在任何情况下将之同其他民族区别开的基本特征"②。需要注意的是,正如民族是世界历史发展到特定阶段的产物,人类的民族特征也会随着世界历史中生产和交往的发展而逐渐消亡,最终回归到人的类本质。

道德文化的民族性特征并不否认民族间跨文化的交流和理解。随着全球化的深入发展和全球性交往的愈加频繁,不同民族的道德文化也获得了更为广泛和深层次的相互理解和接受。有研究表明,当民族之间的道德文化属性相同或相似时,一个民族的行为会更容易引起其他行为体的反应,民族之间自然更容易产生相互吸引,使其他行为体出于崇拜、信仰和文化认同而在思想和行动上形成价值共识。塞缪尔·亨廷顿(Samuel Huntington)甚至认为,文化类同的社会彼此合作,各国围绕着它们文明的领导国家或核心国家来划分自己的归属。③ 但由于当前阶段世界历史发展中生产存在分工,交往尚未完全消灭隔阂,限制了道德文化间的"通约性"。在当今社会,资本逐利性导致的逆全球化、地缘政治动荡等问题也不可避免地延伸至道德文化领域,客观上加剧了道德文化"通约"的难度。

(三)时代性

道德文化具有鲜明的时代性,不同时代的生产关系决定着不同时代的道德文化。道德文化之所以能够在历史发展进程中越发有活力,原因是随着社会生产力发展和生产力变革,道德文化也在不断适应经济基础的过程中实现丰富完善和创新发展。社会是不断发展变化的,只有符合时代需要的道德文化才能满足特定社会人们对道德伦理的构想。社会的发展进步需要文明的推动,其中一个重要内容就是国家民族的精神面貌、道德素质。马克思恩格斯曾指出:"封建贵族、资产阶级和无产阶级都各有自己的特殊

---

① [美]本尼迪克特·安德森:《想象的共同体》,上海:上海人民出版社,2012年,第124页。

② [苏联]切博克萨洛夫:《苏联学术著作中民族共同体的类型问题》,《苏联民族学》,1967年第4期。转引自 в.и.科兹洛夫、沈江:《民族与文化》,《民族译丛》,1980年第2期。

③ [美]塞缪尔·亨廷顿:《文明的冲突》,程克雄译,北京:新华出版社,2010年,第123页。

的道德"[①]，"善恶观念从一个民族到另一个民族、从一个时代到另一个时代变更得这样厉害，以致它们常常是互相直接矛盾的。"[②]。例如，14世纪至17世纪初期，西欧资本主义萌芽的出现导致新兴资产阶级兴起，由此封建统治制度开始逐步瓦解，二者在道德伦理与文化上产生激烈的冲突。资本主义生产关系的兴起带来了"人文主义"的复兴，这是对经院哲学"神正论"的否定，要求把人的思想、感情、智慧都从神学伦理观念的束缚中解放出来，用"人权"代替"神权"。在这个历史阶段，资产阶级创造出符合其生产关系的道德文化，在资本主义和封建主义的斗争中出现了道德文化的新旧更替，后来无产阶级取代资产阶级的斗争也是如此。

时代进步赋予道德文化新的生命力，要求道德文化在人类历史进程中不断创新发展。值得注意的是，道德文化的时代性并不意味着各时代道德文化的割裂。事实上，不同时代的道德文化之间一般具有承接关系，每一时代的道德文化都会根据时代发展和现实需要对前一时代的道德文化进行有目的、有选择的传承与发展。一方面，新的道德文化脱胎于旧的道德文化，本身就是从以往的道德文化中产生的。另一方面，新时代不可避免面临旧道德文化的影响，需要对以往的传统道德文化进行改造和创新，从而稳固新的生产关系，使道德文化适应新的生产关系。伴随着时代的变迁，道德文化自身也会经历一个内在的否定性过程，部分内容会失去历史的合理性并被摒弃，同时也会孕育出新的时代内容。

第二节　从"软实力"到"文化软实力"

软实力是当前研究国际关系、国际政治、外交政策等领域的热门概念，揭示了权力的另一种存在方式，这种方式区别于以经济、政治、军事等力量为核心的强制的、有形的、可以量化的物质性力量，而是展现出以文化、情感、道德等为核心的非强制的、无形的、不可以量化的精神性力量。软实力是分析国家间道德、文化、精神等在国际政治中发挥作用的方式，更新了对国家实力的观点与视角。"软实力"看似是用以描述一定权力现象的

---

① 《马克思恩格斯选集》（第3卷），北京：人民出版社，2012年，第470页。
② 《马克思恩格斯选集》（第3卷），北京：人民出版社，2012年，第469—470页。

概括性概念，但实际上"软实力"概念本身的提出就具有特殊的语境。软实力理论最初作为美国一种权力行使方式的建议被提出来，不可避免地带有西方的视角和立场。经过长期探索，我国对西方提出的软实力理论进行了创新性再造与本土化阐释，将其与我国当下的现实境遇与历史使命有机结合，提出了具有鲜明中国特色的文化软实力理论和话语体系。文化软实力理论是对西方软实力理论利己逻辑、霸权逻辑和资本逻辑的全面超越。

一、"文化软实力"是对"软实力"利己逻辑的超越

西方软实力概念的提出是从利己的逻辑出发，目的是寻找权力行使的软性途径来达到自身攫取现实利益的目标。约瑟夫·奈（Joseph Nye）认为，"如果一个国家能够使其地位在他国国人中具有吸引力，而且能够加强鼓励他国以适当的方式来确定有利于其利益的国际制度，它也许就不需要用传统方式耗费更多的经济资源或军事资源"[1]。从软实力提出的目的来看，软实力的最终目的是通过"吸引力"来实现自身目的，避免消耗更多的经济资源或军事资源，它与硬实力一样，均为达成自身战略目标的手段，抛却其权力行使方式的差异外，二者均具有鲜明的利己属性；从软实力行使的方式来看，它寄托于"软性"力量继续维持其世界影响力。正如约瑟夫·奈阐释的那样，美国虽然在硬实力存在相对衰落的情况，但其在文化、经济、意识形态等方面依然保有强大的力量。而这种强大的力量，是继续维系美国在世界上强大影响力的关键基石。由此可见，西方语境下的软实力本身就是一个具有鲜明利己属性的概念，这是西方语境下软实力的"原罪"。

西方语境下的软实力是充满利己主义色彩的权力逻辑，这是西方国家政治哲学和社会伦理所决定的。一方面，利己主义是西方道德哲学的重要内容，西方的"功利主义""重商主义""实用主义""自由主义"思想均是以利己为底层逻辑的。20世纪以来，西方资本主义社会思想领域发生了深刻的变革，个性的解放与利己主义的特征更为明显，尤其是新自由主义影响力日增，以"自由竞争"为名攫取现实利益被视为世界市场中竞争的准则，优胜劣汰的原则成为攫取现实利益行为的辩护，资本主义社会形成一

---

① Joseph S. Nye Jr. The Challenge of Soft Power, *Time*, February 22, 1999, p.30.

套以利己为驱动，同时注重道德伦理包装的行事法则，这加剧了西方道德哲学中利己主义存在的"合法性"依据。另一方面，利己主义是西方国家处理历史事件的底层逻辑。长期以来，西方在领地争夺中形成的掠夺性资源观将国际关系视为一个"零和博弈"的实践场域。该理念主张世界上的财富资源是"彼盈我亏"的竞争状态，获得最大化自身资源收益而损害他者利益是不可避免的附加状态。因此西方国家热衷于"零和博弈"的竞争，善于创造敌人以为其掠夺资源进行掩护，意识形态、军事、价值理念、经济等都变为其进行侵略性掠夺的借口。这种利己主义即使在西方国家内部也屡见不鲜，损害盟友利益而为充实自身钱袋的情况屡见不鲜。

中国提出的文化软实力超越了资本逻辑下利己主义狭隘的利益争夺，在倡导互利共赢、共同发展中强调义利的辩证统一，将文化特性蕴含的包容、交流、理解等特质发挥出来，由内而外地形成对他者的吸引力。从文化软实力提出的目的来看，它强调通过对文化中诸元素的挖掘增进他者对中国的理解，以此来增进中国与世界的文化交融。文化软实力的提出反映了中国在追求自我发展的同时，更希望世界的和平发展和人类共同进步的价值取向，突破了西方软实力的利己逻辑。文化软实力是中国在当代国际发展中积极承担国际责任，推动世界格局良性发展的产物。"一个民族最大的光荣是在全球价值的形成中增大自己的份额"[1]。从文化软实力权力行使的方式来看，中国将文化软实力视为语言的说服力、精神的鼓舞力、智慧的创造力、艺术的征服力等，是一种对文化实力基于应用场景的具体分析和描述，丰富和发展了文化软实力的相关内涵。

二、"文化软实力"是对"软实力"霸权逻辑的超越

软实力概念自其诞生就负有延缓美国霸权衰落的使命，这使其不可避免地具有维护霸权的逻辑。20世纪80年代，以保罗·肯尼迪为代表的学者在重新评估世界局势后，提出美国开始衰落的观点，软实力是约瑟夫·奈在美国国家实力趋于衰落的局势下，思考美国何以继续在世界格局中发挥主要作用的方式。它虽然在一定程度上揭示了权力行使的另一种方式，但却不可避免地将其与美国的战略目标结合起来，成为美国尝试继续

---

[1]　俞可平、黄卫平：《全球化的悖论》，北京：中央编译出版社，1998年，第15页。

维系世界霸权的工具。由此可见，西方软实力的提出是在特定历史背景下提出的，其目的是维护巩固美国乃至西方在世界的主导地位。从文化、价值观、意识形态等软性权力途径为延缓西方霸权提供具有可操作性的学理阐述，虽然具有高度学理性的理论外壳，但究其本质还是被作为美国延缓其国家衰落，维护其世界霸权的工具。尝试通过加强对其权力运动的"软性"资源的开发，在意识形态、政治理念、文化观念等方面塑造他者对美国的好感度，以帮助美国更好地达到其战略目标。

西方软实力理论的基本逻辑是对不平等权力关系的维护，通过对"软性"资源的开发以不对等的权力关系引导干预国际社会的诸多事物朝向有利于自身利益的方向发展。追求霸权实际上就是对不平等权力关系的维护，意图使西方保持自身在诸领域的绝对优势，利用这些优势去创造收益。就如古希腊时期强大城邦雅典镇压米诺斯人时所说的那样，"强者做自己能够做的事情，而弱者则接受自己必须接受的事情"[①]。西方软实力观念在行事风格上也有着类似的逻辑，其目标依然是试图在世界上获取最大影响力，本质上还是推行西方资本主义国家的霸权主义和强权政治的辅助性工具。在西方软实力的框架下，精神性力量作为物质性力量相对衰落后的补偿或替代，以非物质力量填补权力真空。这种对现实政治中权力运行要素中的非物质性力量的提取和重构，目的是在硬实力不具备绝对优势的情况下继续控制并影响他国，所以其权力的逻辑起点是探究对他国施加影响的技巧，以在维护霸权实施控制层面探索更大的操作空间。

自近代西方国家以资本主义世界市场的"先发优势"创造出东方从属于西方的世界格局以来，软实力的提出为其不对等权力的行使提供了新途径。我国提出的文化软实力是对西方软实力霸权逻辑的全面超越。第一，文化软实力是以平等的逻辑去处理国际事务，而非以权力的不平等攫取现实利益。中国以"平视"世界的姿态看待世界发展，并不追求以国家实力强弱建构不平等的权力关系，而是主张构建平等的、多边协商的全球治理新模式，以人类共同价值为基础全面推动人类命运共同体的构建，倡导国际事务的共商、共享、共建。第二，文化软实力是基于以促进全球发展的

---

① 参见［英］乔治·格罗特：《希腊史：从梭伦时代到公元前403年》，晏绍祥等译，北京：北京理工大学出版社，2019年。

大国心态，而非利用实力攫取利益的霸权心态。同样是作为世界大国，美国以软实力继续创造和维系不平等的权力关系，中国则强调大国姿态、大国担当。习近平总书记指出，"大国更应该有大的样子，要提供更多全球公共产品，承担大国责任，展现大国担当"①。文化软实力超越了"实力为王"等西方国际政治中的丛林法则，批判和超越了西方软实力所奉行的"弱肉强食"的基本观念。对比之下，美国对软实力的研究和实践意在"超越他人"，中国对软实力的研究和实践意在"超越自己"。超越他人将软实力作为一种权术手段，利用软实力实现对他国的有效控制。超越自己则是利用软实力增强国家综合国力，通过提升综合国力，为更好地促进世界发展做好准备。

三、"文化软实力"是对"软实力"资本逻辑的超越

美国等国家倡导的软实力说到底是基于资本逻辑，服务于资本的扩张。追求资本无限增殖成为以美国为代表的西方国家软实力发生发展的逻辑起点。在资本宰制的逻辑框架下，西方软实力既为其国家的统治阶级和相关利益集团攫取资本利益，其本身也是一种具有鲜明价值属性的文化产品。软实力作为一种主张，提倡通过增强吸引力的方式，将国家文化所蕴含的价值理念进行包装，并借助特定的消费方式形成具有某种价值象征的文化产品，以推销其文化的方式推动产品在世界范围内的认可度。约瑟夫·奈对这种现象描绘道：在尼加拉瓜政府与受到美国支持的游击队作战之时，电视台依旧播放美国影片；同样，苏联的青少年身穿牛仔裤，四处搜寻美国唱片。②总之，西方的软实力将西方价值观借助文化产品的途径进行传播，形成价值与产品的双向互构。

资本的宰制下国家政治，使美西方的软实力天然具有逐利性和掠夺性。在该视域下，软实力的主要手段是渗透到现代文化领域，利用资本制造数据和信息构成流量优势，将资本主义的价值理念渗入到文化产品之中，使文化成为资本主义价值理念传播的工具，以制造好感度的方式输出文化产品和攫取现实利益。资本主义倡导的消费主义、享受主义等消费行为的理

---

① 《十九大以来重要文献选编（中）》，北京：中央文献出版社，2021年，第713页。
② ［美］约瑟夫·奈：《硬权力与软权力》，门洪华译，北京：北京大学出版社，2005年，第8页。

念成为资本主义主导的典型价值理念，在商品的输出中具有抢占市场的重要功效。西方软实力理论与资本的内在必然联系被揭示出来，它一定程度是为资本全球扩张服务。资本逻辑的基本元素是"钱"，其驱动力是对资本的无限追求。文化对他国进行渗透，借此收获更多的利益。同时对其文化产品进行包装，将软实力本身打造为一种文化产品，既服务于资本的世界性流动，也为资本增值和扩张提供便利。作为国家软实力重要支撑的道德文化也在很大程度上呈现出被资本主义私有制产生的利己主义和实用主义侵蚀的问题，这是造成西方资本主义国家软实力衰落的一个重要原因。

中国倡导的文化软实力超越了资本的逐利性所带来的可能对伦理道德的反噬，有效规制了资本主义逻辑对世界和平发展的损害。尽管中国倡导的文化软实力也承认其为国家利益服务的作用，承认资本对生产力的促进作用，而且，在当今世界历史发展阶段，中国所倡导的文化软实力并不否定充分发挥资本在国际市场中的积极作用，大力推动经济全球化，使生产要素更大范围地全球性流动，使精神、文化上的隔阂被打破；但与此同时，文化软实力更注重弘扬和平、发展、公平、正义、民主、自由的全人类共同价值，主张限制国际资本的无序发展，避免因过度追求逐利性而丧失道德的情况，追求与他国共同建设一个更加美好的世界。

第三节　道德文化：作为一种文化软实力

道德文化是社会观念文化的重要组成部分，是人类在道德文明与进步中的集中反映，具有提升人的精神境界，组织良好的社会秩序和维护社会安定等重要作用。道德文化中蕴含着丰富的道德感召力、文化吸引力和价值凝聚力，是一种精神性力量，也是一种文化软实力。

一、道德文化之道德感召力

道德文化具有强烈的道德感召力，能够通过激发受众心中的道德情感，对国家理念和行为产生持久的认同，形成对他者的吸引。道德文化中道德感召力的核心是对"何为应当"的认识，包含了对人类共同价值和交往秩序的理解。道德感召力的形成需要国家行为符合人类道德伦理坐标系中"应当"，符合国际交往的伦理规范，符合作为"社会关系总和"的人的共同价值。道德感召力形成的底线是不妨害他国的利益，并且随着国家行为对全人类共同利益的实现程度而无限趋近于最大。在现实国际社会中，国家行为道德感召力的形成需要"利他主义"原则，以高尚的道德文化理念促进道德感召力的形成，可以从理性维度、情感维度和实践维度予以探讨。

理性是道德感召力形成的逻辑基础。道德感召力不是盲目的，而是以理性为逻辑支撑形成的对于事物先进与否，行为合理与否、高尚与否等命题的逻辑判断。道德感召力形成的基础就是他国对某国国家行为中表现出的道义优势的判断，在国际关系发展史上，国家在世界舞台发挥重要影响力首先体现在其道义优势的彰显。新航路开辟以来，葡萄牙和西班牙打着"传播上帝福祉"的旗号的"野蛮掠夺"相较于王国战争中效忠于某个家族就具有优越性；英国、法国等打着"自由贸易"的旗号对世界进行"殖民掠夺"相较于西、葡两国的野蛮行径具有道义优势；美国以"利益均沾"为掩护，打着"普世价值"的幌子对世界进行"巧取豪夺"，相较于英、法建立殖民地的方式也具有道义的先进性。总体来说，道德文化提出者的阶级属性中内蕴的道义优势决定了其道德感召力的大小。在国际交往的现实中，往往是多种价值主张新旧并存，谁站在道义最前沿，谁就有可能占据国际道义制高点。一个国家道德感召力的形成，关键在于其在国际社会中对于共同利益的考量，以及这种共同利益在国家战略中的重要程度。

情感维度集中体现在道德文化具有鲜明的情感属性。它可以通过道德理念或行为引发他人产生相同或相似的思想感情，给人以情感的激励和启发。道德感召力可以将道德力量所产生的道德认同在人与人、社会与社会、国家与国家之间进行范围性传播，这是文化软实力的重要表现形式。道德文化能否产生道德感召力，关键在于是否能够实现与受众道德情感的同频共振，进而形成情感上认同，激发受众的内心情感力量，由内而外地化为对受众的行为激励、情感指引和价值共鸣。作为国际社会参与主体的国家如何处理个体利益和人类利益是需要面临的基础性问题。当国家以个体利益为先，甚至损害全人类共同利益的时候，道德感召力就会损害；当某个国家为了实现共同利益而牺牲个体利益或做出较大贡献的时候，国际社会对共同体利益的实现中个体贡献的感念，以及对个体利益牺牲的同情和为群体利益做贡献的敬佩，就会使个体产生情感吸引力，这种情感吸引力往往会以富有情感色彩的感召力形式表现出来。

　　道德理念与道德实践的统一是道德感召力产生的关键所在，二者相统一会增强道德感召力，二者相分离则会损害道德感召力。"当外交政策被视为合法，并具有道德权威时，就具有软实力。"[①]对于国家的决策阶层而言，其外交政策的基本出发点是国家利益，这是毋庸置疑的。道德理念和行为契合程度，取决于国家的统治阶级对国家利益和人类利益的考量，当国家兼顾二者并为国际社会做出更大贡献的时候，就会产生一定的道德感召力。一方面，任何国家都需要道德身份认同，以此来塑造政体自身的使命感，即以何种形象立足于世界之林，就如国家的航向和目标。另一方面，国家的外交政策存在于外交言论与外交行为的契合，前者体现道德文化的理想状态，后者代表道德文化的具体实践，二者是相对独立的存在。当二者相统一的时候，国家的外交政策就会充分彰显其道德力量，有利于国家软实力的增强。但当国家的道德文化与外交实践相脱节的时候，国家的软实力就会被损害。

二、道德文化之文化吸引力

　　文化吸引力是由文化兴趣激发、由理念认同产生的力量，是因社会文化审美方面的契合使他者产生兴趣、向往和喜爱。其是由文化价值、文化产品和文化氛围形成对他者的吸引，通过文化塑造的审美倾向增加他国的好感度。[②]道德文化具有文化吸引，能够通过塑造人们对美好事物的向往，以符合受众审美倾向的方式使人们产生文化认同。真正的文化吸引力产生的前提在于文明间是平等的、相互尊重的，文明间存在交流互鉴的可能，建立在平等交流而非文明偏见的基础上。文化吸引力不应当通过有目的的引诱去达到目标，而应当是人们因为真正的、发自内心地对美好事物的仰慕和向往形成的吸引力，国家通过使受众愿意与之多亲近、多交流，最终形成文化软实力。

　　道德文化形成文化吸引力的过程中，文化本身包含的美的事物及其审美共性，决定了文化吸引力的发展。在某种意义上讲，一种道德文化所包

---

　　① ［美］约瑟夫·奈：《软实力：权力，从硬实力到软实力》，马娟娟译，北京：中信出版社，2013年，第16页。

　　② ［美］约瑟夫·奈：《美国霸权的困惑：为什么美国不能独断专行》，郑志国等译，北京：世界知识出版社，2002年，第9页。

含美的事物越多，其蕴含的文化吸引力就越大，就越容易产生文化软实力。美的事物被视为符合最广泛受众审美倾向的内容被自然而然地挑选出来，往往是一个民族文化的精华所在，是该民族道德文化中经久不衰、历久弥新的部分。举例来说，中国儒家思想所蕴含的优秀传统文化，如"仁""己所不欲，勿施于人"等思想，不但深刻地影响了中国人的思想观念，也产生了世界性的影响。如 2019 年，法国总统马克龙向到访的国家主席习近平赠送 1688 年法国出版的首部《论语导读》法文版原著。据巴黎高等师范学院的相关研究人员介绍，这本《论语导读》是法国人最早接触的中国哲学思想著作，法国的文化名人伏尔泰、孟德斯鸠等均对此书有很高的评价，其中一些经典格言甚至在法国民间广泛流传。再如，中国的孔子学院项目在海外广受欢迎，一项对匹兹堡地区 7 所孔子学院的调查发现，美国青少年出于兴趣和知识需求学习中国文化，普遍对中国文化持正面立场，表现出喜欢的态度。[①]这些都表明，真善美是全人类共同的文化理念与价值追求；一个民族道德文化的精华，也一定是人类文明的精华。

需要注意的是，道德文化的文化吸引力，往往需要强大的物质基础作为后盾。强大的物质基础可以充分调动最广泛的资源来提升其道德文化的曝光度、宣传度和美誉度，进而将道德文化中所蕴含的价值理念进行全面推广，形成广泛影响。在某种程度上，一个国家的硬实力决定了其软实力的发展空间。尽管国家无论大小都可以通过文化吸引力获得软实力的提升，但国家之间的硬实力不同，其传播软实力的空间也不同。简单来说，综合国力强的国家在国际舞台上拥有更强的行动力和话语权，能够对世界局势产生更大的影响，而综合国力较弱的国家则具有较少的国际行动力，不容易实现其战略目标，其软实力提升空间也十分有限。

三、道德文化之价值凝聚力

道德文化在社会内部具有价值凝聚的功能，通过形成最大的价值共识，实现精神凝聚的作用。道德文化作为一种文化软实力的价值凝聚力，不仅在社会内部发挥功能，发挥凝聚效应，而且这种道德文化理念的凝聚力可

---

① 吴瑛、阮桂君:《中国文化在美国青少年中的传播效果调查》,《学术交流》,2010年第10期。

以超越该国家的社会、民族本身，在国际社会舞台形成一种更大范围的价值共识，使他国产生一种最大限度的价值理念的归依。价值凝聚力指集体或某一社会共同体内部各成员因共同的利益和价值目标结为有机整体的某种聚合力[①]。道德文化的价值凝聚力是在国际社会中产生的无形、强力的、有效的人类共同体建构方式，能够超越国家疆域的限制实现凝聚力量的重要作用。道德文化通过对受众归属心理的影响来凝聚力量，引导国际社会力量的价值走向，以建构具有高度吸引力的共同目标和组织开展广泛的共同实践来实现对国际社会理念的凝聚。

　　道德文化得以产生凝聚力的重要基础，就是使国际社会在价值层面形成最广泛的共识，产生"最大公约数"，以达到"群体成员的集体效能感与归属心理在共同责任权利意识上的对应一致"[②]。当今世界，受民族、宗教、地域等多种因素影响，实现国际社会的价值凝聚并非易事。道德文化得以产生凝聚力的现实保障，就是在国际社会中通过协商、统筹等方式制定共同的规则，并以共同的规则作为行动的指南。世界历史发展中，总有一些事务需要国家间协商解决，需要一定的规则去约束引导国家间的行为，这种约束的基础就是共同的目标。在国际关系发展史中，不同时期所产生规则都在一定程度上具有鲜明的道义色彩，并以道义作为凝聚国际社会成员的重要基础，体现着当时人们的时代诉求。如近代西欧国家以《威斯特伐利亚和约》划分了西欧国家的势力范围，确立了解决国际争端的协商原则，限制了国家间使用武力的范围；一战后建立的"凡尔赛—华盛顿体系"以限制各国军备规模的方式实现国家实力的相对平衡，并尝试重新划定势力范围以避免武力冲突；二战后制定的《联合国宪章》提倡和平，反对战争，主张世界各国享有相对平等的权利。纵观国际规则的发展，其道义属性因参与的主体的多元性和价值取向的公平性愈加明显。其基本规律是，国家所提倡的规则越具有道义属性，越可以反映世界各国最广泛的需求，其凝聚力也就愈加明显。

　　道德文化产生价值凝聚力的现实条件在于对共同事业采取的共同行动，以这种共同行动中所产生的现实成效和精神财富强化价值凝聚力。凝聚力

---

　　① 朱贻庭、崔宜明：《伦理学大辞典》，上海：上海辞书出版社，2002年，第35页。

　　② ［美］塞缪尔·亨廷顿：《文明的冲突》，程克雄译，北京：新华出版社，2010年，第234页。

的来源并非是披着道义外衣的"胁迫",而是通过集体效能感和归属心理产生凝聚力形成的价值归属和价值认同。例如,如果一个国家所倡导的国际事业有助于改善国际福祉,如推动世界和平与发展,增进气候和环境问题的改善,增进世界发展的平衡和第三世界国家设施的改善,就会获得广泛的支持而产生凝聚力。道德文化凝聚力的产生是基于国家利益与人类利益的有机统一而进行的具有高度使命感的国际理念与实践。

第二章
美国现代道德文化的早期建构与对外影响

美国现代道德文化是美利坚民族在其历史发展中建构起的独特的现代道德文化体系。纵观历史，美国现代道德文化的发展大致可分为以下三个阶段：殖民地时期至冷战前是美国现代道德文化的萌芽和形成阶段，这一时期美国道德文化内核经历了从传统向现代的历史性转变，形成了世界范围的影响力；冷战时期是美国现代道德文化的激烈竞争和全面扩张阶段，该时期美国作为西方资本主义国家的领导者，其宣扬的现代道德文化与以苏联为首的社会主义阵营的道德文化展开激烈较量，以苏东剧变为主要标志，美国现代道德文化的世界影响力达至历史性高点；冷战结束后至今，美国现代道德文化逐渐走向衰落，这也成为美国全球霸权全面衰落的一个重要表现。

追根溯源，美国现代道德文化发端于美国作为一个独立的民族国家从偏居北美到走向世界的历史时期。来自世界各地的移民带着自身的文化种子，在美国这片土地上生根发芽，共同创造出具有美国特色的道德文化体系。它源于美利坚民族在历史发展中的长期探索，形成于殖民地时期美利坚民族形成和发展的阶段，形塑于 19 世纪末 20 世纪初的美国现代化转型时期，并在 20 世纪上半叶美国逐步走向世界舞台中央的过程中走向定型，上述过程构成美国现代道德文化早期建构的基本脉络。在早期建构时期，美国现代道德文化逐渐形成了较为稳定的、具有美国特性的道德文化类型，美国也初步在世界舞台上展现出美利坚民族的道德属性与文化特色。

第一节　从"理念立国"到"民主实验"：美国现代道德文化的政治建构

美国的政治实践源于"启蒙运动"中蕴含的道德文化理念，在实践发展中，美国逐渐形成美国化的特色道德文化，通过法案的形式确立下来。美国特色的道德文化在政治制度的设计中获得了充分的实践，成为美国立国的合法性逻辑基础。其中"合众国"理念为美国现代道德文化发展提供了政治土壤，民主制原则为美国现代道德文化奠定了基本形式，南北方妥协为美国现代道德文化的分裂留下隐患，战略性扩张为美国现代道德文化的输出埋下伏笔。从其早期建构来看，美国现代道德文化不是自然而然产生的，而是统治阶级有意识、有目的进行建构的特定文化产物，这种政治上的建构为美国现代道德文化的产生发展奠定了认识前提和实践基础。

一、合众国理念为美国现代道德文化提供政治土壤

美利坚合众国诞生于一场反对英国殖民压迫的革命运动——美国独立战争。独立战争是北美殖民地人民为反抗英国殖民压迫而团结起来的伟大抗争。彼时英国在不经过北美殖民地意见的情况下以独裁者的姿态强行通过征税法案，无理拒绝北美殖民地提出在英国增设议员席位的要求，意图将英国的财政危机转嫁到殖民地人民的头上。英国统治者以开征印花税、茶税、糖税等税收名目，通过搜刮殖民地人民的方式充裕自己的国库，这成为北美殖民地反对英国殖民压迫的导火索。为反抗英国的殖民暴政，殖民地人民在 1765 年北美印花税法案大会旗帜鲜明地宣称：

> 对于人民自由而言，一条不可缺少之理，它同样也是英国人原本拥有之权利，非经本人，或未经其代表同意，政府不得征税。[①]

但英国政府无视殖民地人民诉求，拒绝"无代表不征税"的殖民地代表列席英国议会的提案，强行通过《印花税法》《茶税法》等法案，在殖民地增加税收，并以武力镇压殖民地的反抗行为，酿成了"波士顿惨案"等一系列事件，这成为英国残暴压迫殖民地人民的象征[②]。英国试图转嫁财政危机在北美大肆征税，导致了美国独立战争的爆发。"莱克星顿的枪声"开

---

① 《印花税法案大会》，参见［美］J.艾捷尔等主编：《美国赖以立国的文本》，赵一凡等译，海口：海南出版社，2000 年，第 5 页。

② ［美］艾伦·布林克利：《美国史》（第 1 卷），杨天旻等译，北京：北京大学出版社，2019 年，第 185 页。

启殖民地人民全面反抗的火焰，最终殖民地人民将英国殖民势力赶出北美，取得了反抗英国殖民暴政的全面胜利。北美独立战争具有伟大而又深远的世界历史意义，是一场反对旧殖民体系压迫的战争，是美国人民反对英国殖民势力、扫清资本主义发展障碍的战争，它将北美大陆从英国殖民体系中解放出来。马克思认为，"美国独立战争开创了资产阶级取胜的新纪元"①。列宁指出，"现代的文明的美国的历史，是从一次伟大的、真正解放的、真正革命的战争开始的"②。

美国独立战争既是政治上的独立运动，也是北美思想上的启蒙运动。美国第一次以新大陆的视角去审视国家发展，独立战争中的反抗压迫、争取平等的精神也成为独立战争中重要的理念共识，成为美国发展的精神财富。历史地看，美利坚合众国的立国理念与原则超越了彼时欧洲盛行的君主立宪制框架，美国在充分吸收洛克、伏尔泰、孟德斯鸠等欧洲启蒙思想家政治理论的基础上，建立起当时世界上最先进的资本主义制度。同时，为了走出英国暴政的"阴影"，美国政治制度注重强调保护个体自由、民主、人权等"善"不受侵犯，在国家体系设计中注重对国家利益和安全的考量，并考虑各州的大小、习惯和利益的差异③。美国的国父们希望既出让一部分权力使政府行使必要的"恶"，也以保留基本权力的方式确保个体不受侵害。这种通过分权制衡以维护正义与公平且平衡各方面利益的国家设计，成为美国的"合众国"立国理念。

美国"合众国"理念蕴含的颇具张力的联邦制模式，为美国道德文化提供了生存和发展的政治架构。这主要表现在，"合众国"理念为美国现代道德文化早期建构过程中各个相对独立的群体和思想流派提供了稳定的政治环境，并为其共生共存提供了具有张力的政治土壤。一方面，"合众国"理念勾勒出美利坚民族"合众为一"的政治基础。早期的美国各自治团体内部派别林立，从宗教上划分有加尔文宗、清教、圣公会、长老会、浸礼派，从民族上划分有英格兰人、苏格兰人、德意志人、荷兰人等，从经济活动上划分有种植园、皮革贸易、奴隶贸易等。联邦制法则建立了具有张力的政治环境，制衡并容纳了各民族的政治诉求。另一方面，"合众国"理

---

① 《马克思恩格斯全集》（第16卷），北京：人民出版社，1964年，第21页。
② 《列宁全集》（第35卷），北京：人民出版社，2017年，第47页。
③ ［美］汉密尔顿等：《联邦党人文集》，程逢如等译，北京：商务印书馆，1980年，第521页。

念追求美国政治中集权与分权的平衡，使地方自治与中央集权维持相对平衡，同时有足够的凝聚力来确保国家安全。在这种张力的基础上，美国将各种理念容纳进来，各政治群体、利益集团能够在共识的基础上"合众为一"，各"邦"基于对"合众国"的认可而联合组成"联邦"。有学者认为，美国的分权机制、联邦体制和以平等的方式将各领地接纳为州的政治经验确保美国既能享受庞大帝国地位，也能享有高度的自治①。在联邦制的政治架构下，美国现代道德文化既获得了高度宽容度和政治张力，也被基本框定在"合众国"理念的阐释范围内。在这种稳定的政治环境下，其宣称的平等、自由、民主和追求幸福的权力成为美国共识性的道德文化符号。

美国的形成与欧洲国家明显不同。欧洲国家一般为典型的民族国家，其主要特征是民族属性与国家政治属性的高度统一，通过历史发展进程中形成的民族认同形成国家政权。美国在形成时并没有统一的民族认同，而且疆域内的民族、种族、宗教习俗等各不相同。其"合众为一"的基础是各民族对自由、平等、民主等理念真理性的信仰，美国是靠理念凝聚而成的国家。从托马斯·潘恩（Thomas Paine）《常识》中倡导的摆脱英国君主专制，建立新国家的设想，到帕特里克·亨利（Patrick Henry）的"不自由，毋宁死"，美国建国建立在理念对人心的凝聚之上，人们不断接收新的理念，形成新的政治共识，并在这种政治共识下形成国家政治体系。有学者认为，"美国历史的隐含辩证法是，作为一个民族，团结的基础来源于对美国人之间现存差异的尊重；只要坚守《独立宣言》的承诺，这些差异可以成为我们的力量"②。可以说"合众国"的立国政治理念，是美国各民族得以"合众为一"的政治基础。

不可否认的是，美国的独立建国具有明显的政治妥协性。而在政治妥协中，道德就往往成了牺牲品，被弃置在利益博弈的角落。其中的典型案例是建国时对黑人奴隶地位的默许，这意味着国父们在"高谈"自由、解放等口号设计政治制度时，将财产权置于人权之上。查尔斯·比尔德（Charles Beard）引用洛克的话指出：政府的目的是为了保护财产权，当任

---

①　［美］埃里克·方纳：《美国自由的故事》，王希译，北京：商务印书馆，2002年，第85页。

②　《社群与多样性》，见［美］约翰·法拉格等：《合众存异：美国人的历史》，王晨等译，上海：上海社会科学院出版社，2018年，第3页。

何政府侵犯财产权时，人民有权变更政府①。这既是对旧大陆文化传统的继承，也是对新大陆政治理念的创造发明。在面临"奴隶是否为财产"的问题上，国父们有意无意地忽视了他们刚刚在《独立宣言》宣称的"人人生而平等"原则，反而将黑人继续禁锢到种植园中，将黑人默认为财产，而财产权则是不可侵犯的。同时种植园主却为了获得按照人口比例划定的众议院席位，将"开除人籍"的黑人奴隶以五分之三的比例计入总人口，黑人成了资产，这种政治妥协是造成美国历史上种族歧视"道德悲剧"的重要源头。

二、民主制原则为美国现代道德文化奠定基本形式

美国的民主曾经在世界上居于领先位置，尤其是在英法等欧洲老牌列强称霸的18世纪，美国的民主制代表着资产阶级民主的高级形态。19世纪30年代，阿列克谢·托克维尔（Alexis Tocqueville）对欧洲国家和美国民主进行了比较研究，认为：

英国资本主义发展程度最高，但社会贫富差距很大，底层人士因较高的选举权门槛缺乏表达政治意愿的途径；法国长期处于频繁的革命中，大资产阶级、小资产阶级的各个流派轮流执政，人民权力行使缺乏稳定的形式，以至于人民竟然寄希望于封建势力的复辟；德意志还处于神圣罗马帝国的政治环境下，虽有一定的资产阶级改革，但容克贵族把握国家经济命脉，人民权力只能寄希望于统治者的怜悯。美国的民主趋向于照顾大多数人的利益，重点照顾公民之中的多数，民主就是在等级上愈加趋向于平等，这也是美国三权分立制度、中央与地方分权制度的逻辑起点。

由此托克维尔得出结论，尽管美国当时在经济实力和政治影响力上不及欧洲，但在民主制度上却优于欧洲国家。美国的民主制主张通过构建民主的政治制度实现对人民权力的保障，是典型的"资产阶级代议制民主"。这种"代议制"民主的权力合法性来源就是所谓的"人民"，这深受启蒙思想家们对"人民主权"的偏爱。托马斯·杰斐逊（Thomas Jefferson）在《联邦党人文集》中宣称"人民是权力的唯一合法来源，政府各部门据以掌

---

① ［美］查尔斯·比尔德等：《美国文明的兴起》（上卷），北京：商务印书馆，2010年，第264页。

权的宪法来自人民"①。但代议制民主主张"普选制",有选举权的"人民"被视为"选民",选民都可以参与政治事务,并投出选票做出自己的决断。美国民主制确认了"选民"在其政治合法性的地位,"选民"是美国政治体制建立的逻辑核心,其政权合法性基础来自于对选民权力的尊重,任何事务的表决,都需要经由选民选举出的各级议会通过,由此,国家的决议在形式上就变成了"选民"的意志,其"事出为公"赋予了美国民主制度浓厚的道德属性。

需要注意的是,在很长一段历史时期内,"选民"并不等同于"人民",因为"选民"是有资格限制的,需要满足一定的"门槛",往往表现为拥有财产的多寡。财产的多寡既被视为具有履行公民义务能力的体现,同时在"先定论"的框架下也是道德水平高低的体现。即"如果公民是健全独立的财产拥有者,并且具有强烈的公民道德感,那么共和政府就能生存"②。如 18 世纪初期,弗吉尼亚州要求选民拥有 100 英亩未开发土地或拥有 25 英亩已开发的土地和一栋住宅。总体来说,18 世纪中叶,美国南方蓄奴州的选民总数 = 所有的自由人 + 受雇佣劳工 - 不交税的印第安人 - 五分之三其他人(即黑人奴隶)。③ 由此"选民"实际上脱离"人民"。人的道德水准与财富拥有的多寡相挂钩也成为潜在共识,这在逻辑上否定了穷人、女性、少数族裔的拥有高尚道德的可能性,并以这个理由将这些人排除在主流社会之外。

由于缺乏旧势力的阻挠,美国的民主发展迅速,选民的基础逐渐扩大。美国选民的资格扩张顺序是:从具有一定财产数量的新教白人男性拓展到所有年满十八岁的美国公民,从基督教新教教徒拓展到所有宗教教徒,从白人拓展到所有人种,从男性拓展到女性再到跨性别者,从有产者拓展到纳税者。总体来说,公民的基础在不断扩大,也被赋予浓厚的道德期望,充满道德感和社会责任的公民成为美国民主制度运行的基础。有学者认为,"公民"行使政治权力必须具有高度的道德能力,具体包括帮助他人、讲

---

① ［美］汉密尔顿等:《联邦党人文集》,程逢如等译,北京:商务印书馆,1980 年,第 296 页。

② Stephen Hopkins: The Rights of Colonies Examined, in Bernard Bailyn, ed., Pamphlets of the American Revolution, 1750-1776, Vol.1, Cambridge, Mass: The Belknap Press of Harvard University Press, 1965, p.516.

③ 梁茂信:《美国革命时期的选民财产资格与政治等级制度》,载杨玉圣编:《美国早期史新论》,北京:社会科学文献出版社,2019 年,第 326、347 页。

文明、同情他人、礼貌待人、追求真理、对人诚实、值得信任等公民价值观。①美国探索出一系列有关行使公民权力的美德，如责任、奉献、互助精神美德，这些被视为公民行使权力的道德基础。

随着美国资产阶级完成资本的原始积累，资本家的家族得以实现财富和权力的代际延续，美国的"人人生而平等"从出身平等变成了"机会平等"。大资本家集团利用手中的金钱操纵政治，以钱权集合实现了新垄断，使财富逐渐稳定在某些家族和集团内。平民日益难以获得实现阶级跃迁的资源，阶级固化日益形成，"人人平等"在 20 世纪初特权阶层基本形成时已经"名存实亡"。为了掩盖资本家窃取国家权力的事实，美国政府在资本家的操纵下以"形式民主"窃取了"实际民主"，以攫取民主解释权的方式掩盖"美式民主"的掠夺性本质。在美国民主发展过程中，主流社会对民主解释权的攫取是"美式民主"发展的关键节点。20 世纪上半叶，美国阶级矛盾尖锐，工人运动此起彼伏。为平息工人运动，构建资产阶级精英统治国家的合法性，美国政客和思想家将民主重新定义为一种"政治方法"，"民主政治的原则因此仅仅意味着，政府的执政权应交给那些比任何竞选的个人或集团获得更多支持的人"②。这实际上将选举制度作为民主的最终形式。在该框架下，资本主义精英进行参选，民众进行选择，民主从"主权在民"变成选举领导人的一种方式，这将选举和民主画上等号。

当选举成为"美式民主"的代表性符号后，美国的民主制度就失去了引以为豪的道德属性，并走向真正意义上道德的对立面。"美式民主"丢失了民主的内核，空有其表地以偷换概念的形式建构了民主的"空壳"。在"美式民主"下民主的行使既不能规定国家事务的议程，也不能参与国家事务的管理，同时丧失了国家事务的问责权力，这种民主形式将人民的权力作为旗帜，人民表达意愿的途径形同虚设。美国的民主也就失去了道德意义上的合理性依据，民主国家建构也不再依赖于"公民"道德素养，而是取决于资本家攫取利益的目标设置，人民被迫裹挟于资本家的野心中，他们的政治诉求再难实现。

---

① 参见［美］罗伯特·赫斯利普:《美国人的道德教育》，王邦虎译，北京：人民教育出版社，2003 年。

② ［美］约瑟夫·熊彼得:《资本主义、社会主义与民主》，吴良健译，北京：商务印书馆，1999 年，第 22 页。

三、南北方妥协为美国现代道德文化纷争埋下隐患

长期以来，南北方对美国道德文化具有不同理解，这在对"自由"理念的理解上最为显著。南方所理解的自由，其核心是财产不受侵犯，黑人作为财产自然也是如此。南方奴隶主认为黑人是其私有财产，任何人无权对公民的财产进行侵犯，作为财产的奴隶自然理应受到保护，任何要求解放奴隶的政治倾向都被视为对私有财产的侵犯。北方所理解的自由的基础是反对人对人的压迫，并认为这也是现代社会发展的重要基础。林肯宣称："我们确保了自由人拥有的自由——对于我们给予的自由和我们得以保存的自由来说，两者都具有同样崇高的意义"。北方将黑人从财产的范畴中抽离出来，认为黑人不是白人的财产，而是具有独立意识的人，所以将对人的压迫视为保护财产不具备合法性。北方州认为，既然人不是财产，那么建立在奴隶制度上的种植园制度就失去了合法性基础，因此联邦有权力进行管控。这种源于建国时期的模糊的道德判断，最终导致了南北双方走向战争。南北双方的战争，表面上看是围绕奴隶制存废问题的战争，是关于正义与邪恶、财产权与自由权力理念之争，但其深层次原因则是两种经济制度的竞争，即资产阶级大工业生产与奴隶主种植园经济的战争，"解放奴隶"的口号看似具有正义性，但也是为北方资本主义扫清发展障碍。正如马克思所言，"南部和北部之间的斗争不是别的，而是两种社会制度即奴隶制度与自由劳动制度之间的斗争"[①]。

林肯在1864年演讲中说道，"我们都宣称是为了自由而战"，"但在使用同一个词时，我们所指的却不是一件事"。[②]南北方都宣称自己是为自由、正义而战，并且获得了各自区域内部的认同和响应，这种对美国道德文化的不同理解，是美国建国时期因政治妥协埋下的种子最终结成的"恶果"。那些拿起武器为南方独立而战的人将内战视为一场争取自由的斗争。一位来自南部州阿拉巴马的士兵宣称："我正在从事一桩为自由和正义而战的光荣事业。"北方士兵在战争中深刻认识到，"为了保证联邦作为自由的象征，必须摧毁奴隶制。必须使每个人都获得自由，让星条旗在他们头上

---

① 《马克思恩格斯全集》（第15卷），北京：人民出版社，1963年，第365页。

② 参见［美］埃里克·方纳：《美国自由故事》，王希译，北京：商务印书馆，2002年，第149页。

飘扬"①。双方在发展中各自形成对自由理念的理解,并逐渐形成相应的政治文化体系,形成道德文化上的差异与冲突,最终导致对美国道德文化体系的不同解读,进而由理念的分裂走向政治的对抗。

　　归根结底,是经济发展模式的差异最终导致理念上的分裂。殖民地时期,南方就以优渥的自然条件发展种植园经济,建国后棉花种植更为兴盛。据统计,美国在世界棉花总产量中所占的比重,1791 年为 0.4%,1860 年已达到 66%,被称为"棉花王国"②。"进行大宗作物生产的种植园经济的需要是南部殖民地形成动产奴隶制的根本动力"。③工业革命以来,北方工厂制度取得发展,由小作坊为主的生产方式变为现代化工厂的生产方式。1840 年,美国的制造业产品总价值为 4.83 亿美元;10 年后升至 10 亿多美元;到 1860 年接近 20 亿美元,实现美国历史上第一次工业产品产值与农产品几近持平④。北方因工业生产的发展需要大量的劳动力,而南方的奴隶制却将大量劳动力禁锢在种植园之内,并限制了人们的购买力。双方围绕奴隶制问题进行长期斗争。1860 年共和党人在大选中取胜,南方民主党人将主张限制奴隶制的林肯视为对奴隶制的重大挑战,不惜发动战争保护奴隶制。

　　南北战争给美国社会带来灾难性后果,1861 年至 1865 年间,大约有 210 万北方人与 88 万南方人参与了战争⑤。62 万士兵死于战争,大致相当于美国在独立战争、1812 年战争、美墨战争、美西战争、两次世界大战和朝鲜战争中殉难的士兵人数的总和。战争最终以北方的胜利而告终,这也意味着北方工业资本主义的价值伦理在实力上对南方奴隶制思想形成碾压。曾任哈佛大学校长的吉尔平·福斯特(Gilpin Faust)在其著作《这受难的国度:死亡与美国内战》中认为,内战的巨大创伤深刻地影响着美国的社会思潮:

---

　　① [美]埃里克·方纳:《美国自由的故事》,王希译,北京:商务印书馆,2002 年,第 95 页。

　　② 刘绪贻、杨生茂主编:《美国通史》(第二卷),北京:人民出版社,2002 年,第 333—334 页。

　　③ 张红菊:《试探美国南部奴隶制种植园的形成》,《世界历史》,2005 年第 6 期。

　　④ [美]艾伦·布林克利著:《美国史》(第一卷),杨天旻等译,北京:北京大学出版社,2019 年,第 409 页。

　　⑤ [美]吉尔平·福斯特:《这受难的国度:死亡与美国内战》,孙宏哲、张聚国译,南京:译林出版社,2016 年,第 1 页。

内战对今日的我们来说是重要的，因为它结束了奴隶制，并帮助我们诠释自由、公民身份与平等之间的意义……这一共同苦难将超越长期以来人们在种族、公民身份和国家性质上的分歧，使牺牲以及对牺牲的纪念成为南北双方最终统一的基础。[①]

在联邦政府对南方的重建中，也包含对南方道德文化的重建。联邦政府依据资产阶级伦理将黑人奴隶从财产的范畴剥离，使其变为具有独立人格的非裔美国人，联邦法律确立了对财产权的维护不包含奴隶制的维护，关于黑人奴隶是否具有平等、自由的身份地位的模糊的道德判断最终以对将奴隶视为财产的否定而告终，美国道德文化取得历史性发展。基于废除南方对将奴隶视为财产正义性的道德批判和否定，美国联邦政府开启了对南方各州的改造，主要包括废除南方压迫黑人奴隶相关内容的州宪法，否定南方叛乱行为的正义性，重新界定了南方各州宪法对于分权原则的适用范围，建立以维护国家统一的联邦制为原则的判断标准，州权"自由"被限定到联邦法律框架内。以往各州自愿"合众为一"组成联邦，现在正式失去了自愿退出的合法性。总体来说，南北战争避免了美国政治上的分裂，同时也在一定程度以北方胜利的方式缝合了美国道德文化的分裂。

然而，北方政治和军事上的胜利并不意味着其道德文化的完全胜利。南北方道德文化在战后仍以妥协的形式继续存在，催生了一些美国特有的"光怪陆离"的社会现象。其典型者如在处理黑人白人关系时奉行的"隔离但平等"原则。内战后南方出台隔离法案，将白人和黑人在社会生活、交通、教育、就业等方面进行隔离和差异化对待，造成事实上的种族歧视。1892年拥有八分之一黑人血统的美国公民荷马·普莱西（Homer Plessy）坐上白人专列，因违反种族隔离政策被逮捕。在反种族歧视团体支持下，普莱西将路易斯安那州政府告上法庭，指责其侵犯了自己根据美国宪法第13、14条修正案享有的权利。但是州法官约翰·弗格森（John Ferguson）判决普莱西败诉，以违反隔离法为名对普莱西处罚金300美元。1896年，普莱西上诉至美国最高法院，最高法院以7∶1的多数裁决驳回普莱西上诉，

---

① ［美］吉尔平·福斯特：《这受难的国度：死亡与美国内战》，张聚国译，南京：译林出版社，2016年，《序言》第5页。

认为隔离只是确认白人和黑人之间由于肤色不同而形成差别，并不意味着对黑人的歧视。由此"隔离但平等"的种族关系原则形成了，美国社会以平等为名对黑人进行实际上的种族歧视。"隔离但平等"原则在法理上赋予黑人平等的权力，同时又以隔离的方式对黑人与白人之间在住房、交通、教育等方面进行差异化对待。这其实是以空间的隔离实现社会资源的差异化分配，在事实上人为地创造社会的不平等。南北战争并未彻底解决两种经济模式差异带来的道德文化差异，为美国社会的道德文化纷争埋下隐患。

四、战略性拓张为美国现代道德文化输出埋下伏笔

美国自立国之日起就包含着向外扩张的文化基因，"山巅之城"的隐喻即是这种内在趋向的集中体现。在著名的"山巅之城"的演讲中，清教领袖约翰·温斯罗普（John Winthrop）讲道："上帝与我们之间的事业就屹立于此"，"我们将成为山巅之城。所有人的眼睛都注视着我们……。"[1]关于美国"山巅之城"的叙事就被建构起来。该叙事中，美国人相信他们是具有独特历史使命的"山巅之城"，美国的政治、经济和文化等各方面都要比其他国家更先进、更优越，应当作为世界效仿的榜样。这种充满使命感的叙事从逻辑上赋予美国人传播福音的任务。随着美国逐渐强大，这种宗教使命感逐渐被赋予新的内容，即认为向世界传播民主、自由等被视为传播福音的当代表现形式。在"山巅之城"的叙事框架下，美国的战略性拓张最初是以"孤立主义"的面貌出现，即将美洲从欧洲势力中"孤立"出来实现自我建设，如华盛顿所言，"扩大我们的商业关系，尽量减少与他们建立政治联系"。该思想被詹姆斯·门罗（James Monroe）发展成以"美洲是美洲人的美洲"为宣言的"门罗主义"，该主义强调作为涉及美国权利与利益的一项原则，中、南、北美洲，由于它们业已实现并保持自由和独立的地位，今后不得再被欧洲任何国家视作未来殖民的目标[2]。由此对外扩张被赋予"昭昭天命"，为美国进行全面扩张涂抹上浓厚的道德色彩。

"门罗主义"看似"孤立"，实则是为自己的区域性扩张寻找道德掩体。在"门罗主义"的掩护下，美国摒弃欧洲势力干预在美洲实现扩张，

---

① ［美］约翰·温斯洛普：《山巅之城》，载于林国基主编《约法传统与美国建国》，上海：上海人民出版社，2013年，第168页。

② 赵一凡编：《美国的历史文献》，北京：生活·读书·新知三联书店，1989年，第111页。

成为美洲的区域性大国。从 1787 年美国宪法通过时的 13 个州，到 1959 年第 50 个州夏威夷加入联邦，美国的领土面积从最初的约 80 万平方千米拓展到 960 多万平方千米，领土拓张 12 倍。美国扩张领土的方式如下：一是通过购买的方式获得土地，比如，1803 年美国以 8000 万法郎的价格从法国购买路易斯安娜 260 万平方千米的土地，1819 年以 500 万美元从西班牙手里购得 15 万平方千米的佛罗里达地区，1867 年以 720 万美元的价格从俄罗斯手里购得阿拉斯加地区。二是通过阴谋颠覆的方式获取土地，比如，1836 年美国与墨西哥爆发哈辛战役，墨西哥战败导致得克萨斯地区独立，该地区建立了所谓的"孤星共和国"。随后，美国通过政治操纵的方式，兼并得克萨斯。再如，俄勒冈地区本是美英具有争议的区域，美国通过向该区域大规模移民最终获得该区域的主权。三是通过武力入侵和讹诈的方式获得土地，美国通过武力扩张和武力威胁，从墨西哥手中获得大片领土，包括加利福尼亚、新墨西哥地区超过 140 万平方千米的土地，美国以武力为后盾，仅向墨西哥象征性地支付了 1500 万美元。美国还以传播民主、自由、解放、鼓动民族自决的名义，开展兼并行为，使自己的行为合理化。这种明显的讹诈非但没有被美国人唾弃，领导取得这些土地的国家领袖反而被视为国家的英雄。

　　美国领土的扩张必然会带来美国道德文化的扩张。随着国家实力的增长，美国的国家政策也由以美洲为重心的"孤立主义"逐渐向"扩张主义"发展，美国世界性战略眼光的形成。这种迅速扩张赋予美国道德文化自信，激发了其"山巅之城"的使命感。美国"山巅之城"的使命感为其扩张做了理论铺垫，形成一种独具"美式理想主义"外交理念，即"理想主义"外交。汉斯·摩根索（Hans Morgenthau）提出，欧洲通行的古老观念是认为"国际政治是一种无休止的权力斗争，各国必须根据权力来界定其国家利益"，而"美国人思想中有一种根深蒂固的幻想，即一个国家如果愿意是可以逃脱权力政治而进入道德领域，而不是权力指导行动的领域"①。美国独具特色的外交理念形成理念特色，将道德文化融入美国外交理念之中成为具有辨识度的外交理念。

---

① Hans Morgenthau, In Defense of the National Interest: A Critical Examination of American Foreign Policy, New York: Alfred A Knopf, 1951, pp.13-14.

　　国家领土的扩张主义使美国占据了横跨两大洋的北美大陆大片领土，并具有向全世界扩张的发展势头。为服务于其全球扩张战略，美国开始讲述全球扩张的"美国故事"。美国"例外论"的外交叙事的阐述基调也由"孤立主义"向"扩张主义"转变，"例外论"叙事开始有了更为丰富的内容，其典型者有三种。第一种，"美国优越论"，即美国在基本制度、人民才智和地理因素等方面比世界其他任何国家更为优越。有学者指出，"建立美利坚合众国的那些最初的殖民地反叛者们认为，他们所建立的国家不仅注定与世界上的其他国家不同，而且会比其他国家更完美。这就是历史学家们在提到美国人的以救世主自居、使命感、理想主义或美国例外论时的含义"[1]。第二种，"美国榜样论"，即美国是全世界的灯塔，占领着全球道德的制高点。美国政府始终非常重视其社会形象的塑造与输出，尤其喜欢将国内的政治、经济、文化生活作为其意识形态、价值观的外显形式配合价值观的宣传，充分彰显国家的优越性。第三种，"美国使命论"，即美国有责任去关注和改变世界其他地区的状况。如伍德罗·威尔逊（Woodrow Wilson）总统在其外交政策中，认为美国及美国人民拥有一种带给全人类自由的精神能量，这是世界其他民族所不具有的，美国具有拯救世界的强大特殊素质[2]。美国例外论所赋予的使命感，贯穿于美国外交理念的各个方面，成为美国外交政策重要的价值起点，也成为美国重要的外交宣言。

　　不断的拓张中，自由主义逐渐成为美国外交政策中重要的价值理念，成为美国外交政策实施的思想基础和内部动力。"这种单一的意识形态是美国在世界上实行霸权政策强有力的思想基础和国内动力。"[3]自由主义赋予美国外交理念和行动中浓厚的道德感：第一，它继承和发展了威尔逊主义，强调公开外交、公海航行自由、贸易自由、正确处理殖民战争等，其基本信念为相信以自由主义为核心的人性善论，承认世界各国主体地位，认为全球秩序可以在国际组织或国际机制的约束下趋于稳定，其中经济上的相互依存是这种制度约束的重要逻辑起点。第二，它相信民主国家在制度约束下的自律，认为民主国家之间很少或轻易不打仗，原因在于制度的

　　① 周琪主编：《意识形态与美国外交》，上海：上海人民出版社，2006 年，第 122 页。

　　② Arthur Schlesinger: The Cycles of American history, Boston: Houghton Mifflin Company, 1986, p.15.

　　③ 周琪主编：《意识形态与美国外交》，上海：上海人民出版社，2006 年，第 218 页。

约束和文化规范的自律。这种外交理念在充满理想的诉求中也有着强烈的实用色彩。有学者认为，美国外交虽贯穿着一些普遍的道德观念，如"民主是最好的政府形式，具有普遍的适用性，侵略是不道德的，国家应该根据伦理原则行事"等，但美国的国民性格中又存在"强烈的讲究实际的倾向"[1]。

第二节 从"移民社会"到"公民社会"：美国现代道德文化的社会建构

随着美国社会从"移民社会"向"公民社会"不断发展，美国社会伦理中蕴含的道德文化内涵也不断变化，在现实生活维度为美国现代道德文化的生成与发展提供广袤的社会土壤。

一、上帝选民与美国现代道德文化的自由平等理念

美国虽然在政治体系上实现了政教分离，但仍是一个宗教氛围极为浓厚的国家。早在北美殖民地建立时，大量新教团体包括英国国教、加尔文宗、路德宗等或出于宗教理想，或出于躲避政治迫害而迁居美国。由于宗教环境宽松，新教团体在美洲迅速发展，尤其在新英格兰、马萨诸塞、宾夕法尼亚等地区，新教团体掌握着殖民地的实际控制权，彼时"清教徒集会很快成为新英格兰殖民地的关键机构"[2]。很多殖民地都是在宗教团体的开拓下建立起来的，在建国初的十三个殖民地中，有八个设立了官方宗教，确立了某派宗教的优势地位。时至今日，美国的货币上还印有"我们信赖上帝"（IN GOD WE TRUST）短语，以此来证明美钞的信用，可见宗教在美国的影响力之大。同时，教团为美国各级选举提供资金和选票支持，成为左右权力更迭的重要力量。

宗教是美国现代道德文化的重要源泉，为上帝的事业奋斗是"上帝选民"开拓事业的精神动力。美国现代道德文化的核心理念很多都源于宗教

---

① Dexter Perkins: Foreign Policy and the American Spirit, Ithaca: Cornell University Press, 1957, p.9.
② ［美］玛丽·诺顿等：《特别的人民，特别的国家》，黄少婷译，上海：上海社会科学出版社，2018年，第50页。

之中。美国的自由观来自基督教教义，将个人的自由置于宗教的规定下，只有按照宗教规定做上帝期许的事情，才是自由的体现。美国的平等观也是来自于基督教，即"凡是尊我天父旨意的人，都具有平等的地位"。平等的人即天父的子女，也即信仰基督教的人，这实际上为美国的"人人平等"设定前提。这种平等不适用于基督教以外的宗教，属于宗教色彩浓厚的狭隘平等观。同时，基督教主张的人作为"主的仆从"应具备自我牺牲、奉献的精神，人们应当从事慈善事业和公共服务等，也逐渐成为社会发展中的道德伦理。美国的新教团体将源于基督教的道德文化进行进一步改造，将其追求财富的主张神圣化，以"选民"身份宣称其取得财富是勤奋、俭朴、禁欲的生活方式，以及积极承担社会责任的表现，这是符合上帝意愿的道德标准。马克斯·韦伯（Max Weber）在《新教伦理与资本主义精神》中写道：

> 资产阶级商人意识到他们领受着上帝完全的恩典，并且受到上帝切实可见的保佑。只要他们注意保持言行举止的正确得体，道德行为的无可挑剔，以及他们对财富的使用不会引起异议，那么他们就可以竭尽全力地去追求经济利益，并且将其视作一种责任的履行。[①]

美国现代社会的慈善、奉献等关于社会伦理的精神也源自于宗教。托马斯·杰斐逊曾说："我没见过比基督教更好的道德。"[②]《圣经》中耶稣的诸多事迹中体现的奉献精神，遂成为重要理念。奉献精神是对社会奉献自己的力量或财产，从而帮助他人，促进社会进步。将他人视为自己的兄弟姐妹是基督教世界观的一部分。慈善精神脱胎于奉献精神，是奉献精神与公平理念结合的产物，创建于19世纪末的"赫尔屋"是美国慈善事业的先驱者，其领导者简·亚当斯（Jane Addams）被称为"世俗社会的圣徒"，他开启了宗教组织与世俗社会联合开展社会救济活动的先河。宗教作为人们

---

① ［德］马克斯·韦伯：《新教伦理与资本主义精神》，马奇炎、陈婧译，北京：北京大学出版社，2012年，第178页。

② ［美］艾克敏：《布什总统的信仰历程》，王青山译，北京：社会科学文献出版社，2006年，第230—232页。

精神层面的信仰，能够指导人们进行价值实践，培养人们的道德准则和理性。这种影响作用于群体，就能借助人们的实践力量和公共行为塑造出社会准则，使宗教的道德理念成为道德文化共识。对于美国来说，如此庞大的教徒群体使宗教在塑造美国社会价值理念方面起到了关键性作用，美国人将基督教的价值理念作为个人及整个社会的价值基础。正如美国政治学家肯尼斯·沃尔兹（Kenneth Waltz）所言，从某种意义上说，教堂是公民美德的孵化器①。

宗教理念是美国社会运行中重要的伦理内核，也是美国现代道德文化的重要的理念来源。基督教在美国构建了一个将个人品德与成就挂钩的世界观，即要想取得成功就需要遵循宗教所倡导的诚实、守信、公正等品德。在这种世界观下，宗教伦理被视为一种文化、一种社会美德，并深深扎根于美国的公共生活中，使人们"日用而不自知"。这种做法将表现出的美德归功于"上帝的指引"，却将不信基督教等同于没有道德，这种超自然的逻辑将美国大多数人"绑架"上了宗教的"贼船"。同时，宗教团体也愿意将自己塑造成美国慈善事业的主要力量，客观上推动了美国慈善与奉献理念在全社会的传播，形成一种道德风气。如宗教团体及其信徒专门设立救济贫困机构，为贫困家庭进行经济上和精神上的帮扶，对贫困者进行工作技能培训等。

时至今日，宗教理念仍然在很大程度上影响着美国社会道德文化的运作方式。首先，宗教影响着美国社会的价值判断。在新教看来，上帝将成功赋予品德高尚、崇敬上帝的"选民"，而品德低劣的"弃民"无法取得成功，是否在社会取得成功是鉴别"选民"和"弃民"的重要标志。富有和贫困被视为品德高低的表现，财务状况与个人道德水平直接挂钩。"整个历史长河中，总有一些人本能的相信，贫困者不能责怪他人，只能怪他们自己"。② 即使到了今日，美国还有很多人主张废除社会福利政策，以避免因"养懒虫"带来的道德崩坏。其次，宗教是美国社会重要的价值导向。宗教是美国最大的道德资源，为人们提供行为准则和价值判断，国家行为、

---

① ［美］艾克敏：《布什总统的信仰历程》，王青山译，北京：社会科学文献出版社，2006年，第22页。

② ［美］彼得·埃德尔曼：《贫富之惑》，苏丽文译，北京：生活·读书·新知三联书店，2019年，《导言》第7页。

社会公德和个人品德等都受到宗教道德的监督评判，"即使是政府领导人，也会基于现实需要千方百计地与教会人士合作，甘愿接受宗教道德的监督，以求尽可能多地从宗教方面获得道德支持"。①最后，宗教所展现出的价值理念通过其巨大的影响力，对美国国家政策产生了深远的影响。在内政外交的政策上，宗教也提供了道德判断的标准，以衡量政策的正义程度。宗教"对政府和公共政策的制定者、立法机构施加影响，既是对传统道德的维护，也是宗教组织实力的体现"②。

19世纪末20世纪初，美国虽然不是综合国力最强的国家，但却是资本主义最发达的国家。资本主义的发展让国家将宗教从国家政治领域驱逐到私人领域，实现了人在政治上的解放。但美国资产阶级道德文化与宗教关系密切，新教伦理是美国资本主义赖以生存的精神土壤。因此美国虽然在政治上将人从宗教的桎梏下解放出来，但却没有在社会层面使人民得到全面的解放，人民依然生存在宗教的影响下。宗教的影响深刻地融入政治、社会、文化、教育的各个方面，人民所接受的道德熏陶很多源于宗教的理念，教会依然是人们日常活动频繁的地方。宗教的道德文化为美国资本主义发展提供了精神动力，规定了道德标准，也成为统治阶级束缚人的精神工具，成为美国社会一些荒诞不经的道德文化现象的重要理论根源，如"贫困者怪自己"的贫困观，以神学理论质疑科学研究的科技观，崇拜神秘主义和阴谋论的反智主义思想等。

二、拓荒移民与美国现代道德文化的实用主义特色

美国著名历史学家奥斯卡·翰德林（Oscar Handlin）说过，"当我想要去写一部美国移民的历史的时候，我发现移民就是美国史"③。美国的移民活动伴随着国家的历史发展，移民在建设美国的同时，也在创造着美国独有的道德文化。建国以后，随着国家疆域的迅速扩张，美国在西部获得了大量的领土，吸引了大量的拓荒移民。他们从欧洲旧大陆进入美国，在政府政策的推动下向西拓张开垦，史称"西进运动"。"西进运动"是美国规模最大的移民迁徙活动，大量的移民在几十年的时间里向美国广袤的西部

---

①　刘澎：《当代美国宗教》，北京：社会科学文献出版社，2012年，第268页。

②　刘澎：《当代美国宗教》，北京：社会科学文献出版社，2012年，第267页。

③　Oscar Handlin, The Uprooted, Little Brown & Company, 1973, p.3.

进行移民迁徙，寻找自己的"应许之地"。但这并非坦途，西部恶劣的自然条件，以及印第安人、匪徒等因素对移民的生存构成挑战。这是一场注定载入美国史册的大规模迁徙活动，既有人们拓荒生存的历史记忆，也有掠夺印第安人的血腥之路。拓荒移民的国家记忆在美国创生了所谓"西部精神"，这是对美国以"西进运动"为代表的大移民活动中产生的精神的总结。在西进运动艰苦的拓荒历程中，可动用的资源相对匮乏，需要将有限的资源投入到最基本的生活保障中，以实用主义为核心的价值伦理进一步凸显出来。

拓荒移民的经历赋予美国现代道德文化以实用主义取向。这是一种注重实践经验的思维方式，即认识任何事物都侧重以经验为依据，主张经验先于理论，这与欧洲的认识论有很大区别。欧洲人侧重于以知识作为行动的前提，根据自身对事物的认知进行行动规划。但新大陆的风貌、现实状况和风土人情与欧洲迥异，需要在实践中获得经验，并寻找解决问题最有效的办法。拓荒者基于生存的需求，在实际生活中总结经验，有用就是最好的验证。这些拓荒者多来自社会底层，他们没有欧洲理论家那么出色的思辨能力，而是在西部的拓荒中建构自己的实用哲学。与欧洲旧大陆抽象的哲学思考相比，美国的实用主义哲学更加具有实效性特征。实用主义是"西进运动"人们基于实践得出的经验哲学，它"不是饱学深思的哲学家们所创造，而是最先开辟新大陆的人们所创造"[1]。拓荒移民没有兴趣研究理论，他们相信所有问题都可以通过自己的经验解决，他们更加关注获取的实际利益。这种根植于"西进运动"的经验哲学，形成了美国道德文化的一个重要特色。

拓荒移民的经历赋予美国现代道德文化实用主义的方法论。实用主义主张在不断的行动中进行探索，解决所遇到的问题，行动构成美国实用主义的方法论。美国人的进取精神、冒险精神，本身也是美国实用主义的延伸。西进的人民克服重重困难和艰难险阻，经历了物质资源贫乏，经历了印第安部落的阻挠，但经历过冒险后便获得了丰厚的土地，这被视为对勇敢者的奖励。"西进运动"中涌现的具有奋斗精神和传奇色彩的英雄人

---

[1]　余怀彦：《深层美国：实用主义与美国的300年》，北京：中国友谊出版公司，2015年，第9页。

物，激励了美国人的冒险精神和英雄情怀。如美国著名的丹尼尔·布恩
（Daniel Boone）的故事，他凭借勇敢与才智，在受到印第安部落阻挠的情
况下，在荒野中开辟出一条进入阿巴拉契亚山脉的道路，建立了第一批英
语定居点。①西进运动中英雄主义的叙事彰显了个人作用，但实际上，美国
的西进运动中所创造的"英雄叙事"是白人争取土地的过程，也是原住民
的灾难。在美国西进运动中所赞扬的人物，大多是在与印第安人的对抗中
取得成功的，因此对美国来说是"伟大的史诗"，对原住民来说却是灾难
性的掠夺。

拓荒移民经历使"是否实用"成为美国现代道德文化对事物的评价标
准。拓荒者在西部的竞争环境下，通过开拓获取财富，刺激了美国人对财
富的追求，这里少有特权阶层，所有人公平竞争的实用主义精神在美国的
领域拓张过程中逐渐发展。正如比林顿所言，生活在西部边疆，每个人都
要面临同等的境遇，这对所有人都是平等的。②"西进运动"中条件艰苦、
资源匮乏，使拓荒者必须用最"有用"的方式处理事务，"一个会抡斧头和
使铁锹的普通士兵能比五个骑士还强"③。其做事首先要考虑的就是做这件
事对自己有什么好处，其所付出的事件、金钱和精力，或者所冒的风险是
否值得，这构成美国人思考问题的基本法则。

总体来看，实用主义成为美国现代道德文化重要的特色，甚至成为美
国标志性的价值理念。实用主义来源于美国人务实的精神和善于变通的方
法论，美国的"山姆大叔"（Uncle Sam）形象就是实用主义的集中体现。
山姆大叔一般被描绘成为穿着马甲礼服，头戴星条旗纹样的高礼帽，身材
高瘦、留着山羊胡、帅气、精神矍铄的老人形象。1961 年，美国国会正式
承认"山姆大叔"为美国的民族象征。美国人把他的诚实可靠、务实肯干、
吃苦耐劳以及坚韧乐观的精神视为自己民族的共有品质。这种实用主义的
精神，是美国道德文化发展的重要依据，使美国道德文化中具有实用信条
多、空谈信条少的特色。

值得注意的是，美国的实用主义往往带有高度利己的性质，因而时常

---

① 崔波：《论西进运动在美国国民性形成中的作用》，《西部学刊》，2017 年第 5 期。

② ［美］雷·比林顿：《向西部扩张（上册）》，周小松等译，北京：商务印书馆，1991 年，第 429—430 页。

③ ［美］康马杰：《美国精神》，杨静予等译，北京：光明日报出版社，1988 年，第 9 页。

超越道德的考量。以感恩节的起源为例，美国感恩节源于美国殖民者在艰难时期受到印第安人的帮助而"共襄盛举"的故事，但在随后的"西进运动"中美国将屠刀指向曾经帮助过他们的印第安人，并转而将感恩节中印第安人的帮助视为上帝降下的神迹。如19世纪中叶，加州政府公开悬赏，每个印第安人头皮可以兑换5美元，而当时的日均工资是25美分。在1492年白人殖民者到来之前，美国有500万印第安人，但到1800年数量锐减为60万人。另据美国人口普查局数据显示，1900年美国原住民数量为史上最低，仅为23.7万人①。"西进运动"中美国殖民者通过暴力手段逐步蚕食印第安人的领地，最终将其赶进狭小的"保留地"。美国"西进运动"的叙事中，凸显的是对抗自然的勇气，谋求生存的艰辛，以及领土拓张中的冒险精神。但其背后隐藏着大量不道德的，甚至是残忍的行为。这也是导致美国现代道德文化中一些具有侵略扩张背景的价值理念饱受争议的重要原因。

三、城镇居民与美国现代道德文化的社群自治观念

社群自治在美国拥有悠久的传统。自殖民地时期美国社会就是由社群为单元组建，社群自治的基础就是群体内的"契约"。如其早期纲领《五月花号公约》宣称："为了上帝的荣耀，为了吾王与基督教信仰和荣耀的增进，吾等越海扬帆，以在弗吉尼亚北部开拓最初之殖民地，因此在上帝面前共同庄严立誓签约，自愿结为一民众自治团体。"②美国早期殖民地多是由社群团体组成，尽管每个社群内部的治理方式不同，但由居民共同制定契约的治理方式则高度一致。建国后，《1787年宪法》建立了相对松散的权力体系，地方拥有财政、军事、教育、法律等高度自治权，国家对社会层面的管理更是无所依凭，这种"权力真空"迅速被社群组织占领。随着"西进运动"使美国疆域连通两大洋，美国社会从拓荒移民社会逐渐转向定居者社会，人们从不断开拓和冒险的移民生活，转变成为定居者生活，其面临的主要矛盾从解决生存需求变为定居生活中如何维持社会稳定的问题，美国社群自治行为自殖民地时期后再次兴起。

---

① 顾雨汀：《美国发展史就是印第安人血泪史》，《历史评论》，2020年第2期。
② 《五月花号公约》参见［美］J.艾捷尔等：《美国赖以立国的文本》，赵一凡等译，海口：海南出版社，2000年，第5页。

美国社群自治首先表现为社群内部的自我管理，这自殖民地时期就有悠久的历史传承，即移民间通过合作来建设社区，通过签订契约的方式达成内部有序治理。独立建国以来"小政府、大社会"的理念使美国社会力量结成团体进行自治，填补了政府在社会权力中的"真空"状态，成为社会正常运转不可或缺的力量。托克维尔在考察美国时，社群自治给其留下深刻印象：

> 美国人不论年龄多大，不论处于什么地位，不论志趣是什么，无不时时在组织社团。在美国，不仅有人人都可以组织的工商团体，而且还有其他成千上万的团体。……在法国，凡是创办新的事业，都由政府出面；在英国，则由当地权贵带头；在美国，你会看到人们一起组织社团。[1]

契约精神是社群自治的核心。它起源于"五月花"号新教徒为了建立殖民地而签订的公约，目的是使成员基于同样的目标协调行动，使成员能够遵守公约。通过契约的签订，社区内部成员确立行动的法则，遵守相应的契约规则来维持社群内部的统治，成员们通过签订契约来彼此确认身份，并将社群作为采取共同行动、达成群体目标的重要场域。

在美国的社群既通过社会契约实现管理职能，也通过社群间资源共享实现互助互惠。社群自治观念中的互助互惠理念可以追溯到殖民地宗教团体内部的互助行动。如1684年在马萨诸塞成立的帮助残疾者、遗孀等弱势群体的"苏格兰慈善协会"，其目标就是帮助社群内那些陷入困难且无法自救者[2]。这种互助组织在美国独立建国后发展为具有慈善功能的非政府组织，形式有互助社、改良运动组织、社会服务组织、教育文化机构、慈善基金会等多种。至1946年，美国已经有超过20万个非政府组织[3]。该阶段，美国实力雄厚的资本家及其家族，如洛克菲勒家族、卡内基家族、摩根家

---

① ［法］阿列克谢·托克维尔：《论美国的民主》，董良果译，北京：商务印书馆，1997年，第635—636页。

② 陶冶、陈斌：《美国慈善事业发展的历史、原因及启示》，《中国劳动关系学院学报》，2016年第4期。

③ 杨建英：《美国社会的"第三者"》，长春：吉林大学出版社，2018年，第119页。

族等对当时的奢靡之风进行批评和抵制，认为应该将钱用于社会改良和慈善事业。由此使财团基金注入非政府组织中，非政府组织迎来专业化发展浪潮[1]。一批实力雄厚的资本家纷纷成立具有明确章程和目的的慈善组织，这成为改良美国社会的重要组成部分。

但社群毕竟是有"他者"身份区分的有限性组织，社群自治的形成也在一定程度上使美国各群体陷入孤立。社群自治在增进社群凝聚力的同时，也增加了美国社会各群体间的分裂。社群既是现实生活的组织，同时也是一个具有某种规定性范畴的抽象概念。社群是人们生活的现实活动场域，即社区成为可以调解个人与社会的需求，发挥一定社会治理功能的场所。这导致了社区对内的凝聚以及对外的相对割裂，使美国社会呈现出碎片化倾向。在美国社群中，具有相同特征的人们聚集在一起，形成具有一定封闭性质的小团体。比如说族裔社区，即以族裔来划分的社区，包括黑人社区、白人社区、华人社区等。由于各社区发展程度的不同，社区内部拥有各自独立的基础设施、教育条件等，社区间的巨大差距造成贫民社区贫困代际延续的情况。社区成为相对独立的文化单元，内部各民族的文化得以保留，也造成了美国现代道德文化形成过程中因缺少交往造成的价值分裂。

美国社群自治对外实现了对政府治理职能的补充，有研究认为，社群组织参与教育咨询、管理与服务的各个环节，在某种程度上可以起到矫正"政府失灵"与"市场失灵"的作用，发挥公共治理的功能[2]。美国社群自治成为美国城市崛起的基础和保障，城市中社区之间的守望相助，以及社区内部邻里间的交往和互助，弥补了政府在社群中的失位。居民选举领导人作为社区的管理者，协调社区内部的政治活动、宗教活动和文化活动等，也带领居民管理社区内部的福利事业、教育事业、慈善事业。但随着城市化的发展，美国城市社群逐渐衰落，产生该现象的原因包括城市的无序扩张、人员代际更迭、传媒技术和娱乐的发展。美国学者罗伯特·帕特南（Robert D. Putnam）在其作品《独自打保龄：美国社区的衰落与复兴》中认为美国社区生活中喜爱结社、喜欢有组织的公共生活、关注公共话题、热心公共事业的美国人逐渐减少，而今美国人不愿与邻居交往，更愿意自

---

① 资中筠:《20 世纪的美国》，北京：商务印书馆，2018 年，第 183 页。
② 贾旻:《行业协会参与现代职业教育治理研究》，天津大学博士论文，2016 年。

己在家看电视，乃至"独自打保龄"①。这对美国人的社群精神造成巨大冲击，提出了重大挑战。

四、工业发展与美国现代道德文化的金钱主义取向

随着第二次工业革命的浪潮轰轰烈烈席卷全球，人类社会进入电气时代。美国在这个历史进程中率先实现了生产力的巨大变革，逐步完成工业化和城市化，这促进了美国道德文化的现代化转型。"工业化在美国人的生活中是一股崭新的、强劲的力量，即使在它开始之刻，就重塑着美国的面貌"。②一方面，资本主义生产方式经过工业革命的淬炼如虎添翼，拥有了全新的发展样态，即大工厂的发展和垄断资本主义的迅速崛起③。另一方面，工业化促进美国迎来城市化浪潮。根据美国统计局的统计，1860年美国总人口为3149万，城市人口占19.8%，到了1920年总人口发展为10570万，城市人口占51.2%。④城市化塑造了城市景观和文化，也塑造着城市化大潮中人们的道德文化观念。人们在城市化进程中开展了轰轰烈烈的社会改革运动，进步主义思潮集中涌现。

在工业化和城市化浪潮中，美国社会的金钱主义倾向日益明显，这深刻地影响着美国现代道德文化发展转向。金钱成为工业化发展的重要追求。经济上的"自由放任"达到了新高度，垄断主义成为其最新表现形式。在垄断组织推动下，自由竞争、强者生存等经济观念也被赋予道德属性，成为社会伦理的组成部分，"金钱正义"逐渐形成。美国城市化发展创造了以社会财富为基础的"成就伦理"，个人成功即意味着被人们所膜拜，富人开始被"神化"，成为社会道德楷模。为取得成功，人们从乡村不断地涌入城市，冒险主义、金钱主义、利益至上等思潮泛滥，成为城市化社会中处理人际关系的基本法则。人们往往关注取得成功后的光环，却很少去关注背后的手段如何卑劣。"成就伦理"将浓厚的金钱主义倾向融入美国现

---

① 参见［美］罗伯特·帕特南：《独自打保龄：美国社区的衰落与复兴》，刘波等译，北京：北京大学出版社，2011年。

② 刘绪贻、杨生茂主编：《美国通史》（第四卷），北京：人民出版社，2002年，第171页。

③ 托拉斯一般由许多生产同类商品的企业或与产品有关的企业合并而成，旨在垄断销售市场、争夺原料产地和投资范围，增强竞争力量，以获取高额垄断利润。此外垄断组织的表现形式还有辛迪加、康采恩、卡特尔。

④ 刘绪贻、杨生茂主编：《美国通史》（第四卷），北京：人民出版社，2002年，第29页。

代道德文化中，排挤了其蕴含的理想主义部分，过度的功利化使美国现代道德文化逐渐趋于堕落。

"成就伦理"加剧了资本家对工人的掠夺，为使其剥削剩余价值更具合法性，资本家对道德文化进行改造。资本家在工业化的过程中抛出"多劳多得"的工作伦理，以提升生产效率。美国工程师泰勒（Frederick Taylor）在《科学管理原理》一书中认为，"科学管理如同节省劳动的机器一样，其目的在于提高每一单位劳动的产量"。同时工厂实行差别工资制，规定劳动流程，将劳动量分级，根据劳动完成的情况计件发给工人薪酬。"泰勒制"建立的流水线化的操作淡化了工业生产各个环节的技术含量，大量熟练技术工人出现，工人地位和待遇日益降低，资本家的生产成本也进一步降低。工业化发展不但没有使工人获利，反而造成了"异化劳动"的畸形现象。正如马克思所言，"工人在劳动中耗费的力量越多，他亲手创造出来反对自身的、异己的对象世界的力量就越强大，他自身、他的内部世界就越贫乏，归他所有的东西就越少"①。

为了缓解工业化发展所带来的劳资双方对立的加剧，资本家创造出"合作伦理"以欺骗劳工。他们将对工人的压榨塑造成合作，构建互惠的道德理念体系。泰勒在《科学管理原理》一书中写道："资方和工人的紧密、亲切和个人之间的合作，是现代科学或责任管理的精髓。"这种合作观成为主流社会处理劳资关系的基本伦理。如1913—1914年科罗拉多旷工大罢工中，工人们为了反对洛克菲勒的燃料和钢铁公司走向街头，发生了大规模流血事件。小约翰·洛克菲勒（John Rockefeller）在1914年的《大西洋月刊》中辩称："资方离开劳方无法推动轮子前进，反之亦然。"他站在道德的制高点对工人进行说教："资方很重视维护与劳方的关系，因为资方和劳方有共同的利益可以合作，但是劳动者率先打破这种平衡、和谐的关系。"在他的逻辑下，是工人率先打破劳资双方的"合作"关系，将罢工与流血事件的责任推到了工人身上。资本家将对工人的剥削美化为合作，并基于此发展出效率、契约精神等道德文化理念，但其核心全部围绕提高生产力、剥削剩余价值展开。

工业化及其带来的城市化改变了美国社会的状况，激发了以金钱为核

---

① 《马克思恩格斯文集》（第1卷），北京：人民出版社，2009年，第157页。

心的"个人成就"伦理精神。底特律的汽车工业、芝加哥的建筑业、明尼苏达州的伐木业、路易斯安那州的船运业等创造了一批新兴城市。美国人民在城市中积极、勇敢、大胆地探索，以取得个人成就为荣。城市化发展极大改变着农民的生存状态，"有些人对于这种变化能够很容易地很好地适应；其他的人在罪恶和犯罪的莫大引诱下动摇了；另外还有一些人由于身心机能和习惯遭到不可避免的扰乱而感到不同程度的痛苦"。①人们从乡村涌入城市，获得城市的归属和认同，获得市民意识，包括鲜明的财产意识、权利意识、冒险意识、责任意识等，以此应对城市发展过程中的人际关系和社会规则的变化。但城市化发展使城市和农村中人们的生活方式和思考方式差距愈来愈大。

美国工业化时代同时也是美国社会大变革时期，"进步主义"运动的蓬勃开展深刻地影响着美国社会的道德文化观念。该时期的"丑恶揭发运动"对社会的不公和丑恶进行了一定程度的揭发，如妇女、儿童的工作与保护问题，妇女选举权问题，权力交易与腐败问题，人们对这些问题的讨论促进社会正义理念深入人心。如记者厄普顿·辛克莱（Upton Sinclair）的《屠场》揭露的美国食品安全问题，引起了社会的普遍关注。同时美国政府与社会开始关注环境保护问题，如西奥多·罗斯福总统在社会面开启了"回归自然运动"，环保理念被广泛传播。作家塑造出的很多形象被广为流传，如欧内斯特·海明威（Ernest Hemingway）在《老人与海》中塑造的硬汉形象、弗朗西斯·菲茨杰拉德（Francis Fitzgerald）在《了不起的盖茨比》中的享乐主义者等。总而言之，美国社会的工业化变革深刻地影响了美国的道德文化的价值取向。

第三节 从"精神独立"到"文化外溢"：美国现代道德文化的思想建构

美国现代道德文化既是政治、经济等因素发展的必然结果，也是一个思想建构的历史过程。总的来看，美国道德文化的早期发展经历了一个从

---

① ［美］德怀德·杜蒙德：《现代美国：1896—1946》，宋岳亭译，北京：商务印书馆，1984年，第43页。

"精神独立"到"文化外溢"的进程。在这个进程中，美国现代道德文化的民族特性逐步明晰，现代性日益彰显，其影响力也逐渐从本土走向美洲乃至整个世界。

一、精神上的启蒙与独立

美国现代道德文化的精神生成首先表现为对欧洲国家道德文化传统的继承与反叛。美国道德文化来源于欧洲，但并非欧洲国家道德文化的简单承续。自殖民地伊始，以清教徒为核心的新教教徒占据着主流社会的重要地位。他们是 15 和 16 世纪欧洲宗教改革运动中路德派和加尔文派的信仰者，主张"因信称义"和"选民论"。18 世纪上半叶，北美殖民地爆发了"大觉醒运动"，基督教中的新教精神渗入人们的观念，启发了北美人对自由和平等的追求，促进了清教主义影响力的扩大[1]。与欧洲基督教相比，美国的清教运动强调对基督教的理性改造，用世俗社会的成功来鉴别"选民"和"弃民"，鼓励人民取得现世的成功。在这种充满现实主义的碰撞中，人们形成了宗教主义的理性精神。如美国国父本杰明·富兰克林（Benjamin Franklin）既继承传统宗教的道德框架，又积极倡导平等、节俭、诚实、慈善等美德，将这些美德作为取得现世成功的基础。富兰克林认为，"清教主义"美德培育了让"资本主义精神"茁壮成长的肥沃土壤，为美利坚民族打下永久的道德烙印[2]。建国后，新教伦理成为美国民族统一的道德观和价值观，它深刻地影响着美国的政治体制，是美国事业的精神支柱。[3]

美国主流社会对启蒙思想的改造，开启了美国现代道德文化的本土化探索。欧洲移民带来了"启蒙运动"的理念和成果，这在缺乏旧势力阻碍的新大陆迅速开花结果。这些理念主要有霍布斯（Thomas Hobbes）的"人民主权"论，洛克（John Locke）的"私有财产"论，孟德斯鸠（Charles-Louis Montesquieu）的"三权分立"论以及卢梭的"天赋人权"论等。"启蒙运动"的火花在美国独立战争引发的热切讨论中开始了对美国本土实践方案的初探，形成一批带有美国特色的"独立精神"。如对"自由理念"的探索，美国将反对英国压迫视为争取"自由"。如反抗英国无理由征税

---

① 毕蓝：《美国的故事》（第 1 册），北京：九州出版社，2018 年，第 352 页。
② 毕蓝：《美国的故事》（第 1 册），北京：九州出版社，2018 年，第 20 页。
③ 董小川：《20 世纪美国宗教与政治》，北京：人民出版社，2002 年，第 4 页。

的名篇《不自由，毋宁死》将反抗英国的压迫概述为自由与奴役的斗争，即"为争取自由之神圣使命，三百万民众武装起来"①。再如对"平等理念"的探索，美国的平等理念基于"无代表不征税"原则，北美人民想要在英国两院获得席位，英国在对此的拒绝情况下强行征税是北美殖民地人民遭到不平等待遇的体现。《独立宣言》宣称："我们认为以下真理是不言而喻的：人人生而平等，造物主赋予他们若干不可剥夺的权力，其中包括生命权、自由权和追求幸福的权力。"②独立战争将启蒙精神进行本土化改造，也以美洲大陆立场建立了理念间的逻辑关系，使启蒙精神被改造为美国独特的精神现象。

美国现代道德文化对商业伦理的实践及发扬，使"商业立国"成为美国的基本国策。随着北美殖民的不断壮大，其经济实力和贸易规模日趋强盛。经济目的成为移民的重要动力，也奠定了美国的商业文化精神。"18世纪初期，英国在新大陆的发展已经超过了法国和西班牙。英属殖民地已成为美洲大陆人口最多、贸易最繁荣、实力最强的地区"。③"英国清教徒迁移新英格兰的过程，实质上就是以中产阶级为主体的东盎格利亚人将母国的生活方式、文化、金融资本、商业意识和创业经验等一起传播到北美的过程。"④中产阶级文化成了美国现代道德文化的理想样本。"中产阶级"代表着美国社会对"道德需要一定财产保障"的理想化模型，既承载美国人传统的精神基因，又有本身所处政治、经济、社会位置所赋予的"道德责任"，包括积极的民主参与和社会责任，人道主义情怀和慈善精神等。中产阶级代表了道德意识强、主动乐意承担社会责任和义务、具有自觉性与使命感的美国人形象。

美国对欧洲文化传统的改造与反叛，并不意味着文化上的完全割裂。新大陆的早期移民，无论是精英阶级还是普通民众，都将美国视为欧洲生活的延续。比如在地理命名上，有新英格兰、纽约（新约克）、牛津、剑桥、曼彻斯特等，比如以"威廉和玛丽"为殖民地大学命名，力图保存故

① 《不自由，毋宁死》，参见［美］J. 艾捷尔等编：《美国赖以立国的文本》，赵一凡等译，海口：海南出版社，2000年，第16—17页。

② 《独立宣言》，参见［美］J. 艾捷尔等编：《美国赖以立国的文本》，赵一凡等译，海口：海南出版社，2000年，第26页。

③ ［美］乔治·廷德尔：《美国史》，宫齐等译，广州：南方日报出版社，2012年，第83页。

④ 王伟宏：《论英属新英格兰经济商业化成因》，《经济社会史评论》，2016年第2期。

乡的习俗、节日庆典和生活方式等。这种文化羁绊使美国社会在很长一段时间内，都存在"崇英"的现象。英国的商品在这里被视为上流，人们以家里摆放有英国家具为荣，富裕家庭多将子女送到欧洲接受教育，他们的子女以被送到牛津、剑桥读书为荣，彼时对哈佛、耶鲁的认可度不高。可见美国的文化底气并非天生就有，其文化自信是在建国后随着美国的壮大才逐步确立起来的。但总体而言，新大陆的社会实践对旧大陆传来的道德文化进行改造后开始产生自己独特的道德文化。

美国道德文化实现独立是以政治立场转变为基础的。自美国独立战争开始，殖民地时期的思想就由欧洲大陆的思想分支转变为美国民族的思想创造。其原因有两个：一是民族立场的确立。独立战争正式将北美殖民地从英国殖民体系中分割出来，殖民地成为独立的国家，殖民地人民转变为美国人民，从政治上划分出独立的民族。二是政治立场的确立。北美殖民地从英国海外殖民体系的一部分转变为独立的国家实体，从"为皇帝陛下的身体健康干杯"到"为了我们的自由而战"，从殖民依附走向政治独立。殖民地的事业变成美国的事业。在民族和政治立场的转变后，殖民地的道德文化因立场变化成为美国的道德文化。华盛顿（George Washington）多次强调"美国人"的观念，他提出，合众国政府是为了维护"美国人"的自由和幸福，合众国是"美国人"进行的民主实验等[①]，"美国人"被赋予独立的"道德地位"。

在美国现代道德文化独立性的形成中，一批对美国精神、道德、文化等建构的作品，促进了美国现代道德文化的精神独立。比如思想家拉尔夫·爱默生（Ralph Emerson）在《美国的哲人》中呼吁人们结束对外来文化的依赖，"用自己的脚走路，用自己的手工作，发表自己的意见"。他认为美国人具有如下精神特质：既能思想，又善于行动；既珍惜大自然的启示，又富有责任感和自信心。这篇演讲被称为"美国知识的独立宣言"，促进了美国文化的成型。[②] 美国著名历史学家弗雷德里克·特纳（Frederick Turner）在《美国边疆论》中认为，美国人和美国制度的许多特点都是由

---

① ［美］查尔斯·艾略特：《美国精神》，刘庆国译，北京：中华工商联合出版社，2017年，第174—177页。

② 拉尔夫·艾默生：《美国哲人》，参见［美］J.艾捷尔等编：《美国赖以立国的文本》，赵一凡等译，海口：海南出版社，2000年，第136页。

于独特的环境，特别是"活动的边疆"而存在的。欧洲的旧思想、旧制度来到美国这片自由的土地后形成平等、自由思想，美国人在改造荒野的过程中，形成独特的民族特性。该时期出现大量体现国家意识的文学作品，如沃尔特·惠特曼（Walt Whitman）的《我听见美洲在歌唱》，描绘了各行业的人呼喊的口号和歌声，汇聚成一个民族、一个国家的歌声。在史学方面，开始出现将美国作为整体进行历史叙事的作品。乔治·班克罗夫特（George Bancroft）的《美国史》是首部由美国人撰写的国通史，在作品中他对美国的思想理念进行了建构和总结。如书中将独立战争与反对暴政、争取自由联系起来，赞扬杰斐逊的民主思想，将人民作为美国国家政权建立的基础并赋予其正义属性等。此外，在音乐界、电影界等出现大量讨论美国本土生活的作品。以上种种使美国成为独立文化个体，美利坚精神逐渐被发掘和讨论，并愈加具有鲜明的民族意识。

二、道德文化的现代转型

美国道德文化的现代转型，基础在于美国社会的现代转型。在经济条件上，美国经济发展中工业化体系的成熟是美国现代道德文化产生的基本条件。人们在新的社会空间和场域内产生了新的城市伦理和观念，包括如何融入城市生活，如何看待变化的世界等。在新的社会场域中，美国道德文化必须创造出新的内容以适应城市生活。在政治方面，以罗斯福"公平施政"为代表的政治改革尝试对"镀金时代"中的腐败、效率、权力交易、选举权、健康权等问题进行改革，通过了公职人员去党派化的《彭德尔顿法》（1883），打击垄断势力的《谢尔曼反托拉斯法》（1890），保护自然资源的《纽兰兹法》（1902），关于童工问题的立法《基廷—欧文法》（1916），关于妇女选举权的第 19 条宪法修正案（1920）等，政治现代化奠定了美国现代道德文化的制度的基础。在文化方面，美国本土文化的繁荣发展为美国道德文化的转型提供了思想源泉。19 世纪末 20 世纪初，美国文化现代性建构日趋成熟，既出现了以爱默生、梭罗（Henry Thoreau）、惠特曼、洛威尔（Robert Lowell）等浪漫主义文学流派，也产生了马克·吐温（Mark Twain）、亨利·詹姆斯（Henry James）、豪威尔（William Howells）等现实主义文学。新的文学作品以美国现实生活为材料进行创作，注重反映美国的现实问题，其中表现的精神为美国现代道德文化建构提供了丰富的精神食粮。

美国道德文化的现代转型，在政治维度上主要体现为由殖民主义、扩张主义转向现代资本主义。美国早期在社会实践中产生的本土道德文化逐步融入美国的现代资本主义社会的道德伦理。在美国现代社会转型的过程中，伴随着美国领土扩张的进程逐渐完成，美国人也经历了从殖民者、开拓者到定居者身份转变。伴随着美国疆域和移民活动的日趋稳定，美国城市开始兴起。现代资本主义发展改变了美国的社会面貌，殖民者、开拓者时期产生的道德文化再难适应城市生活，其原有的内涵得到发展，成为符合现代社会发展特征的现代道德文化，完成了美国道德文化的现代转型。

美国道德文化的现代转型，在社会维度上主要体现为由反映传统生活转向反映现代生活。城市化过程中形成的道德伦理规范替代传统乡村的道德文化，具有现代性的城市道德文化开始占据主导地位。19 世纪末 20 世纪初，美国迎来城市化浪潮。"许多城镇卷进了这个热潮，它们相信如果它们不加入进去就会死路一条，一些城镇则表示忧虑并企图瞒报城镇人口的数字。总之，与进步一起成长的信念占据了他们。"[①]美国城市化的迅速发展，使传统以农业社会生产方式为中心的乡村被以大工业为生产方式的城市生活方式所冲击。发展模式的差异使城市和农村的生活方式差异愈大：城市是一个社会、文化、经济发展的综合体，农村只有农业；城市的人和农村的人有所不同，尤其是生活方式和价值理念上的不同；城市的生活方式使人们缺乏联系和关心且崇尚竞争伦理，农村的邻里关系相对密切，往往通过交流形成价值判断和舆论，对规范人们道德产生重要影响[②]。城市中个人成功的故事激励着人们从乡村涌向城市，资本家成功的故事为人们津津乐道。这些成功故事中展现出资本家的冒险和进取精神，他们的勤奋、乐观、坚强等品格，为当时的人们所效仿，深刻地影响了美国现代道德文化的内涵。

美国道德文化的现代转型，在民族维度上主要体现为各民族价值多样转向美利坚民族价值凸显，由原族裔民族认同转向对美利坚国民身份的认同。美国是一个移民国家，移民往往以聚居的方式生活，这使 20 世纪前期

---

① ［美］理查德·林吉曼：《美国小镇》，转引自刘绪贻、杨生茂主编：《美国通史》（第四卷），北京：人民出版社，第 173 页。

② 刘绪贻、杨生茂主编：《美国通史》（第四卷），北京：人民出版社，第 175—177 页。

很长一段时间内，美国人的族裔认同高于国家认同。人们交往中有几条明显的界限，即种族界限、民族界限、宗教界限。随着美国现代社会的发展，人们交往日益增多。城市化的发展使各个群体融入城市生活，彼此区隔在城市的交往中逐渐淡化。同时，本土出生的二代、三代移民成为社会主流，其对母国的文化认同逐渐减弱，国家意识逐渐增强。美国社会逐渐实现对美利坚民族身份的认同，现代意义上的美利坚民族的道德文化也随之形成。

总体来说，19 世纪末 20 世纪初，美国道德文化在其内涵上实现了现代化转型，美国道德文化的全面建构正式开始了，其现代性属性也逐渐显现。

一是美国本土的思想、文化作品开始反映美国现代社会的现状，体现对美国社会伦理内核的思考，产生了一大批具有鲜明美国特色的作家和作品。如美国作家马克·吐温的作品以幽默为表、讽刺为里，赋予幽默更深刻的现实意义和哲理内涵，通过夸张的人物塑造，浓郁的西部背景，强烈的地方色彩，建构了反映美国人生活的"美式幽默"。同时，美国社会中涌现出一些揭露美国社会发展中问题的作品。19 世纪末美国的"丑恶揭发运动"中出现大批揭露美国社会问题的作品，引发了美国的社会变革。厄普顿·辛克莱的《屠场》揭露了美国的食品安全问题，芝加哥肉类加工厂恶劣的劳动条件和将腐败的肉做成罐头的恶劣行径引起了社会的普遍关注，推进了美国《肉类检验法》等法案的出台。杰克·伦敦（Jack London）的《铁蹄》等小说反映了美国底层人民的生活，反映出上流社会的贪婪和虚伪。一些反映美国政治腐败和政治操控的作品也引发了社会思考。如女性作家艾达·塔贝尔（Ida Tarbell）的《美孚石油公司史》揭露了洛克菲勒聚集财富的手段，揭露了垄断组织对人民生活的压榨和操纵，引起美国民众对自由企业体制利弊的重新审视。

二是美国原本碎片化的思想开始完成体系化建构，美国现代道德文化逐渐形成完善的逻辑体系。美国现代道德文化从碎片化萌芽到体系化转型是其走向现代的重要标志，碎片化的美国思想开始被有意识地整体建构起来。查尔斯·比尔德在其《美国文明的兴起》中，探究了美国人的品格、精神及其对宪法价值观的追求对美国发展的重要性，强调美国文明并非欧洲文明在美洲大陆的简单延续，而是欧洲文明与美国探索实践的结合。沃农·帕林顿（Vernon Parrington）的《美国思想史》探索了美国立国以来思想的发展历程，认为自由主义、清教主义、保守主义是美国历史发展的主流。"美国思想的伟大传统是自由主义和反抗精神"，只有"开口不离激进思想的人才有美国味"①。同时，美国开始产生独特的、系统的道德文化表达，在思想的成熟度和独特性上有所提升。

三是美国社会中的主流思想开始发挥引领作用，实现对美国道德文化的内容构建。美国主流社会通过其巨大的引导力，将其道德文化融入国家体系中，并借助社会的辅助力量，对美国公民的价值理念产生重要影响。有学者认为，美国主导的意识形态是保守主义、社群主义以及伦理学上的德性主义，这三种意识形态的共同之处在于更加强调"共同的""确定的""权威的"核心价值观②。20世纪初的"百分百美国化运动"就是针对移民开展的同化运动，该运动目的是使移民认同美国文化，采取具有强制性的手段将美国主流社会的文化强加给移民③。总之，在美国社会不断发展的基础上，美国道德文化实现了现代转型。

三、美国现代道德文化的早期传播与外溢

随着美国综合国力的不断强大，美国现代道德文化对外传播与外溢的幅度也不断加强，日益在美国软实力提升中发挥重要作用。总的来说，美国现代道德文化的早期对外传播主要有以下三种模式。

1. 以民间交往为主的对外传播模式

民间交往指的是民间以书信、跨国流动、移民社会等为中介建立的国际交往模式，这是美国建国之初对外传播文化的主要渠道。该模式借助移民间建立的密切交往，在欧洲各地移民建立的移民群体展开。同时，为吸引移民，增加殖民地的人口和繁荣程度，建国初期的美国政府也展开对外宣传，努力将美洲打造成"自由""民主"的财富神话发源地，吸引世界各地移民前来定居。

早在殖民地时期，美国就注重吸引移民。如铸造于1647年的一枚硬币

---

① ［美］帕林顿：《美国思想史》，陈永国等译，长春：吉林人民出版社，2002年，第1页。
② 范云霞：《对美国品格教育的意识形态分析》，《教育评论》，2017年第3期。
③ 伍斌：《自由的考验："百分之百美国主义"的理论与实践》，东北师范大学博士学位论文，2014年。

上镌刻着："在弗吉尼亚，土地免费，劳动力稀缺；在英国，土地稀缺，劳动力过多"[①]。建国以后，随着土地向西部扩张，新建立的州需要大量的劳动力进行开垦。美国政府为了吸引移民到来，发布了半官方性质的移民广告，向欧洲传递美国的信息。如1797年美国艾奥瓦州的移民广告写道：

> 沿公路蜿蜒而行，映入眼帘的是前所未有的工业、进步和繁荣景象。……但是切勿认为艾奥瓦已是人满为患。相反，她境内宽阔的地域上，仍有数百万英亩的土地等待开发。[②]

其实，独立不久的艾奥瓦州各项设施亟待建设，真实场景远不如宣传的那么美好。为了争取移民的到来，美国各州的移民广告甚至出现"竞争"的现象。如明尼苏达州在一本用英语、德语、法语和荷兰语写成的《移民指南》中写道，欧洲人"应该离开旧世界的专制制度和无所收获的土地，寻求新世界的自由和独立……在新世界的土地上，用劳动的双手采掘出丰富的宝藏"。但堪萨斯州警告外来移民不要去明尼苏达定居，因为那里"是一片冬季漫长、冰雪覆盖的土地。在那里，如果可怜的移民不会被饿死，也会被冻死"。[③]

在美国政府的宣传鼓动下，新大陆日益成为欧洲移民眼中实现阶级跨越的富庶之地、充满道德和希望的"正义之地"。一方面，新大陆的财富是受到保护的，因为这里是"民主""自由"的新区域，这里政治体制施行的是共和国体系，而欧洲采用君主专制，腐朽且死气沉沉，移民美国就是拥抱进步和道德。另一方面，新大陆拥有很多机会，人们只要通过自身努力就能够获取财富，勤劳、进取、开拓、勇敢的精神为实现阶级跃升提供了现实可能。这些宣传吸引了大量的移民来到美国，根据当时美国商务部的数据，移民数量如下：

---

① 刘绪贻、杨生茂主编：《美国通史》（第二卷），北京：人民出版社，2002年，第339页。
② 梁茂信：《美国移民政策研究》，长春：东北师范大学出版社，1996年，第61页。
③ 梁茂信：《美国移民政策研究》，长春：东北师范大学出版社，1996年，第60—61页。

1820 年至 1900 年美国外来移民统计 ①

年份	人数（单位：万人）
1820—1830	15.2
1831—1840	59.9
1841—1850	171.3
1851—1860	259.8
1861—1870	231.5
1871—1880	281.2
1881—1890	524.7
1891—1900	368.8

　　大量移民的到来，丰富了美国的劳动力，给美国疆域的发展带来动力。移民之间的民间交往客观上也增进了欧洲对新大陆的了解。

　　如 1818 年新泽西的一位英国移民给家乡去信：

　　　　现在，我们经常能买到牛肉、布丁、茶叶、糖酒。这对我们在英国长期挨饿的人来说好似连续不断的宴会。……获悉我在英国的邻居每周只能挣到 6 至 8 先令，我感到十分忧伤，因为，我们在这里每周挣 30 至 40 先令还怨声载道。……尽管我的老朋友们仍然贫困不堪，但我仍希望他们身体健康。告诉他们，我希望他们到这里来。

　　另一位来自英国的女性移民写道：

　　　　现在去信告诉您，我们都很健康。我们也祝福您身体健康。告诉我的哥哥，他要是来这里，也会干得非常出色。我丈夫每次去钓鱼，不几分钟就能背回一筐来……我们的面包吃不完……现在，我们是应有尽有……告诉小亚当，要是他在这里，每天都能

———————
　　① 梁茂信：《美国移民政策研究》，长春：东北师范大学出版社，1996 年，《绪论》第 3 页。

吃到布丁和馅饼……现在我们的生活像印第安人女王一样。[1]

早期的移民信件成为最具宣传效果的广告，对他们在欧洲的亲属极具说服力和诱惑力。尤其是信件中生活化的表述方式富有真实性和生动性，为美国移民潮的到来发挥了重要作用。在美国的移民政策和民间交流的促进下，出现了一波波移民潮，如"西进运动"带来的开拓者移民潮，主要吸引了一批农业移民者；加利福尼亚发现金矿带来的"淘金热"，使大量移民来到加利福尼亚，甚至中国也出现很多"金山客"；19世纪六七十年代出现的劳工潮，为美国工业建设招募了大量的劳工，其中包括很多中国劳工。19世纪下半叶出现的"发财潮"，使大量欧洲移民意图去美国"碰碰运气"。总而言之，"财富之地"和"冒险天堂"成为世界对美国的早期印象。

同时，一些早期的民间文化交流也带着对美国风貌的描述传播到欧洲等地。18世纪初，克里维尔（John de Crevecoeur）的《一个美国农夫的来信》就曾经在欧洲引起巨大反响，该书在欧洲六个国家出版，成为当时的头号畅销书。该书全面地展现了美国的生活风貌，包括对美国公民参与政治的探索、参与社群自治的形式、社会生产的方式等的介绍。作者认为美国人是一个新民族，它有新的价值观，创造着新的思想和见解。再如19世纪末，有"野牛比尔"（Buffalo Bill）之称的演员威廉·科迪（William Cody）19世纪末在欧洲演出"野牛比尔西部狂野秀"，以露天演出的形式展现美国西部的风土人情，包括牛仔、匪徒、舞女、印第安人的西部生活，主题宏大、场面壮观，展现出美国西部的创业神话[2]。该节目在欧洲地区演出数年之久，以美国牛仔为主要形象的西部社会的风土面貌让欧洲人印象深刻。

2. 以区域扩张为主的对外传播模式

19世纪至20世纪初，随着美国领土疆域拓展和国家影响力的提升，美国现代道德文化也形成了以区域扩张为主的对外传播模式。历史地看，美国道德文化传播区域的辐射范围随着国家实力的提升而扩大，其先后经

---

[1] 参见梁茂信：《美国移民政策研究》，长春：东北师范大学出版社，1996年，第63—64页。

[2] Charles Eldridge Griffin, Four Years in Europe with Buffalo Bill, Lincnln: University of Nebraska Press, 2010.

历了在北美区域、美洲区域和世界关联区域的传播。

　　北美区域的传播是道德文化随着美国领土的扩张而沿着地缘扩展进行传播的过程。美国领土扩张主要通过三种方式：购买所得、战争方式所得、自愿加入所得，其道德文化的传播方式也因领土扩张方式的不同而异。以购买的方式获得土地的典型案例是，美国 1803 年购得路易斯安那地区、1819 年购得佛罗里达地区、1867 年购得阿拉斯加地区。美国将以购得的方式获得的土地视为殖民拓荒地，赋予该区域"应许之地"的道德意义，将其打造为奋斗者的天堂和冒险家的乐园，开垦土地被视为现实社会中对上帝恩典的领受。以战争方式获取土地的典型案例是，1848 年"美墨战争"后，美国以低价强行并购了加利福尼亚和新墨西哥地区。在通过战争获得的土地上，美国注重建构战争的正义性。因此，美国对墨西哥的战争被描述为一场顺应上帝旨意、传播民主制度的具有拯救属性的"正义"事业。以自愿加入方式融入美国的典型案例是，1845 年得克萨斯州、1859 年俄勒冈州自愿加入美国。这种所谓的"自愿"更像是一种以充满价值引导的阴谋颠覆。19 世纪初期，美国在提出购买得克萨斯被墨西哥政府拒绝后，鼓动美国移民以追求自由、自治的名义发动武装叛乱建立得克萨斯共和国脱离墨西哥统治，后积极寻求加入美利坚合众国。俄勒冈并入美国也有类似经历，该地本是英国殖民领地，美国通过鼓励移民的方式加强对该地区的渗透，随后居民要求自治、自由，主张脱离英国的统治。总体来说，整个 19 世纪的美国都充斥着扩张主义思潮，宣扬"在北美大陆范围内建立一个自由、联合、自治的共和国"是"天定命运"[①]，为美国在北美地区的领土兼并戴上道义的面具。

　　美洲区域的传播是美国在领域疆域基本形成后，为维持自身在美洲地区的绝对控制，防止欧洲列强"染指"美洲事物的合法逻辑而进行的道德文化建构。19 世纪末 20 世纪初，美国已经成为美洲地区的霸主，开始谋求自身更大的影响力。原本强调远离欧洲的"孤立主义"思潮开始被赋予新的内涵，即"孤立主义所要表示的不是对世界的排斥，而是一种信念，即美国可以在寻求自己合法利益的同时，既不会损害自己的价值观，也不

---

　　① 郑蕾：《试论"天赋使命"意识对美国外交政策的影响》，北京：国际关系学院博士论文，2006 年。

会引起其他国家、特别是欧洲大国令人讨厌的关注。"① 美国在美洲地区的扩张中以"民族自决"的幌子主张"美洲是美洲人的美洲"。为阻止欧洲国家对美洲事务的干涉，美国以"门罗主义"为主导，杜绝其他欧洲国家的势力渗透，保持美国对美洲地区的绝对统治，并以传播民主、自由、解放、鼓动民族自决的名义，开展兼并行为。美国决策者意图利用地理上的隔绝条件，避免美国及美洲卷入欧洲的国际政治和军事纠纷。

世界关联区域的传播是指在美国的势力尚未完全走向世界的"蛰伏"阶段，其道德文化在与美国关联度较高地区的道德文化传播。由于彼时世界上的大块殖民地已经基本被英、法、荷、意等老牌殖民国家瓜分，如何实现全球扩张成为美国面临的重要选择。与主张用"刀和火"争取"阳光下的土地"的德国不同，同为资本主义国家"后起之秀"的美国走起了经济输出的道路，通过与世界各国进行贸易往来的方式，借助自身的生产优势获得利益。由此，美国提出了"利益均沾"的政策，以签订贸易合约的方式，意图获得与老牌殖民帝国同等的经济待遇。19世纪后半叶，老牌殖民帝国通过与相对落后的国家签订了一系列不平等条约，以武力为后盾获得了经济贸易的低税率、市贸权、司法豁免权、租借使用权等待遇。美国与他们不同的地方在于，不寻求以建立殖民地的方式获得利益，而是要求"利益均沾"，追求"最惠国待遇"。同时，美国与那些被殖民国家签订相对对等的贸易政策，在一定程度上给予相互的"最惠国待遇"，这使美国的形象在一众西方国家中凸显出来，甚至很多人赞扬美国是西方文明国家之最，给人留下较为温和的国家印象。

3. 以"发战争财"为主的对外传播模式

据不完全统计，在美国建国至今的200多年历史中已经至少打了134场战争，其间仅有约18年没有战争。纵观美国历史，借助对外战争进行文化传播是美国扩大国际影响的一个重要途径。一方面，美国在战争过程中的势力扩张总是伴随着文化的扩张，其中蕴含的价值观也随之获得广泛的传播；另一方面，美国为寻求"师出有名"必定在道德文化中寻求战争的合法性依据，战争口号发挥宣传作用的同时，也直接或间接地传播了美国

---

① ［英］理查德·克罗卡特：《50年战争》，王振西等译，北京：新华出版社，2003年，第26—27页。

的道德文化。美国利用战争"发经济财""发政治财"，在胜利带来的经济实力和政治影响力的加持下，也大"发文化财"。20世纪上半叶美国现代道德文化主要的传播模式有三种。

第一，以政治实力为后盾将美国价值主张引入国际规则。世界性大战带来的世界格局的重新洗牌为美国参与重新制定世界格局提供了契机。两次世界大战期间，美国均以胜利者的姿态将自身价值主张融入战后世界重建。一战结束后，美国打着"自由""自决"等口号，以"十四点原则"为核心的威尔逊主义将美国以往"利益均沾"的外交策略进行升级，表面上宣称公海航行自由、减少贸易壁垒、不搞秘密外交、集体安全、建立国际联盟等，但实际上均为其开拓全球市场，利用生产优势进行产品倾销做后盾。二战结束后，美国的国际话语权更甚，其野心也由经济领域扩展到政治、军事、文化等多领域。首先，美国继承和发展了威尔逊主义，强调公开外交、公海航行自由、贸易自由等有利于塑造良好贸易环境的理论。其次，美国抛出了建立多边国际机制解决国际争端的政治框架，并为其自身深入融入其中找到有利入口。最后，美国抛出以"和平主义"为代表的发展理论，将民主国家制度打造为和平基石，抢占国际道义制高点。

第二，以战争扩张为依托将文化传播到欧洲等深入关联地区。战争时期，为阐述战争的正义性，美国政府将文化及价值理念传播作为重要武器。一战爆发后，美国建立了其历史上第一个战争宣传机构，即"公共信息委员会"，该委员会制作了以阐述美国理想主义和参与战争的正义性为主要内容的宣传手册。美国召集了超过7.5万人的演讲志愿者，在国外累计开展超过100万次宣传美国战争思想，听众据说超过4亿人次[①]。二战时期，美国设立"战时信息局"（Office of War Information）进行战争宣传，以影视、文化、书籍等多角度进行战争宣传，目的是塑造美军的正义形象以及交战国的负面形象，为其进行舆论宣传斗争。

第三，推动美国本土文化产品走向世界。伴随着战争传播的本土的商品，以高出镜率成为美军的标志符号。有研究指出，美军在二战时期消耗了数亿瓶可口可乐，使可口可乐迅速在欧亚等地区流行开来。可口可乐在

---

① ［日］渡边靖：《美国文化中心：美国的国际文化战略》，金琮轩译，北京：商务印书馆，2013年，第11页。

世界的迅速传播成为美国文化的象征，它代表着活力、新奇、流行的文化形象。再如芝宝（Zippo）打火机和骆驼牌香烟，芝宝打火机以能够适应极端环境成为美国的重要军需物品，代表着忠实、可靠的伙伴形象；骆驼香烟包装上的骆驼充满着神秘的异域风情，其独特的形象引发了人们对美国文化的兴趣。在美国的战地宣传中，二者伴随着士兵的各种活动出镜率很高，借助图片、电影、新闻报道等媒介，成为一时间的流行产品。再如美军的吉普车也几乎使"JEEP"一词成为越野车的代名词。彼时美国的吉普车有着惊人的出镜率，尤其很多美国军官喜欢乘坐吉普车摆造型，其独特的外观设计和高性能给人留下深刻的印象，坐着吉普车指挥战争成为外界对美国军官的基本印象。

综合来看，美国借助战争进行势力扩展，推动美国的文化理念走向世界，通过战争传播了一系列具有美国特征的道德文化理念，打造出具有较高辨识度的"美式"文化符号，实现了价值理念的传播，这既更新了世界对美国的文化的印象，也加强了世界对美国文化的理解。美国的文化包装形成了一套高度逻辑自洽、内容丰富的价值传播内容，强化了美国历次战争的文化收益。

第三章
冷战时期美国现代道德文化的对抗转向及
"武器化" 表现

冷战时期意识形态的差异成为国家阵营间对抗的焦点，美苏双方都宣称自身意识形态的正义性以及对方意识形态的邪恶性。经济、政治、军事、文化等方面的对抗均以意识形态的旗号展开，在意识形态的"煽风点火"下，美苏两国代表的资本主义和社会主义阵营在诸多领域的对抗披着意识形态的外衣，对抗强度极大地增加。在这样的背景下，美国对其道德文化赋予更为鲜明的意识形态对抗属性，站在道德的制高点对苏联进行意识形态批判。道德文化的批判越来越成为政治、经济、军事等方面开展行动的"檄文"，成为美国对抗以苏联为首的社会主义阵营，证明自身意识形态优越性的重要工具。

第一节　美国现代道德文化在西方世界
主导地位的确立

二战结束后，意识形态逐渐成为美苏两大政治集团博弈的焦点，基于意识形态差异形成以苏联为首的社会主义国家阵营和以美国为首的西方资本主义国家阵营。阵营间对他者意识形态的臆想和恐惧，使意识形态差异被赋予对抗的属性，成为划分阵营集团的旗帜。冷战思维模式使意识形态间的对抗被人为地塑造为不可调和的、你死我活的斗争。借助资本主义国家对以苏联为首的社会主义国家的恐惧，美国趁势实现了在全球范围的崛起，开始充当西方社会领导者的角色。随着美国影响力向世界扩展的是美国现代道德文化，它通过美国的优势资源进行多维传播，以强大的信息流在西方资本主义世界开始占据主导地位。

一、二战后西欧国家的衰落与美国文化的崛起

二战结束后，美国因胜利者的身份获得了极大的威望，同时也获得了实力上的巨大增长。二战前，美国仅被勉强视为追随欧洲英、法等国的世界一流强国，二战结束后，美国全面超越欧洲成为世界大国。在经济方面，二战结束初期，美国全球人口总数 6% 的人口和土地面积占据资本主义世界工业生产量的 2/3，外贸出口额度的 1/3，黄金储备的 3/4[①]。开采世界石油总量的 84%，冶炼世界钢铁总量的 61%，生产世界电力总量的 48%[②]。在军事方面，1945 年，美国武装部队总数人高达 1212 万人，拥有 1500 万架远程飞机；海军舰艇吨位高达 380 万吨，远超英国的 150 万吨；美国在海外建立了 484 个军事基地[③]，世界的每处海域都有美军的身影。相比之下，战后欧洲各国普遍衰落，战争使法国经济损失 1.4 万亿法郎，相当于其战前三年的全部生产总值。工业生产指数只剩 1938 年的 20%，法郎价值是战前的 1/6，全国有 60 万失业大军在忍饥挨饿；英国国债高达 237.4 亿英镑，国民财富减少了 1/4，外贸削减 2/3[④]，工业生产在整个资本主义世界所占比重日益降低。大量的军事开支和战争破坏使欧洲失去了以往的富有以及在世界经济中的显赫地位。美国的强势崛起和西欧国家的普遍衰落奠定了美国在西方世界的领导地位，美国被赋予领导西方国家完成战后重建的使命。

美国以胜利者的姿态在欧洲各国取得了极大的影响力，其文化也借此东风在西欧国家进行广泛传播，开启了西方世界的"美国化"进程。所谓"美国化"就是美国的价值理念和意识形态逐渐融入日常生活的过程[⑤]。早在一战至二战期间，美国就在欧洲全面开启了文化宣传。根据国务卿赫尔（Cordell Hull）的 367 号令，1938 年美国联邦政府设立"文化关系司"，主

---

① 谢华：《冷战时期美国遏制战略中的经济因素》，《山西大学学报（哲学社会科学版）》，2006 年第 6 期。

② 刘绪贻、杨生茂主编：《美国史》（第六卷），北京：人民出版社，2002 年，第 12 页。

③ 李相：《冷战后美国政府对朝鲜的战略思维探究》，《美国研究》，2019 年第 2 期。

④ 谢华：《冷战时期美国遏制战略中的经济因素》，《山西大学学报（哲学社会科学版）》，2006 年第 6 期。

⑤ 王晓德：《文化的帝国：20 世纪全球"美国化"研究》，北京：中国社会科学出版社，2013 年，第 36 页。

要负责对外文化交流事宜，其中欧洲、拉丁美洲是该司重要的工作目标。

美国国务院文化关系司主要职能[①]

1. 促进教育领域的人员交流
2. 建立音乐、艺术、知识和文化等方面的交流制度
3. 推广美国代表性文化作用，对外国外图书馆捐赠书籍
4. 参与国际广播事业的建设，增强关于美国的广播宣传
5. 鼓励美国文化对外传播和交流，拨给教育项目经费
6. 改善和扩大与世界其他国家的文化关系

　　随着美国加入二战，文化关系司将美国在欧洲的战略宣传和形象塑造作为首要任务。为服务二战中美国在欧洲的宣传攻势，1941 年、1942 年和 1943 年，文化关系司从总统紧急基金中分别获得 350 万美元、3800 万美元和 6000 万美元的专项拨款，增长幅度极大。随着冷战的开启，美国在欧洲的文化传播得以延续，美国继续施行对欧洲的文化输出战略。文化关系司的主要战略目标是辅助战时的文化宣传，向全世界（重点是欧洲）宣传美国的文化形象、价值理念和政治主张，降低法西斯主义的文化传播的影响力。通过长短波广播、电视节目、电影、书籍等向欧洲传送美国文化。这使战后美国的文化影响大大提升，美国文化开始大规模传播到欧洲。

　　影视作品是美国在欧洲进行文化输出的重镇，是美国最为成功的文化输出之一。有研究指出，整个 20 世纪 40 年代美国产出的 1700 部电影中有 50 余部是与二战相关题材的。"美国政府与好莱坞合作，通过电影将美国的价值观、美国人民和美国国土神圣化，宣扬尚武精神和爱国主义，以激励民心与士气，向世界传递美国参战的决心。"[②] 战时信息局通过对电影拍摄进行指导和审查的方式对美国电影拍摄进行干预，其方式包括政府任命联络官、政府主动征派导演、政府予以政策引导以及政府予以发行支持等。该时期的经典作品如《复活岛》《我们为何而战》和《卡萨布兰卡》等影片对宣传美国形象起到了重要作用。同时，美国的电影技术优势在传播中体

---

　　① McMurry and Lee, The Cultural Approach: Another Way in International Relations, pp.208-209.
　　② 陈哲：《好莱坞参与美国战争舆论动员的公共外交行为研究》，外交学院博士毕业论文，2019 年，第 37 页。

现出来，卡通片也在这场宣传战中脱颖而出，其中迪士尼公司的《米老鼠和唐老鸭》《白雪公主》《木偶奇遇记》等在欧洲上映，在美国文化形象宣传中起到了重要作用。1950 年，著名电影制品人沃尔特·万格对此评价道：好莱坞在世界上 115 个国家的传播象征着"思想上的马歇尔计划"，随着冷战的加剧这类文化活动越发重要，唐老鸭可以被称为"世界外交家"①。

　　同时，美国的文学作品开始在欧洲流行，成为欧洲文学领域不可忽视的力量。美国曾长期被欧洲视为"文化沙漠"，尤其是美国立国较晚导致其文化底蕴在欧洲文化面前显得薄弱。但自美国作家辛克莱·刘易斯（Sinclair Lewis）1930 年获得诺贝尔文学奖后，美国文学的影响力在世界舞台逐步壮大，开启了美国文化全球传播的先河。刘易斯·辛克莱之后，1936 年尤金·奥尼尔（Eugene O'Neill）、1938 年赛珍珠（Pearl S. Buck）、1949 年威廉·福克纳（William Faulkner）、1954 年欧内斯特·海明威、1962 年约翰·斯坦贝克（John Steinbeck）、1976 年索尔·贝娄（Saul Bellow）、1978 年艾萨克·巴什维斯·辛格（Isaac Bashevis Singer）等人相继获得诺贝尔文学奖，他们的作品获得了世界级影响力，使美国文学走上世界舞台。到了 20 世纪 50 年代前后，美国文学被翻译成阿拉伯语、希伯来语、日语等语言②。借助美国文学崛起的势头，"文化关系司"进一步增强美国文化在欧洲的影响力，文学作品作为图书传播内容的重要组成，在欧洲享有极大声誉。

　　此时，美国的各类文化产品在西方世界取得成功。二战结束后，美国文化产品开始在欧洲大范围传播。除了电影外，音乐、舞蹈、广告以及伴随它们而来的美国流行文化风靡欧洲。无论是政府还是企业都意识到美国大众文化输出对美国利益的促进作用。有学者认为，战后西欧国家无可奈何地走上"美国化"道路，但这种"美国大规模生产的低劣文化"在西欧的广泛传播能够巩固我们对西欧的影响③。总体来说，美国的欧洲盟国在二战前就受到了美国大众文化的强烈冲击，战后美国的文化产品再次蜂拥而

---

　　① 王晓德：《文化的帝国：20 世纪全球"美国化"研究》，北京：中国社会科学出版社，2013 年，第 309 页。

　　② 朱世达：《当代美国文化》，北京：社会科学文献出版社，2011 年，第 79 页。

　　③ Dina Smith, Global Cinderella: Sabrina, Hollywood, and Postwar Internationalism, Cinema Journal, Vol.41, No.4, Summer 2002, p.28.

入，掀起了欧洲国家文化的"美国化"高潮[①]。

二、美国和其他西方国家的利益交织与观念同化

冷战期间，美苏在地缘政治上的激烈争夺，成为不同利益集团冲突的焦点。在欧洲，东欧一系列社会主义国家的建立加强了共产主义世界的力量。在亚洲，美苏两国对朝鲜、日本等国的地缘政治争夺是争夺东亚地区地缘政治优势的重要手段。地缘政治上的竞争逐渐演变为共产主义和资本主义两个阵营的竞争，美苏双方纷纷施展影响力，加强在地缘政治上的影响。1947年3月12日，美国总统哈里·杜鲁门（Harry S. Truman）向世界宣布：不论什么地方，如果自由受到威胁，我们就要加以援助。[②]美国著名评论家李普曼（Walter Lippmann）在谈到杜鲁门主义的真实目的时指出："我们选择希腊和土耳其不是因为它们特别需要援助，也不是因为它们是民主的光辉典范，而是因为它们是通向黑海和苏联心脏的战略大门。"[③]东西方贸易政策特别委员会起草的报告认为："在同共产党国家的关系中更加积极地以贸易安排作为政治手段的时机已经成熟。贸易应该纳入政治范围，应该根据机会和形势有目的地和系统地开展或抑制贸易。"[④]

冷战是人类历史上第一场基于意识形态差异产生的世界范围内的阵营化对抗。美苏冷战使意识形态间产生差异和对抗，同时也因敌意的螺旋上升，导致冷战中的意识形态对抗的氛围愈演愈烈，最终将战火延续至两国道德文化领域的对抗。意识形态对抗是理论上的冲突，以其为"檄文"的地缘政治、军事对抗、经济争夺等才是冷战的焦点。美国之所以能够在西方国家中取得领导地位，除美国自身国家实力和其意识形态领导力因素外，共同的国家利益也是美国与西方国家建立同盟的关键要素。

战后美苏军事争霸行动使西方国家结成军事同盟以维护其国家安全。军备竞赛构成了冷战格局下各国不安全感的重要源头。1945年，美国成功

---

①　王晓德：《文化的帝国：20世纪全球"美国化"研究》，北京：中国社会科学出版社，2013年，第359页。

②　[美]哈里·杜鲁门：《杜鲁门回忆录》（下册），北京：东方出版社，2007年，第123页。

③　方连庆、王炳元、刘金质：《国际关系史·战后卷》（上册），北京：北京大学出版社，2006年，第51页。

④　Report of the Special Committee on the U.S. Trade with East European Countries and Union, Department of State Bulletin, May 30, 1966, p.846.

地试爆了第一颗原子弹。为了打破美国的核垄断，苏联于 1949 年成功引爆原子弹。数十年的军备竞赛加剧了冷战对抗。这种长期的对抗催生了"北约"和"华约"的形成，美苏对抗趋势形成了相对平衡的局面，即在世界政治的多个重大问题领域和多个重要地理区域，形成了利益的交换与平衡。如在朝鲜战争、越南战争、古巴导弹危机以及阿富汗战争期间，美苏的外交战略及其军事行动等，总体来看呈均势状态。由于苏联的军事威胁，加之美国对苏联假想敌身份的塑造，欧洲各国基于国家安全的考量，不得不围绕能够为其带来安全的美国，形成较为紧密的军事同盟。

　　战后西欧与美国经济上的密切联系使它们结成同盟，具体有两个表现。一是马歇尔计划的开展。该计划规定受援国必须购买一定数量的美国商品；必须尽快撤销关税壁垒，取消或放松外汇限制；允许美国对受援国内部预算作某种程度的控制。计划实行以来，美国与西欧国家经济联系程度增加，美国对西欧出口额在出口总额中所占比重逐年上升，1948 年为 36.3%，1949 年增为 62.7%，1950 年达到 73.2%[①]。二是"布雷顿森林体系"下美国与西欧的经济关联。1944 年 44 个国家在新罕布什尔州布雷顿森林批准了鼓励各国进行跨国贸易和投资体系化的全球经济体系。该体系构建了国际经济、财政和货币合作的计划，美国以巨大的经济资源储备而获得该体系的主导权，巩固了市场经济[②]。综合来看，美国对欧洲经济的深刻影响增强了美国对欧洲观念的同化。有西方学者认为，美国通过塑造利益同盟取得了以下成果：传播资本主义福音，反击战后强烈的社会主义趋势；为美国公司开放市场吸引新客户；推动创建共同体市场和北约组织；遏制共产主义势力在西欧的全面发展[③]。

　　在地缘政治、军事安全和经济同盟等利益交织的基础上，意识形态因素被刻意地凸显出来，被推到台前成为冷战宣言。西欧国家与美国都具有维护资本主义意识形态的共同愿望，这使其结成意识形态的同盟。对于西方国家来说，苏联的共产主义意识形态从根本上挑战着西方国家政权的合

---

　　①　Giovanni Farese. The Marshall Plan and the Shaping of American Strategy; The Marshall Plan and the Shaping of American Strategy[J]. International Affairs, 2017, 93(4).

　　②　［美］史蒂文·胡克等：《二战后的美国对外政策》，白云真等译，北京：金城出版社，2015 年，第 65 页。

　　③　［美］威廉·布鲁姆：《民主：美国最致命的输出》，徐秀军等译，北京：中国社会科学出版社，2016 年，第 19 页。

法性逻辑。二战结束后，东欧建立了很多共产主义国家，这种意识形态的压迫感对西方资本主义国家造成心理上的威胁，对于政权被颠覆的恐惧使西方国家纷纷投向美国，建立意识形态联盟。丘吉尔（Winston Churchill）在著名的"铁幕演说"中提出社会主义国家对欧洲进行着日益强烈的高压控制，美国理应作为世界领导者承担起对抗社会主义的责任。美国是最发达的资本主义国家，也在与苏联形成的意识形态对抗中成为西方国家的领袖。

美国与西欧国家利益的交织促进了观念上的进一步同化，使两者结成了更为紧密的同盟。美国与其他西方国家在道德文化层面逐渐达成基本共识：第一，将"自由""民主"等作为资本主义国家"不言而喻"的正确理念。这些价值理念被精心包装并置于重要位置，成为美国等西方国家道德文化的政治符号。冷战结束时，弗朗西斯·福山（Francis Fukuyama）所宣称的"历史的终结"，幻想的就是西方"自由民主制度"的胜利①。第二，战后美国对西欧国家价值观念的输出，增强了美国现代道德文化在西方资本主义社会的领导地位，使美国现代道德文化在西方社会获得了比以往任何一个历史时期更大的话语权和影响力。战后贫穷的欧洲不仅依赖美国的经济资源，而且显然比过去更能接受美国文化的进步②。在利益的交织下，欧洲各国对美国的道德文化支持很高，美国在欧洲获得更广泛的理解和支持。

三、美国反共意识形态与道德文化危机感的渲染

美国通过营造反共意识形态加强了西方资本主义国家共同的道德文化危机感，美苏争霸的冷战被塑造成以美国为首的资本主义国家对自由民主制度的捍卫，以及对以苏联为首的"邪恶的"共产主义意识形态的斗争，从道德层面制造出明确的盟友和对手。西方国家之所以具有强烈的反共情绪，与欧美工人阶级反压迫斗争给资本家的沉重打击分不开。如英国的"捣毁机器运动"和宪章运动、法国的里昂纺织工人起义运动、德国的西

---

① ［美］弗朗西斯·福山：《历史的终结与最后的人》，陈高华译，桂林：广西师范大学出版社，2016年，第9页。

② 王晓德：《文化的帝国：20世纪全球"美国化"研究》，北京：中国社会科学出版社，2013年，第359页。

里西亚工人罢工运动、巴黎公社运动等，都对资本主义国家形成巨大的社会冲击。十月革命后，无产阶级政权的建立使世界范围的资产阶级对共产主义意识形态产生恐慌。19世纪末20世纪初，欧美主要资本主义国家的统治者都面临过"红色恐慌"。如美国在1917年十月革命后掀起"红色恐慌"，资产阶级对美国工人及社会主义者可能爆发的政治激进主义运动产生担忧，政府以间谍罪等罪名大肆逮捕左翼工人运动领袖。二战前，欧洲各国将苏联视为敌对国家，对苏联政权进行全面的武装干涉，而且还在黑海、远东、北欧等地对苏联进行封锁。纳粹德国也将共产主义视为敌对实力，甚至将反对共产主义作为凝聚社会力量的重要工具。而英法等国也意图引诱德国进攻苏联，实现祸水东引。长期以来西方世界对共产主义的恐惧，为美国对苏联制造的恐怖叙事提供了一定的社会心理条件。借此，美国以否定共产主义道德文化的方式对共产主义主义意识形态进行充满危机感的渲染。

美国国内反共意识形态的代表"麦卡锡主义"，在20世纪50年代的美国引发了大规模的反共运动。冷战给美国社会带来了浓厚的危机感，尤其是1949年苏联拥有核武器后，美国社会对共产主义的恐慌更甚，参议员麦卡锡（Joseph Raymond McCarthy）就是以贩卖这种恐慌而上位的。1950年初，麦卡锡发表《国务院中的共产党人》的演说，声称美国对共产主义的软弱政策是由于"国务院……已经被共产党人渗透了"，声称自己拥有一个205人的共产党员名单，国务卿在知道他们身份的情况下还让这些人参与决策①。在1950—1954年，美国政界从联邦政府到各州政府掀起一阵"麦卡锡主义"的反共风潮，大量的左翼政客、进步人士和不同政见者受到迫害，美国政界人人自危，反共人士甚至将矛头指向了白宫。美国社会的"红色恐慌"也到了人人自危的程度，很多人被不明不白地定义为共产党员，包括体育明星、演艺人员等。抗美援朝战争的爆发及美国的失败更是激化了美国社会对共产主义的抵触情绪。1954年1月的一次盖洛普民意测验表明，在过去的半年里，赞成麦卡锡的达到50%，不赞成的只有29%，21%的人没有意见②。麦卡锡主义代表了极端的反共主义，将社会主义及其

---

① Herbert Agar: The Price of Power: American Since 1945, Chicago: The University of Chicago Press, 1957: 108.

② 张路红：《麦卡锡主义》，武汉：武汉大学出版社，1987年，第81页。

价值观污名化、妖魔化，在对共产主义进行污蔑的过程中对社会主义价值观进行有敌意的塑造。

美国国内反共思潮的泛滥直接影响了美国的外交战略，其典型结果就是"杜鲁门主义"的出台。杜鲁门主义实质上是美国遏制苏联、称霸世界的全球扩张主义，它是美国公开推行对苏冷战政策的重要步骤。杜鲁门主义将世界政治的基本性质归纳为"自由制度"与"极权主义"的对立，宣布美国支持世界上所有抵抗"共产党征服"的力量。乔治·凯南认为，苏联没有急于实现自己目标的意识形态冲动，但这会造成一个长期的意识形态压力。面对这种压力，他提出了著名的"遏制战略"[①]。随着"杜鲁门主义"的出台，美国在冷战中实施了一系列维护资本主义意识形态、对抗社会主义意识形态的外交政策。

意识形态上的对抗性也直接加剧了道德文化上的对抗。美国现代道德文化不但具有道德伦理的属性，也在制度竞争的语境下被赋予更强烈的对抗属性，成了攻击共产主义道德文化的意识形态武器。美国现代道德文化逐渐成为论证西方意识形态优越性的重要理论基础。美国通过否定社会主义国家意识形态的合法性，营造紧张对立的对抗氛围，在反共意识形态的旗帜下对苏联进行道德文化上的批判，解构苏联道德文化的合法性。

第一，美国宣称苏联的国家体制是对"自由"的压迫，否定社会会主义国家政权合法性。如杜鲁门在《国情咨文》中宣称：

> 一种生活方式是基于多数人的意志，其特点为自由制度，代议制政府，自由选举，个人自由之保障，言论与信仰之自由，免于政治压迫。第二种生活方式基于强加于多数人头上的少数人意志。它所依靠的是恐怖和压迫，操纵下的报纸和广播，内定的选举和对个人自由之压制[②]。

---

① ［美］史蒂文·胡克等：《二战后的美国对外政策》，白云真等译，北京：金城出版社，2015 年，第 65 页。

② Harry S. Truman, Special Message to the Congress on Greece and Turkey: The Truman Doctrine, https://www.presidency.ucsb.edu/documents/special-message-the-congress-greece-and-turkey-the-truman-doctrine.

美国将以苏联为首社会主义阵营视为邪恶力量，宣称这种力量是以"极权"为基础的，是代表少数人意志的恐怖和压迫。因此这种社会制度是邪恶的、压迫性的和非正义的。基于这种非正义属性，和这种非正义属性带来的道德文化的劣根性，社会主义道德文化被视为一种压迫性的非正义的道德文化，由此在美国塑造的对抗语境中，以苏联为首的社会主义阵营就失去了存在的合法性基础。

第二，美国宣称苏联的公有制建立在对民众财产剥夺的基础上，认为财产的失去会带来公民尊严的沦丧。美国当局宣称，苏联统治世界的结局将是恐怖：妇女被强暴、老人遭到杀害、儿童陷入绝望的境地[1]。美国把苏联社会主义制度看成是极大的威胁。时任国务卿兰辛（Robert Lansing）说："归根结底，布尔什维主义对于美国安全的威胁比德国更大，因为它既否定民族性又否定财产权，并以革命威胁美国。"因此美国需要在西方世界巩固资本主义生产方式，这是美国进行"马歇尔计划"的重要原因。"美国人认为自己尊重财产私有、个人创造力、自由市场体制以及权利法案等，而共产党的主张却常常与之背道而驰，共产主义被美国人视为真正的威胁和异己"[2]。

第三，美国宣称共产主义的扩张是对基督教的威胁。美国是一个宗教国家，大多数人都具有宗教信仰，宗教在很大程度上影响着美国人的生活方式和美国人对世界的认识。但共产主义者是无神论者，这激发了美国人的信仰危机。英国首相丘吉尔在其"铁幕演说"中宣称：

> 在远离俄国边界，遍及世界各地的许多国家里，共产党第五纵队已经建立……构成对基督教文明的日益严重的威胁[3]。

一些美国人认为，宗教作为美国人心中的精神信仰，是其道德文化的重要基石，对宗教的否定在某种程度上就是对美国的否定，美国人赖以生存的道德文化就难以具有立足之地。所以在宗教层面，美国要反对共产主义，因为"美国民主制把世界从专制者的压迫下解放出来的使命正是基督

---

① 周琪主编：《意识形态与美国外交》，上海：上海人民出版社，2006年，第435页。
② 王晓德：《美国文化与外交》，天津：天津教育出版社，2008年，第345页。
③ 李盟编：《世界著名政治家的精彩演说》，北京：北京联合出版公司，2014年，第128页。

教注定把世界从撒旦统治下拯救出来的世俗表达"①。综合来看，美国反共主义的意识形态主要建立在对其道德文化进行批判的基础上，通过臆造对立意识形态的邪恶属性，构建自身意识形态的正义形象，构成美国反共主义的底层逻辑。

第二节　美国现代道德文化的自我美化与输出

冷战后，随着意识形态对抗的全面展开，美国现代道德文化作为资本主义意识形态代表性的伦理规范，被资产阶级阵营推向冷战的阵地前沿。"美国权力必须是'正义'的权力，而且只有全力以赴运用这种权力，美国人才确保被救赎。"②为了赢得冷战，美国在外交政策上将资本主义道德文化融入其中，以彰显其对外交往的道义性。

一、打造维护自由民主制度的"捍卫者"形象

自美苏冷战以来，美苏两国基于意识形态开展全面的对抗。作为意识形态重要组成部分的道德文化，也成为对抗的重要组成部分。美国现代道德文化由此被赋予对抗的属性，成为美国对抗苏联的逻辑内核。在这一过程中，美国需要将"自由民主制度"作为一种文化指向凝练和阐述出来，从整体上构建起资产阶级民主制度的比较优势。由此，"自由民主制度"被打造为美国的"金字招牌"。如此一来，对美国的制度竞争就是对"自由民主"制度的竞争，美国也就成了"自由民主制度"的捍卫者。

美国打造的"自由民主制度"招牌是什么样的？一方面，对内建构"自由民主灯塔"的自我形象。美国注重塑造推崇民主自由、崇尚个人奋斗实现"美国梦"，倡导中产阶级的价值观、美式幽默的社会文化形象，描绘出一幅"自由民主"的美国社会图景，凸显美国"多元共识"的社会生活方式，充分展现西方社会的高度发展状态以及大众良好的精神面貌和社会风气，努力打造民主世界的"灯塔"。另一方面，对外抛出"民主和平

---

① Ralph Gabrriel, The Course of American Democratic Thought: An Intellectual History Since 1815, New York, 1940, p.37.

② ［美］史蒂文·胡克等：《二战后的美国对外政策》，白云真等译，北京：金城出版社，2015年，第25页。

论"，鼓吹建构"自由民主制度"是世界和平的基石。"民主和平论"宣称
"民主国家之间无战争"，认为民主国家的代议制选举时会阻止战争爆发；
民主社会的公民自由、民主、和平等价值观，能够平等看待其他制度下的
公民，但非民主国家与民主国家间则容易爆发战争①。由此，美国就有了向
世界推广民主制度的理由，与美国发生冲突的国家全部被归结为"非民主
国家"。

美国将自己打扮成自主民主制度的领袖，以为其"捍卫"自由民主制
度提供法理性基础。有学者认为：从历史上讲，美国人拥有这样一种信念，
即美国过去是，现在还是世界上最好的国家。美国的信念理想"不仅对美
国是正确的，而且对其他国家也是正确的"②。1947年杜鲁门的《国情咨文》
宣称：

> 极权政治的种子，是靠悲惨和匮乏滋养发育的。它们在贫穷
> 和动乱的灾难土地上蔓延滋长。当一个民族对于较好生活的希望
> 绝灭之后，这类种子便会长大成株。我们一定要使那种希望存在
> 下去。全世界的自由人民期待我们支持他们维护自由。如果我们
> 在起领导作用方面迟疑不决，我们可能危及世界和平——而且一
> 定会危及本国的繁荣昌盛③。

美国积极寻求盟友的共同价值基础以共同应敌，呼吁西方资本主义国
家共同"捍卫"自由民主制度。美国将阵营间的对抗视为不可调和的意识
形态对抗、正义与邪恶的对抗，妄图站在道义制高点上对以苏联为首的社
会主义国家进行全面的意识形态攻讦。杜鲁门的《国情咨文》宣称：

> 世界上许多国家的人民近来在违反其意愿的情况下，被迫接
> 受极权政制。美国政府曾经屡次提出抗议，抗议在波兰、罗马尼

---

① 周琪主编：《意识形态与美国外交》，上海：上海人民出版社，2006年，第471页。
② Sterling Johnson, Global Search Seizure: The U.S. National Interest V. International Law, Brookfield: Dartmouth Pub. Co., 1994, p.5.
③ Harry S. Truman, Special Message to the Congress on Greece and Turkey: The Truman Doctrine, https://www.presidency.ucsb.edu/documents/special-message-the-congress-greece-and-turkey-the-truman-doctrine.

亚和保加利亚使用压力和威胁，因为这违犯了雅尔塔协议。我还须指出，许多别的国家，也有相似的情况。在世界历史的现阶段，几乎每一个民族都必须在两种生活方式之中选择其一。这种选择大都不是自由的选择[1]。

美国捍卫民主制度的方式就是凝聚阵营力量，吹响意识形态对抗的"集结号"。约翰·肯尼迪（John Kennedy）宣称：我们"将付出任何代价，承受任何重担，遭遇任何困难，支持任何朋友，反对任何敌人"[2]。美国将两种意识形态之间的差异，以危机想象的方式来营造恐怖气氛和压迫感，使差异对抗形成现实的逻辑闭环，由此来凝聚社会力量形成对共产主义的敌意，以达到稳固资本主义阵营，瓦解社会主义阵营的目的。

冷战期间，美国宣称西方国家应该基于共同的意识形态、对共同价值理念的信仰联合起来，捍卫国家的安全和完整。杜鲁门声称，"共产主义已不限于使用颠覆手段来征服独立国家，现在要用武装的侵犯和战争手段"，美国必须"承担保卫朝鲜的义务"[3]。艾森豪威尔主义声称，"美国准备用武力帮助所有那些为抵抗由国际共产主义控制的任何国家发动的武装侵略而求援的那些国家和民族"[4]。美国以维护自由的名义在全球进行武装干涉，为全球安全带来灾难性后果。如美国等西方国家在伊朗扶持的巴列维王朝，是典型的封建专制国家，其国家体制和国王作风并不符合西方民主国家的援助标准，但美国为了中东的石油利益选择视而不见，并多次帮助该国巩固政权。此外在朝鲜战争中支持李承晚资本主义政权，在越南战争中支持南越政权，以及在古巴导弹危机、阿富汗战争中的所作所为等，均非对自由的维护，而是出于自身现实利益的需要。

美国对其自由民主制度"捍卫者"形象的打造，主要目的在于将自身摆在国际道义的制高点上，为提高其国际影响力和采取相应对外政策提供

---

① Harry S. Truman, Special Message to the Congress on Greece and Turkey: The Truman Doctrine, https://www.presidency.ucsb.edu/documents/special-message-the-congress-greece-and-turkey-the-truman-doctrine.

② 刘金质：《冷战史》，北京：世界知识出版社，2003年，第267页。

③ 资中筠主编：《战后美国外交史》（上），北京：世界知识出版社，1994年，第206页。

④ Perry Gianakos, American Diplomacy and the Sense of Destiny, Volume IV California: Wadsworth Publishing Company, Inc.,1996.

合理性依据。一方面，美国对西方自由民主制度的美化，说到底就是对美国自身的美化。美国对自身行为道义性的赋予，很大程度上都源于其以自身视角对事件进行的阐释与解读，以达到某种程度上的道德逻辑自洽，从而彰显美国行为的道义属性，获得更为广泛的国际理解和支持，这几乎成为美国对外政策和行动的标准模式。另一方面，美国将以苏联为首的社会主义阵营视为邪恶力量，将冷战中的美苏对抗化为正邪对抗。美国语境下的苏联，是代表少数人意志的恐怖和压迫，没有自由的保障，这种社会制度是邪恶的、压迫性的和非正义的。基于这种非正义属性，社会主义道德文化就被西方视为一种压迫性的非正义的道德文化，在美国塑造的对抗语境中，以苏联为首的社会主义阵营就失去了合法性基础，美国由此占据所谓的"道义制高点"。总而言之，冷战期间美国道德文化逐渐成为其意识形态对抗中攻占国际道义桥头堡的重要工具。

二、扮演心怀世界、扶危济困的"援助者"角色

冷战期间，美国还积极扮演"援助者"的角色，在世界范围内开展援助，塑造自身扶危济困的形象。美国的对外援助具有鲜明的意识形态色彩，将对外援助作为打压苏联为代表的社会主义阵营，加强自身意识形态输出的工具。尼克松（Richard Nixon）曾说道："我们要矢志不渝建立自由世界的目标，使各国人民有权选择谁来治理他们以及如何治理。苏联人认为历史站在他们一边，我们应确保在书写下一世纪的历史时，它是在我们一边的。"[1] 美国对外援助具有政治野心，但却尝试将其政治意图隐藏在对外援助的框架内，淡化其对外援助的政治属性，以及援助带来的大量收益。美国对外经济援助的重要特点，就是在援助的同时附加各种政治、经济等条件，使援助不会亏本，反而会"大赚一笔"。美国往往会以"援助"为名通过附加各种政治条件的实现攫取现实利益，将对外援助"工具化"。下文对其进行具体分析。

第一，附加"回馈性"援助条件，被援助者需要同美国生产部门达成"回馈性"购买协议，以确保援助的资金能够有助于美国在当地获得开展经

---

① ［美］理查德·尼克松：《1999：不战而胜》，王观声等译，北京：世界知识出版社，1997年，第15页。

贸的优势条件。著名的"马歇尔计划"即是如此，国务卿马歇尔（George Marshall）宣称该计划的目标是，"美国应该尽其所能，帮助世界恢复正常的经济状态，从而使自由制度赖以生存的政治和社会条件能够出现"。① 该计划在援助中附加了一系列条件，如受援国必须购买一定数量的美国商品；必须撤销或削减一定程度的关税壁垒；取消或放松外汇限制；允许美国对受援国内部预算作某种程度的控制等。1948 年至 1951 年间，"马歇尔计划"对欧洲援助总额约为 131.5 亿美元，这些资金中大部分都通过购买美国技术、物资、服务等途径回流到美国企业，其回报远大于投入。有研究认为，"大量的过剩商品倾销西欧市场，美国的出口总额大幅度增长，通过对西欧贸易顺差赚回的美元是其四年援助金额的数倍，美国的经济实力以此得以增强"②。"马歇尔计划"的实施客观上进一步增强了美国在欧洲经济、政治、军事、文化等方面的影响力。

第二，设置"门槛性"援助条件，被援助者需要通过主动或被动的改造以符合美国开展援助的政治标准。在国际援助中，美国扮演"持币待购"的甲方角色，以挑剔的眼光对被援助者提出接受援助的"门槛"。如美国1975 年《对外援助法》将其所谓的"人权条件"作为受援助国家获得美国援助的基本条件。美国设定了一系列"人权标准"，从政治制度、经济体制、社会结构等方面定义受援助标准。再如美国控制的国际复兴开发银行、关贸总协定等组织，以贷款投资、战争救济、建设投资等手段进行差异化经济援助。美国提出"自由化""市场化"原则作为接受援助的标准，将非资本主义国家排除在受援助的范围外，使这种打着"国际"旗号的组织实际上仅服务于本阵营的成员。美国在援助中附加的政治"门槛"，实际上是用"美式民主"的标准去要求他国，这使得原本作为促进全球发展的援助成为美国进行民主输出的工具。

第三，附加"价值性"援助条件，使被援助者不得不接受美国援助产品中内涵的价值理念。冷战中的美国为塑造自身良好形象，开展了一系列世界性的"文化援助"活动。冷战初期美国国会就"紧急追加拨款 7790 万

---

① ［美］施莱辛格：《世界强权的动力，美国外交政策历史文献》第1卷，1973年，第53—54 页。转引自刘同舜编：《"冷战"、"遏制"和大西洋联盟——1945—1950 年美国战略决策资料选编》，上海：复旦大学出版社，1993 年，第 122—123 页。

② 蒋福军：《论"一带一路"倡议与马歇尔计划的不同》，《华人时刊》，2021 年第 10 期。

美元，用于'美国之音'广播、分发印刷品和出版物、播放电影、组织文化交流等"①。如美国国会批准的"海外图书计划"，该项目在冷战期间运行超过30年，"援助"的国家数量超过132个。其图书多为展现美国"经济富足、政治民主、文化多元与社会充满活力"的形象。②美国在对外援助图书的选择上"夹带私货"，选取的都是歌颂美国，展现美国民主和正义形象的作品。再如，美国推出的"富布莱特计划"，以"教育援助"的形式将美国的价值理念以教育交流和援助的形式向外传播。在显示美国强大的国家实力的同时，通过教育影响其他国家的民众，从而"获取他们对美国的好感以及对美国霸权的认同"③。

美国"援助者"形象的构建具有极强的道德文化意蕴，在世界范围内塑造了美国的正面形象。这些国际性援助使美国以"山巅之城"的姿态俯视"地上之城"，将美国现代社会的道德伦理以多种方式和途径向国际社会进行扩散。但不容置疑的是，美国以援助为主要手段的现代道德文化传播，根本上是服务于其实现利益最大化的战略目标，即通过对他国开展尽可能全面的干预与影响，在其主导的战略格局下尽可能多地攫取利益、扩大影响力。

三、炮制反极权主义和反压迫的"拯救者"叙事

美国通过炮制反极权主义和反压迫的叙事，以"拯救者"的姿态对世界进行政治价值观输出，建构美国干预全球政治的合法性。美国将世界政治的基本性质归纳为"自由制度"与"极权主义"的对立，宣布支持世界上所有抵抗极权与压迫的力量。美国宣称的反极权、反压迫是一种概念上的、具有宣传口号性质的政治建构，实质上是美国遏制苏联、称霸世界的全球扩张战略的手段，为美国以"拯救者"姿态出现铺垫"出场逻辑"。一般来说，美国"拯救者"叙事的建构有以下几步：

第一步，建构出"危机的叙事"。美国通过制造出有关苏联的恐怖想象来营造危机的环境。只有世界各国陷入危机的前提成立，美国才能名正

---

① 于群：《"特洛伊计划"——美国冷战心理宣传战略探微》，《东北师大学报（哲学社会科学版）》，2007年第2期。
② 胡腾蛟：《文化冷战背景下美国图书的海外传播与国家形象塑造》，《中南大学学报（社会科学版）》，2016年第2期。
③ 高鹏：《美国高等教育国际化的历程研究》，吉林大学博士学位论文，2015年，第114页。

言顺地对他国开展"拯救"。即使没有危机，也要"制造"危机。一是打造政治的危机叙事。美国政治危机叙事的主题是反极权主义和反压迫。美国将苏联的国家体制称为极权主义，认为在这种极权主义下，人们生活在政府的压迫中，缺乏基本的政治自由。在这种压迫下，人们丧失尊严，没有个人发展空间，缺乏个性的发展，并受到严密的监视。二是打造经济的危机叙事。美国乐于传播共产主义强迫劳动、没收个人财产、实行公妻制等谎言煽动民众对共产主义的恐惧。其叙事逻辑直指资本主义国家"私有财产"的"软肋"，由此造成社会层面的巨大恐慌，激起资本主义世界的不满。三是打造关于和平的危机叙事。美国建构苏联意图进行全球扩张的叙事，宣称这种扩张将严重威胁全球和平。美国用奴役、控制、压迫等词汇来渲染以苏联为代表的社会主义阵营向外扩张的恐怖后果，制造关于苏联扩张对全球危害的恐怖言论，将苏联描绘成对全球秩序具有冲击意向的恐怖国家。美国及其盟友经常断章取义地解读苏联的国家战略，以危机叙事煽动世界对苏联的恐慌。

第二步，建构出"情境的紧迫"。美国通过制造紧迫的情景来凸显其对他国进行"拯救"的紧迫性。该叙事的核心是炮制"共产主义快速扩张"的故事，以此来建构对抗以苏联为首的社会主义阵营的紧迫感。美国政客迪安·艾奇逊（Dean Acheson）就提出了著名的"烂苹果理论"：

> 东欧和北欧红色政权兴起就像一筐苹果一个接着一个腐烂，希腊的崩溃必将危及伊朗乃至整个东方。同时，（"红色瘟疫"）通过小亚细亚和埃及感染整个非洲，然后再通过意大利和法国蔓延至欧洲，而本土的强势共产主义党派早已支配东欧。苏联正在以最小的代价赢得历史上最大的"赌局"……我们只能孤身破坏这场赌局①。

基于艾奇逊的"烂苹果理论"，美国展开广泛的外交和游说，联合英国、法国、西德等国家组成与苏联对抗的核心阵营。美国此举将意识形态

---

①　Dean Acheson, Present at Creation, pp.292-293, p.219. 参见王道：《普遍主义的胜利——迪安·艾奇逊与"杜鲁门主义"之缔造》，《历史教学问题》，2019 年第 5 期。

对抗的前沿设定在东欧国家，煽动邻近国家的红色恐慌来增加资本主义阵营的凝聚力。美国的煽动起到了显著效果，在美国的主导下，20世纪50年代初，美国建立了"北大西洋公约组织"来对抗苏联，而苏联也建立"华沙条约组织"来应对西方国家的武力威胁。总而言之，美国的关于危机紧迫感的叙事，在短时间内加速了局势的紧张。美国在紧张的局势中"浑水摸鱼"地获得了在欧洲的合法驻军权，实现了自身在地缘政治上的扩张。

第三步，建构出"拯救的必要"。在完成"危机叙事"和"紧迫情景"的铺垫后，美国的出现就显得尤为必要，"拯救的必要"成为叙事中最为重要的组成部分。在美国的叙事中，世界处于危机之中，邪恶的力量正在肆虐，人们急需一位"救世主"。美国政客经常在演讲中使用类似这样的语句："人类在痛苦中呻吟，渴望得到解放。罪恶的力量已在行动。世界和平千钧一发。行动已是迫在眉睫。"在危机的叙事中，美国扮演"拯救者"角色就显得理所当然。

一是以拯救消除暴政，彰显自由民主事业。美国将民主信念进行包装，将民主塑造为衡量国家正邪属性的标准。美国这种"信念"反映在对外事务领域，使得美国的外交政策中始终都带有一种"极端道德主义的性格"，这种外交政策中的道德主义因素，"产生了一种几乎是自觉的臆断，就是当美国的目标遇到抵抗时，那抵抗着一定是邪恶的"[1]。在美国的语境下，对民主事业的推广就是消除暴政，就是将人民从压迫中解救出来。

二是以拯救维护世界和平，消弭国家间的战争。在美国的"民主和平论"语境下，民主国家间不会爆发战争，因此促进民主就是促进世界和平，而极权主义是民主的最大敌人。美国将自己等同于民主的化身，将苏联塑造为"极权主义"的化身，美国反极权主义、促进民主就有了伸张正义的属性。19世纪60年代，时任总统肯尼迪就宣称："在漫长的世界历史中，只有少数几代人处于最危急的时刻被授予保卫自由的责任。我们为这一努力所奉献的精力、信念和忠诚，将照亮我们的国家和所有为国效劳的人，而这火焰发出的光芒定能照亮全世界[2]。"

三是"拯救"有助于提升世界整体发展水平。里根宣称，"我们现在谈

---

① ［美］菲利克斯·吉尔伯：《美国外交政策两百年》，淦金超译，台北：黎明文化出版公司，1978年，第20—21页。
② 周琪主编：《意识形态与美国外交》，上海：上海人民出版社，2006年，第335页。

的是一种计划，一种长远的希望——自由民主事业在向前挺进途中把马克思列宁主义抛进历史的垃圾堆"[1]。美国将资本主义民主和繁荣挂钩，宣称自由民主制度下的自由竞争才是促进繁荣的重要手段，自由竞争能够有效地解放生产力，提升世界发展的整体水平。彼时苏联计划经济体制僵化且发展迟滞，为美国提供了抹黑共产主义的素材，将苏联体制僵化塑造为社会主义国家的通病，将美国输出民主塑造为推广繁荣发展的经济模式。

美国通过塑造"拯救者"叙事，充分彰显了其道德文化的"正义属性"。有学者认为："如果不道德的敌人威胁着一国民主原则的完整性，这一敌国必须被摧毁。美国权力必须是'正义'的权力，而且只有全力以赴运用这种权力，美国人才确保被救赎。"[2] 冷战期间美国关于"拯救者"角色的叙事与建构，成为美国形象塑造的重要来源。

四、打造自由民主社会发展的"革新者"人设

美国对外进行民主输出时，将自由民主社会的"革新者"作为"美国式道德人设"，以为其在全球进行的民主输出做掩护。在"革新者"的道德文化叙事中，美国的全球意识形态扩张被描述为一种推进全球"革新"的行为，这种"革新"一般指的是民主化、市场化或自由主义的国家发展。

那么美国"革新者"的自我定位从何而来？其中一个标志性的历史事件为 20 世纪 60 年代美国社会的"民权运动"。"民权运动"主张废除"隔离但平等"理念，通过发动民众的方式来对政府施加压力。联邦政府通过了 1964 年《民权法案》、1965 年《选举权法案》及 1965 年《移民法案》等法案，促进了美国社会的种族平等，这些法案在废除种族隔离政策，确认少数族裔和妇女的选举权以及废除移民法案中的种族歧视条款中起到积极作用。在"民权运动"的推动下，约翰·肯尼迪和林登·约翰逊（Lyndon Johnson）等人开展了致力于民众福利的改革运动，如"向贫困开战""伟大社会计划"等实现福利国家制度，在反贫困、提供教育资助、改善社区生活、加强社会福利等方面开启了社会改革。

20 世纪 60 年代的"民权运动"所蕴含的争取民主、平等、权利的精

---

① 张宏毅：《美国人权与人权外交》，北京：人民出版社，1993 年，第 282 页。

② ［美］史蒂文·胡克等：《二战后的美国对外政策》，白云真等译，北京：金城出版社，2015 年，第 25 页。

神无疑成为美国的"道德丰碑",为纪念马丁·路德·金(Martin Luther King, Jr.)对促进民权的贡献,政府将其生日设定为国家法定假日,约翰·肯尼迪及林登·约翰逊签署的《民权法案》也被视为载入史册的国家法案。由此"民权运动""福利国家"等成为美国的社会自我革新的重要文化符号,这也在很大程度上契合了冷战中美国自我道德形象建构的需要。美国重视其价值观输出中的"人设"形象塑造,意图在美苏冷战中通过塑造"相对优势"的道德形象占据意识形态对抗中的主导权。"民权运动"中的"革新者"形象作为其"道德人设",赋予美国社会运动浓重的道德属性,成为国家形象的主要"卖点"。

在美国以"革新者"形象塑造的"道德人设"中,"人权"概念被抽象出来,美国将 20 世纪 60 年代的社会改革视为对"人权"的尊重,将社会发展中社会福利和公民权利的完善打造为人权事业的进步。由此美国以人权典范自居,美国的对外意识形态输出就被包装成对"人权"事业发展的推动。卡特总统最先正式提出"人权外交"的概念,他宣布把人权策略作为其外交政策核心:我们是自由的,我们不能漠视其他地方的自由的命运,我们的道德感指引我、们偏爱那些尊重个人人权的社会。美国渴望同那些尊重人权和促进民主理想的民族站在一起[1]。由此"人权"成为民主思想的根基,民主只有建立在对人权的尊重之上才有存在的意义。美国构建出一套"人权认证体系",掌握了对人权认证的权力。由此形成了美国对外干预的逻辑:即世界上的政权组织只有符合人权,建立在保护个人权利的基础上才具有存在的意义,这构成美国外交政策的重要逻辑起点。

美国将"人权"打造为具有鲜明道德属性的外交理念,将美国现代道德文化融入其人权外交,将尊重人权视为评判他国的道德标准。1973 年众议院国际关系委员会提出:人权因素并没有被给予它在美国外交政策中应有的优先地位,"外交政策中的道德考虑既是道德命令也是实际需要"[2]。这使美国现代道德文化成为美国在国际社会评判他人的标准,并通过美国的国际影响力实现"扩大化"。美国建立了具有道德属性的国际外交理念。

---

① Cyrus R. Vance, "Human Rights Policy, " in Barry M. Rubin and Elizabeth P. Spriro, eds., Human Rights and U.S. Foreign Policy, p.223.

② Tom J.Farer, ed., Toward a Humanitarian Diplomacy: A Primer For Policy, New York and London New York University Press, 1980, p.57.

美国的外交就基于美国现代道德文化的标准进行行动。时任总统吉米·卡特（Jimmy Carter）认为：

> 我们的社会是有史以来第一个根据精神价值和人类自由来公开阐明自己的社会。正是这种独特的自我定义使我们感受到一种特殊的号召力——但同时也赋予我们一种特殊的义务——道德义务。[1]

由此美国外交战略和行动被道德化，美国对外干涉行动被赋予道德批判的属性，美国的对外战略具有了鲜明的道德特色。人权外交鼓吹的"道德义务"被赋予灵活的解读尺度，对他国的行动就成为美国的"道德义务"。在这种语境下，美国的道德义务成为其国家干涉主义的起点，甚至成为打击异己意识形态的工具。有学者认为，对于保守主义者来说，人权政策提供了反共产主义的手段，是对苏联进行道德打击[2]。由此丰富了美国和苏联对抗的政治筹码，将美苏争霸从意识形态对立，上升对美国现代道德文化对苏联道德文化的打击。

美国被建构为具有人权输出使命的国家。时任总统罗纳德·里根（Ronald Reagan）在 1983 年《国情咨文》中宣称，"人权是美国外交的重要目标，美国反对以任何形式出现的暴政，美国鼓励进行民主变革，将随时准备在他国帮助实现民主"[3]。基于人权战略的目标，美国在对外进行干预的同时，将自身的扩张行为赋予一定的道德属性，同时也将道德属性作为自己开展行动的工具。美国人权外交是通过美国人权理念和美国的理想主义外交传统而同意识形态衔接在一起的。[4]这使美国外交战略具有了浓厚的道德主义的因素，构成美国冷战中竞争战略的核心理念。

美国政府以人权为作为其打压苏联的幌子，将美国建构为一个颇具理想主义的国家。至少在理念上，美国提出的"人权外交"和"理想主义外

---

① Cyrus R. Vance, "Human Rights Policy, " in Barry M. Rubin and Elizabeth P. Spriro, eds., Human Rights and U.S. Foreign Policy, p.223.

② 周琪主编：《意识形态与美国外交》，上海：上海人民出版社，2006 年，第 353 页。

③ The New York Times, March 15, 1986.

④ 周琪主编：《意识形态与美国外交》，上海：上海人民出版社，2006 年，第 329 页。

交"理念都将自己塑造成一个正义的使者，这种理念受到与美国价值或利益一致的西方国家的认同。正如欧内斯特·勒菲弗（Ernest Lefever）所言："人权是美国外交政策的核心，除非我们把美国的外交政策同美国的理想和保卫自由联系在一起，它才可能获得广泛的公众支持"[1]。美国所讲的"革新"蕴含着以美国现代道德文化为基础的价值理念推广，为后来推出"普世价值"奠定了理论基础。

第三节　对社会主义道德文化的刻意丑化与攻击

美国在冷战中建立了多个对外宣传机构，如国际信息行动委员会、美国新闻署、行动协调委员会等，对外进行意识形态的宣传工作。美国在冷战的各个时段都进行了主题各异的宣传工作，如"人民资本主义"运动、"人民与人民的伙伴关系计划"以及前文提到的"美国之音"等，目的是对内团结资本主义阵营，对外瓦解敌人。在这种宣传攻势下，美国对苏联为首的阵营进行丑化和攻击，由此来塑造苏联负面的国家形象，展现美国正义的国家形象。

一、矮化与贬损

美国的矮化和贬损策略就是通过对目标国家的发展成就进行片面乃至负面的报道和评论，达到对目标国家价值理念的批判的目的，并以此塑造目标国家负面的刻板印象。它以瓦解目标国家价值理念的合法性依据为前提，反衬美国自身价值理念的正义性与先进性。冷战时期，美国通过对苏联的批判和对自身正义形象的建构，凝聚对西方资本主义国家的吸引力，并形成对苏联共产主义阵营的排斥力。

美国矮化和贬损以苏联为代表的社会主义道德文化的方式，集中体现在对社会主义道德文化内核的攻击。首先，美国对社会主义国家进行归类定性，将其视为"邪恶的国家"。如里根把苏联称为"非法帝国""邪恶帝国"，把美苏间的较量看作是善与恶之争，从不怀疑最后的胜利将属于以

---

[1]　Tamar Jacoby The Reagan Turnaround on Human Rights, Foreign Affairs, 1986, p.1072.

美国为首的自由阵营[①]。社会主义的"邪恶"属性主要是来自美国建构的叙事，尤其是美国在冷战中将其所奉行的道德文化神圣化，以审视异教徒的眼光审视异质道德文化，一切不符合美国现代道德文化主张的理念在美国看来就变为邪恶的了。美国对苏联的矮化和贬损主要围绕的是"自由"的相关叙事。美国将苏联塑造为一个对内专制，并且意图将这种专制扩张至全世界的国家，这成为美国贬损苏联的重要基础。

需要注意的是，美国对以苏联为首的社会主义国家道德文化的贬损，是建立在想象和刻板印象之上的。美国对苏联邪恶形象的来源，很大程度上来自于乔治·凯南（George Kennan）的"长电文"。电文中的一段描写堪称美国对苏联典型认识的叙述：

> 苏联领导人迫于历史和现状的实际需要，就提出一种教条，它把外部世界描绘成一个罪恶的、敌视的、威胁着苏联的世界，并认为这个世界内部孕育着蔓延疾病的细菌，注定要被越来越多的内部骚乱所破坏，最后将受到蒸蒸日上的社会主义力量的致命一击，从而让位给一个新的、更美好的世界。这种理论为苏联扩充国家警察和军事力量提供了合法依据，他们从此可以把俄国人民与外界隔绝起来。为扩大俄国警察的权限而不断施加压力。[②]

乔治·凯南的"长电文"在美国乃至整个世界都取得了重大的影响，这是美国人在二战后认识苏联并尝试研判苏联行动的探索。显然，乔治·凯南对苏联的印象和态度带有强烈的意识形态倾向性，体现了那个时代西方的"政治正确"。有学者指出，反共主义是"一场意识形态上的受两党支持的运动，拥有新闻界、教会、好莱坞的支持。在各种层次的反共主义观点中几乎不存在什么争论或差异，它在整体上是中庸的，在政治上是极安全的。除此之外，任何看法在政治上都是危险的"[③]。在国内外反共意识形态的立场下，"长电文"代表着当时美国社会对苏联为首的社会主义国家的基本看法。"反共就像是骑兵的冲锋号，唤起美国还需去完成另一

---

① 周琪主编：《意识形态与美国外交》，上海：上海人民出版社，2006年，第297页。
② 陈开仁：《冷战——实力与谋略的较量》，北京：中共党史出版社，1997年，第112页。
③ 周琪主编：《意识形态与美国外交》，上海：上海人民出版社，2006年，第262页。

项外交使命，这种行为完全符合美国把世界划分为罪恶与美德两个极端的传统"①。两大阵营间几乎停滞的交流，也使这种基于刻板印象缺乏纠正的机会。

美国文化产品是矮化和贬损苏联的重要阵地，文化产品被赋予道德批判功能。文化产品具有影响范围大，渗透力度强等特点，同时文化传播与渗透是一个潜移默化的过程，通过对目标受众进行持续文化输出和价值渗入，来实现对目标受众价值理念的影响，瓦解敌对国家人民原有的理想信念，代之以新的价值理念。这种潜移默化的价值渗透，被美国政府视为对外意识形态输出的文化"利器"，成为意识形态竞争的"软刀子"。

美国中央情报局（CIA）将书籍作为长期的战略宣传中最为重要的武器。通过文学作品等渠道建构社会主义道德文化的负面形象，以艺术加工的形式对社会主义道德文化进行批判。如"冷战自传文学"，美国在策反苏联东欧民众的"叛逃者项目"（Escapee Program）和促进苏东人民放弃共产主义信仰的"学说项目"（Doctrinal Program）中，利用叛逃者个人传记文学的形式进行意识形态心理战，这种文学题材被学者称为"冷战自传文学"。一大批针对苏东的反共传记文学被创造出来，诸如《苏联真面目》（ *This Is Russia, Uncensored* ）、《失败的神》（ *The God that Failed* ）、《幸存者》（ *One Who Survived* ）、《在苏联战俘营中的十一年》（ *Eleven Years in Soviet Prison Camps* ）、《我选择自由》（ *I Chose Freedom* ）等。这些作品大都采取个人自传、传记文学形式，主要讲述主人公从苏东阵营逃离或（和）放弃共产主义信仰这两类情节，突出主人公改变意识形态信仰的细节，重点描摹其放弃共产主义、信仰幻灭时的心理交锋和心理活动。

再如"冷战讽刺文学"，通过对共产主义国家的讽刺表达美国等西方国家的政治主张。冷战讽刺文学塑造了一批经典的文学作品，乔治·奥威尔（George Orwell）的《动物农场》讽刺了斯大林主义和他在西班牙目睹的疯狂清洗：秘密警察维护的特殊世界，舆论审查，酷刑和诬蔑审判横行。他的《一九八四》讲述了名为"大洋国"的地方独特的统治方式：全体人

――――――――――

① ［美］斯帕尼尔：《第二次世界大战后美国的外交政策》，段若石译，北京：商务印书馆，1992年，第42页。

民处于完全监视之下，自由与思想是城中绝迹的珍品，屈从与无意识被训练成一种全民心态。该作品被认为是文化冷战中强大的武器。美国图书援助数量最多的"海外图书计划"，其政策目标就是纠正外界对美国的"误解"与反击反美宣传，贬低共产主义思想。①美国决策者将文化输出视为国家意识形态输出的工具，将其视为保卫国家意识形态安全的必要手段，文化输出成为美国外交战略的一部分。美国政府积极策划反共图书的海外传播活动，"以书为刃"对共产主义道德文化进行攻击。

此外，美国政府还通过对苏联正面形象的颠覆矮化和贬损苏联，其代表性事件就是 20 世纪 50 年代的"真话运动"。彼时，苏联建设社会主义的成就举世瞩目，甚至在美国社会也获得了一定的声望。为遏制苏联正面形象的传播，美国政府将所有对苏联正面形象的宣扬定性为苏联的政治宣传，以大规模造谣的方式否定苏联的正面形象，并将这场官方造谣活动称为"真话运动"。"真话运动"实际上充斥着谎言，其提出者参议员本顿意图将该运动作为对抗苏联的文化工具，将其称为"思想领域的马歇尔计划"，目的是发起一场争取人心的斗争，澄清共产主义的"歪曲"或"虚假"信息②。"真话运动"实际上发起了对苏联的丑化运动。杜鲁门宣称："越来越多的事实表明，我们把真话带给铁幕两边之人的计划是成功的，而且能够取得更大的成果。"③事实却是，美国借此将苏联国家的正面宣传视为阴谋论。美国总统杜鲁门在《美国国家安全的目标与计划》中称，应防止"卫星国作为依赖苏联的实体"出现，称苏联的宣传是"弥天大谎"，认为苏联的对外宣传是"精心编制的谎言"，宣称苏联对外侵略使用的首要武器就是宣传，目的是"搅乱、混淆和分裂自由世界，以对我们自由制度的仇视激怒俄国人民以及卫星国的人民"。有研究统计，1950 年 4 月 20 日到 1951 年 1 月 16 日，美国国务院官员就"真话运动"向私人团体做了

---

① Mary Niles Maack. Books and Libraries as Instruments of Cultural Diplomacy in Francophone Africa During the Cold War. Libraries & the Cultural Record, 2001(1): 58-86.

② 王晓德：《文化的帝国：20 世纪全球"美国化"研究》，北京：中国社会科学出版社，2011 年，第 308 页。

③ 王晓德：《文化的帝国：20 世纪全球"美国化"研究》，北京：中国社会科学出版社，2011 年，第 310 页。

44 次讲演[①]。

二、夸大与歪曲

不同社会制度的国家在探索和实践中都会遇到这样或那样的问题，这是任何国家在发展中都无法避免的事情。美国往往会"借题发挥"，利用对手的问题与挫折，将小问题放大，夸大问题的严重性，甚至"指鹿为马"，通过对问题的性质和原因进行恶意判断来颠倒黑白，以达到全面否定社会主义政治制度，搞乱对立国，实现意识形态渗透的政治目的。

冷战过程中，美国不断通过夸大与歪曲的方式对以苏联为首的社会主义国家的行为进行解读。美国对苏联进行危机想象，将以苏联为首的社会主义国家的国际行为视作对民主国家的威胁。美国善于赋予外交政策独特的道德意义，用道德的眼光审视相关国家的行为，并尽可能地将这些国家的行为解读为非正义性，在国际舞台中实现对相关国家进行负面宣传的目的。美国"战后时期几乎每一项政策决定，都是对某一察觉到的或明显的共产主义威胁所做的反应"[②]。在美国政客的渲染下，美国及西方社会对苏联充满了认知偏差带来的巨大恐慌，各种恐怖和离奇的谣言层出不穷。恐慌既出于对苏联国家实力的迅速发展的压迫感，也源于美国长期渲染的关于苏联谣言和传说。在美国政客的渲染下，苏联价值理念和生活方式呈现出与美国截然相反的状态。美国对苏联的夸大与歪曲手段如下：

美国通过对苏联进行添油加醋的负面的报道，营造苏联社会"行将就木"的社会景象。面对社会主义社会发展中出现的各种问题，媒体是如此描述的，"东欧地区还陷于经济增长力不断衰退和惊人的巨资外债的恶性循环之中"，"物价不断上涨，房屋不够分配，农业生产缺乏效率，生活必需品短缺，官吏贪污受贿，老百姓怨声载道"，"为实现工业化而向西方借钱，但大部分由于计划不当而浪费掉"[③]。其基本逻辑是，社会主义国家衰败的根源是国家政治制度。政治制度不但造成国家治理资源的巨大浪费，

---

①　Medhurst and Brands, eds., *Critical Reflections on Cold War: Linking Rhetoric and History*, p.107.

②　[美]M.贝科维茨等：《美国对外政策的政治背景》，张禾译，北京：商务印书馆，1979年，第 327 页。

③　毕波编：《美国之音透视》，青岛：青岛出版社，1991 年，第 68 页。

其低效的工作体系也是造成其人民生活困顿的根源。捏造社会主义国家的负面信息在美国已经司空见惯，美国有一本名为《怎样组织广播宣传节目》的秘密手册写道：要广泛传播流言蜚语，但绝不能称之为流言蜚语①。实际上，美国对苏联的报道具有意识形态的滤镜，很多报道都是捏造和加工出来的，并不具有真实性。

美国擅长对社会主义国家的事件进行负面的想象来扭曲事情的性质，以想象制造出有关苏联威胁的"危机"，其代表性事件是"斯普特尼克危机"。1957 年 10 月 4 日，苏联第一颗人造卫星成功发射，取名"斯普特尼克号"。卫星发射成功后，社会主义阵营纷纷举行盛大的庆祝活动，掀起一阵"卫星热"。但该事件给美西方带来巨大的社会阴影。尽管苏联卫星只是一个功能简单、只有八十多公斤的"铁球"，但是在彼时的环境中，还是在美国社会引起了巨大恐慌。《纽约时报》发声道："现在很清楚，1957 年 10 月 4 日，苏联已将一项人类的伟大成就载入史册。"以此来反衬美国在此之前的两次人造卫星发射失败事件。有公民担心，苏联下一步将要通过卫星轰炸美国。民众纷纷指责美国政府的无能，在白宫门前爆发了规模盛大的游行，甚至有人将苏联卫星发射成功的日子定为美国的"国耻日"，称其为美国航天事业的"珍珠港"事件。为了煽动反共情绪，美国往往对苏联进行负面的想象和加工，使苏联等社会主义的国家行为被任意地揣测，迎合当时社会中极端的反共期许。

美国还会对苏联出现的种种事故进行夸大或不实报道，营造针对苏联的负面的爆炸性新闻。1986 年，苏联的切尔诺贝利核电站发生了严重的核泄漏事故。苏联立刻开启了紧急的救援，对核泄漏事故进行处理，对相关人员进行疏散。美国等西方国家抓住苏联的核泄漏事故，以极其夸张的报道对其进行渲染。美国《纽约时报》以夸张的口吻对事件进行报道：据一个长期提供准确稳定消息的基辅女性说，苏联切尔诺贝利核电站发生了前所未有的灾难，造成了数千人死亡，那些死人没有埋在普通墓地，而是在处理核废料的皮罗格维奇村，基辅的医院全是放射病人。美国的《瞭望周刊》称，"苏联核泄漏事故是美国 1978 年三里岛核事故的百倍，乌克兰产粮区第聂伯河已经全面污染"，"苏联的反应堆是因为没有水泥圆顶的防

---

①　金初高：《来自西方的广播战》，《中国广播电视学刊》，1990 年第 6 期。

护"，"苏联核电站是依靠低技术基础支撑的"。英国历史学家亚当·希金波坦在其著作《切尔诺贝利的午夜》中宣称，切尔诺贝利核爆炸是历史上最严重的核电事故，11.5 万人永远无法回到自己在隔离区中的家，250 多万人生活在被放射性核素污染的土地上[①]。在西方的话语中，切尔诺贝利事件成为一种反共意识形态的象征，2021 年上映的美剧《切尔诺贝利》以老套的个人英雄主义视角讲述救援人员的勇敢行为，揭露苏联政府掩盖切尔诺贝利事件撒下的层层谎言，影片中的苏联政府专制、欺骗、腐朽、低效、逃避责任，这集中体现了西方国家对苏联的看法。

同时，美国为了营造苏联的负面形象，也制造了大量的"苏联笑话"影射和讽刺苏联的政治体制。根据美国中央情报局解密档案显示，该部门为国家领导人搜集或编造苏联笑话，供美国领导人在公开场合的演讲，配合形成对苏联的意识形态攻势[②]。从目前解密的文档来看，中情局编造的苏联笑话可分为以下主题：

一是苏联政治统治类笑话，调侃苏联政府不得人心。如：

> 一位工人在排队买酒的队伍里大喊："我实在是等够了，留着我的位置，我要去把戈尔巴乔夫打死。"两个小时后，工人回来到他原来的位置。他的朋友问他："你把戈尔巴乔夫杀死了吗？"他回答说："没有，那排队杀他的队伍比这里等着喝酒的都长。"

二是对苏联底层群众生活现状的调侃笑话，以反映苏联民众生活物资短缺的情况。如：

> 一个男人走进一家商店，对店主问道："你们店里没有肉吗？"售货员回答说："不，先生。我们没有鱼。街对面那家店才没有肉"。

---

① 参见［英］亚当·希金博特姆：《切尔诺贝利的午夜》，鲁伊译，桂林：广西师范大学出版社，2021 年，第 386 页。

② "SOVIET JOKES FOR THE DDCI", https:// www. cia.gov / library/ readingroom/ docs/ CIA-RDP89G00720R000800040003-6.pdf.

三是对苏联的政治政策进行调侃的笑话，试图展现苏联言论被高度管制的现状。如：

> 美国人对俄国人说，美国十分自由，他可以在白宫前大喊："让罗纳德·里根见鬼去吧！"俄罗斯人不以为然地回答说："这算什么，我也可以站在克里姆林宫门前大喊'让罗纳德·里根见鬼去吧！'"

以上笑话均摘自中情局解密档案。中情局搜集整理了很多苏联笑话，供领导人在各种场合使用，里根总统就爱在公开场合讲苏联笑话。苏联笑话是对苏联刻板印象加工而成的文字表达，很多苏联笑话并不来自苏联。传播苏联笑话不仅能表现出美国对头号劲敌的轻蔑感，而且能以更加具有亲和力的传播方式塑造苏联国家的负面影响，这些笑话以消解政治严肃性的方式获得了更为广泛的传播。

冷战期间，美国电影产业经历了高速发展后成为世界文化舞台不可忽视的力量，这些电影延续至今依然具有强大影响力。美国电影以动人的故事或宏大的画面将美国的价值观表现出来，成为美国软实力的重要组成部分。电影能将社会制度、风俗习惯、行为模式、信仰体系和价值观念等构成国家社会形象的诸多内容，以一种生动的、自然的、直观的方式呈现在观众面前。实际上，美国的电影制作在很大程度上受到联邦政府的影响与调控。"一旦影片背离了美国主流的意识形态，影片和制片人都可能受到实权派人物、权力部门及其他组织机构的刁难甚至惩罚。"[1]为达成塑造良好社会形象的目标，美国政府的各种机构，如国防部、航天局、国土安全局、中央情报局等，都有专门的工作人员与制片公司进行联络，对影片的内容施加影响。例如，国防部为制片公司提供军事设备、素材、人员和资金支持，从而获得对电影剧本内容进行审查和删改的权力，防止电影中出现不利于美军的内容。另一种干预影片内容的方式是将工作人员派往影片拍摄现场，为影片提供咨询意见，对影片制作者施加影响。

---

[1]　罗中书：《美国电影与美国形象的建构》，《对外传播》，2015 年第 2 期。

三、煽动与颠覆

煽动与颠覆是通过在思想和观念上对民众进行有目的、有计划的引导，否定目标国家社会制度的合法性，并以欺骗、夸大等方式诱使目标国家的特定群体进行反社会的变革运动，以期改变目标国家的政治制度，实现自己的政治目的。煽动与颠覆是冷战时期美国政府的"拿手好戏"。冷战期间，美国长期以消灭共产主义阵营为最终目标，主要就是通过煽动与颠覆为手段进行。有研究认为："美国以资本主义领袖和世界警察自居，声称要发起世界范围的促进民主自由运动并且干预世界各国的侵犯民主自由的事情，加强美国在发展中国家的影响，帮助盟国消除爆发革命的原因，最终促使苏联等社会主义政权发生演变或消灭。"[①]

冷战期间，以美国为首的西方资本主义国家对苏联开展全面的封锁战略，包括但不限于经济的封锁、军事遏制、油价控制等。苏联对美国的全面封锁予以反制，虽然在整体上落于下风，但美苏之间的对抗依然整体呈现相斥的特征，而打破这种平衡的一个重要因素，就是美国对苏联道德文化进行批判的煽动与颠覆活动。对于以苏联为代表的社会主义阵营来说，美国采用积极的价值观输出战略，对以苏联为首的社会主义国家进行积极的和平演变，研制出一套针对苏联的"和平演变"战略，积极促使苏联内部的理念信仰的崩塌，最终使共产主义国家形态发生颠覆性改变。

冷战中，为应对西方国家的封锁，苏联长期保持高度紧张的战备状态，其主要表现就是军事预算占苏联总预算的19%左右（西方国家称占总预算的40%），军事相关的工业长期处于优先发展的位置，长期的超额军事开支使苏联经济处于崩溃的边缘，轻工业民用产品制造业发展缓慢，人们生活并未得到较大改善。1989年苏联接近崩溃时，国内日用品96%处于短缺的状态。这就造成国家与人民的矛盾，即在资源有限的情况下，国家军事实力的提升与百姓生活水平提升之间的矛盾，百姓生活长期得不到提升使人民与国家之间产生尖锐对立。于是，西方资本主义国家大力宣传西方的生活方式，西方社会供应充足的生活场景对苏联人造成巨大的心理冲击。

---

①　美国当代问题研究所编：《论美国在缓和世界中的新作用：保卫美国》，北京：商务印书馆，1980年，第281页。

这种不满的民愤为西方资本主义国家的渗透提供了可乘之机，西方国家将苏联百姓物质的贫乏的原因上升到对苏联道德文化的批判，将苏联所持有的道德文化视为苏联人苦难的根源，由此开展对苏联的煽动与颠覆活动。

美国在冷战期间对以苏联为首的社会主义国家进行负面宣传，侧重于揭露社会主义国家的弊端和腐败行为，打造资本主义国家良好的生活水平和物质条件，以及政权确立的合理性。美国通过"美国之音"等对外宣传活动，对社会主义国家人民进行心理攻势，设立特务机构笼络政府高层，配合与苏联的争霸活动，对社会主义国家采取多维度的"和平演变"。肯尼迪总统宣称，"从北平到华沙，从布达佩斯到哈瓦那，千百万人丧失了自由。我们必须通过加强'美国之音'的广播，通过新闻自由流通和提供经济援助等办法经常提醒他们，美国期待着他们有一天将会获得自由"[1]。"美国之音"在冷战中将美国价值理念传播到苏联，利用苏联民众的不满情绪促进苏联内部的矛盾的激化。同时，"美国之音"采用"本土化"的运营策略，该机构采用英语、俄语、中文、德语、波兰语等语种进行广播，针对不同的地区采用不同的语言。同时招募专家针对目标国家的时事政治进行点评，使其可以精准地打击目标国家人民的痛点，最终在目标国家人民心中埋下混乱的种子。有研究指出，美国之音每天 24 小时不间断广播，其内容不外乎是反共主义，宗旨就是要"对付共产主义宣传"以及"传递自由世界的信息"[2]。

同时，美国加强了对苏联等国家的文化产品输出，将包装着美国价值理念的文化产品打造成"糖衣炮弹"。约瑟夫·奈对此成效评价道："从未到过美国的日本年轻人身穿印着美国大学名字的运动服。即使在尼加拉瓜政府与受到美国支持的游击队作战之时，其电视台依旧播放美国影片，同样苏联的青少年身穿牛仔裤，四处搜寻美国唱片。"[3]美国大众文化不乏浅薄和追求时髦的因素，但一个支配着大众交往渠道的国家有更多机会传递自己的信息、影响其他国家的倾向却是不争的事实。作为全球传播的重要

---

①　毕波编：《美国之音透视》，青岛：青岛出版社，1991 年，第 38 页。

②　刘洪潮主编：《西方和平演变社会主义国家的战略策略手法》，武汉：湖北人民出版社，1989 年，第 77 页。

③　［美］约瑟夫·奈：《硬权力与软权力》，门洪华译，北京：北京大学出版社，2005 年，第108 页。

组成部分，美国流行文化通过各种渠道渗入到苏联界政治、经济、文化和日常生活的方方面面。至此，美国不再仅仅是一个地缘政治的空间概念，而转化成为一个文化、心理空间。美国《华盛顿邮报》文章说："西方世界为寻求瓦解共产主义的方法，花费了半个世纪的时间和亿万美元，却忽然发现答案就在电视新闻里。这些新闻使苏联人开了眼界，他们于是起来要求民主、自由，这就是苏联等国家发生动乱的原因。"[①]

　　总体来说，美国对苏联的煽动和颠覆是一场长期的"心理战"，其目标是争夺"情感和思想"，以此在全球范围展开对共产主义的遏制，并积极向世界推广资本主义制度和模式。尤其是美苏进入战略核威慑平衡态势后，心理战的作用更加明显，"不战而屈人之兵"的心理战战略成为决定冷战胜负的关键。心理战的核心在于如何争取人心。有学者认为，与苏联对外宣传僵硬的机制和简单的手段相比，美国的优势非常明显：第一，具有完善的决策、监督和制度性保障；第二，官私合作机制有序运行；第三，充分的专业性和社会科学知识保障；第四，顶层设计和执行机构的弹性机制[②]。美国建立了一套完善的价值观输出机制，成为美国赢得冷战的重要保障。美国对苏联的煽动与颠覆是建立在美国对苏联道德文化批判的基础上，其中以"自由"话语为基础，即宣传苏联控制了人民的自由，使人民失去生存和发展的权利，这种对"自由"的控制是苏联的极权政治导致的，需要通过民主改革手段来恢复人民对物质充裕生活的追求。由此，美国对苏联的道德文化批判获得了所谓的"合法性"依据。总体来说，美国对苏联社会的批判和抹黑，将体制的僵化归结为共产主义道德文化的沦丧，在"苏东剧变"中发挥了重要作用。

　　冷战中的美苏双方在科技、军事、地缘政治等方面进行全面角力，在北约与华约对抗、古巴导弹危机、中东及非洲的资源博弈、阿富汗及越南的地缘政治对抗等事件中，双方的斗争不可谓不激烈，但苏联没有被美国的军事、经济、政治攻势所打倒，却最终败在了意识形态的土崩瓦解，这出乎很多人的意料。冷战中，以美国现代道德文化为伦理内核的意识形态攻势发挥了巨大作用，以瓦解苏联意识形态的方式最终将苏联"和平演

　　① 《华盛顿邮报》，1989 年 5 月 24 日。
　　② 沈志华：《冷战启示录》，北京：世界知识出版社，2019 年。

变",使美国意识形态获得了极大的威望。美国习惯性地将对他国价值理念的操纵作为取胜之道,造成权力的任性及滥用,形成对阴谋手段的迷信。这加剧了美国政界对其道德文化的盲目自信:即任何不符合美国价值理念的事物都是错误的或具有修正主义特征的,由此推出"普世价值"的理念。这种忽视各国国情强推"普世价值"的行为,也为当代美国走向衰落埋下隐患。

第四章
后冷战时代美国现代道德文化的
全面衰落与自救

随着持续了半个世纪的冷战走向终结，昔日美苏两大国之间的斗争与较量不再，美国成为世界上唯一的超级大国。就意识形态的斗争结果而言，美国在与苏联的较量中获得了胜利，"历史终结论"等理论思潮一时间甚嚣尘上。美欧鼓吹的"自由民主制度"似乎在苏联的轰然倒塌下成了世界政治体制中经过实践检验的正确道路，作为其内核的美国现代道德文化迎来极盛时期。但随着美国作为唯一超级大国霸权主义行径越发影响到世界的和平与稳定，美国资本主义发展过程中的社会弊端也日益凸显。西方"自由民主制度"及其道德文化迅速由盛转衰，由自由世界的"典范"转为民主乱象的典型，在反恐战争、金融危机、国家政治改革、疫情防控等现实的考验下"原形毕露"，美国将其长期以来攒下的国际影响力迅速消耗，也不可避免地导致了美国现代道德文化在本土与全球的全面衰落。为了延缓美国霸权的衰落及其所造成的负面影响，美国政府也先后开启了一系列自救行动，以期挽回颓势，维护国际地位。

第一节　美国现代道德文化全面衰落的主要表现

随着美国社会发展乱象迭出，垄断资本主义导致社会发展的失控，资本逐利性在利益的驱使下将国计民生的考量抛之脑后。国家从人民获得了法理上的统治权后，却将权力用来压榨人民的剩余价值。这使美国内政外交的"道德属性"逐渐式微，其行为却不断地刷新人们对美国"道德下限"的认知。尤其是美国政治中难以克服的政治极化造成美国社会价值观的撕裂，形式民主取代实际民主的民主异化造成美国国家治理的危机，新冠疫情中展现的社会乱象显示出资本主义对生命的漠视，在国际社会奉行的单边主义的行事风格造成的对国际规则的践踏大大削弱了美国的国际影响力和号召力。

一、政治极化与社会价值观的撕裂

近年美国政治极化的现象愈演愈烈，有其历史原因。20世纪80年代，以里根总统为代表的共和党政府上台，在经济政策上废除了以高福利为特征的"新政模式"，回归了缩减政府权力，减少政府干预为特征的"自由主义经济"发展模式。这使得以"新政模式"起家的民主党及其拥护者严重不满，双方在治国理念上产生高度的分歧。20世纪90年代开始，执政党的更迭出现明显的现执政党对前执政政党"政治遗产"进行全面清算的现象，两党间的对立加剧。双方核心的交锋点是经济发展模式，以及由此衍生出的税收问题、对外贸易问题和社会福利问题。随着美国经济发展中财富分配逐渐呈现出"沙漏状"，温和的中间派逐年减少，社会政治倾向逐渐朝向两极化发展。在小布什（George bush）总统和奥巴马（Barack Obama）总统时期，美国的"府院之争"多次造成政府的停摆，"否决政治"的倾向愈加明显。国会提案的风格愈加服务于党派及其背后的利益群体，同时中间派的减少也增加了这种"极化"的趋势。两党及其支持者的极化情绪日益明显。双方开始抛出更极端的竞选观点，以吸引特定群体的选民，除却经济、政治等发展模式外，民族、种族、性别、宗教等利益群体也被两党"招揽"。特朗普（Donald Trump）的"民粹主义"风格使政治极化日益公开化、表面化、平民化，政治极化的范围由政治精英全面拓展到普通民众。这种公开化的政治对立在团结自身利益群体的同时，也乐于打压对手的价值观，这使美国人对经济制度、贸易政策、福利政策等认识更加体现出群体间的价值观差异。

当前美国面临的严重的政治极化问题，构成美国社会独特的政治矛盾。美国警察滥用执法权的"弗洛伊德事件"，国会两党滥用否决权造成的"否决政治"，美国大选中两党向华盛顿"大进军"，特朗普支持者"冲击国会"事件等，都体现出美国政治极化背景下民众严重的对立情绪，这严重削弱了美国民主制度的说服力，削弱了美国的形象。美国政治极化不是凭空产生的，而是美国社会旧有的"病根"发作的结果。实际上，美国自建国就是各方势力妥协的产物，留下了一系列政治的"模糊地带"，比如说奴隶制问题、州权与联邦权力的问题、政府与个人权力分界的问题、种族与民族的问题等。随着历史发展进程的推进，有些问题已经被解决，有些问题悬而未决。这些因"悬而未决"的问题产生的价值观冲突在历史发展的进程中被放大，最终呈现出"失控"的状态，导致了当今美国社会价值观的撕裂，由此产生了政治极化的现象。人们在社会诸多问题上产生不可调和的对立，两党的制度的轮流执政使政治极化公开化，其对抗的力度和强度都日趋严重。

美国两党的治国理念对国家发展道路规划的分歧，也是政治极化产生的重要原因。当前两党的分歧主要存在于税收、社会福利、全球化、工商业发展等方面。民主党主张采用"新政模式"管理国家，即加强对国家的干预，通过增加税收，推动社会福利的改革，进行全球化贸易政策，降低国家贸易壁垒等。共和党是"保守主义"的大本营，主张降低税收增加富人收入，主张穷人通过奋斗实现阶级跃迁，采用贸易保护主义增加本土企业产品竞争力。两党的分歧来自各自背后的利益团体，政党的主张来自于其背后资本家的诉求。美国两党利用制度设计相互拆台，导致国家政策执行出现掣肘，两党主张均难以获得有效开展，甚至出现"各走各路"的分裂呼声。52%的特朗普选民和41%的拜登选民认为红蓝州脱离联邦分开建国是解决当前政治极化问题的更好选择。①

两党及其选民将对方视为"异端"，相互掣肘的政治体系加剧了美国社会的民主乱象，侵蚀着民众对美国民主的信心。"在特朗普选民的眼中，民主党人与社会主义者之间无本质区别；在拜登选民的眼中，共和党人在某种程度上与法西斯分子之间无真正差别。"美国社会价值观撕裂的态势越来越明显，不同群体看到的美国社会也呈现不同的样态。在当今美国社会，少数族裔感到受迫害的同时，白人也感到遭受歧视。很多白人父母发现，六岁儿童在学校接受的教育是"大多数白人都很坏"，美国全国公共广播电台和哈佛大学等机构的联合民调显示，55%的受访白人感觉受到较

---

① 中国人民大学重阳金融研究院：《十问美国民主》，参见2021年12月6日光明日报《〈十问美国民主〉揭开美国民主假面》。

差的对待①。共和党、民主党两党轮流执政，通过打压对手道德文化理念的方式来否定其正义性，并试图将自己的理念形成道德文化垄断。不同利益集团的抱团取暖垄断着社会舆论，人们每天接受的信息都是经过选择的信息，其中不乏谎言与谣言，而这些信息往往是相互矛盾的。据统计，特朗普在任期间散布超过30000条谎言或谣言②，有45%—50%的选民认为"没有任何一个党派或候选人可以代表自己"③。

美国族裔中"身份政治"的延续导致了美国社会的碎片化趋势。"身份政治"的显著特征就是群体间存在明显的边界，这种边界在种族区隔的加持下显得尤为明显。移民国家的特性使美国自建国起就有文化分裂的基因，美国也曾尝试以塑造主流价值观凝聚共识，但这种凝聚共识的努力并未成功，反而因过度强调白人的价值观而遭到少数族裔的警惕。白人与少数族裔间的价值观差异是导致美国社会"身份政治"大行其道的重要原因，这种差异形成了不同人群互相对抗的文化现象，从民族、种族等身份区隔，逐渐向性别、文化阶级乃至地域等层面扩展。比如特朗普曾扬言让四名少数族裔女议员滚回老家，去修整她们破败且犯罪猖獗的故国。女议员们强烈表示"这是种族主义的模样，而我们才是民主的模样"④。自苏联解体以来，美国因失去外部竞争对手，其改善民生的愿望逐渐淡化。在政治家的规划中，对身份政治的强调逐渐代替改善民生和社会问题的动议，美国社会发展中身份政治的因素逐渐彰显，这种集团化的政治动议越加成为赢得选举、获取选票的"法宝"。

社会贫富两极分化，民众疾苦加深是造成价值观分裂的深层经济动因。

---

①　参见Gonyea, D. (2017, October 24). Majority Of White Americans Say They Believe Whites Face Discrimination. National Public Radio. https://www.npr.org/2017/10/24/559604836/majority-of-white-americans-think-theyre-discriminated-against.

②　Kessler Rizzo & Kelly M(2021, January 24) Trump false and misleading claims total 30, 573 over four years. The Washington Post.https://wwwwashingtonpost.com/politics/2021/01/24/trumps-false-or-misleading-claims-total-30573-over-four-years.

③　Clifford. C(2020ctober 30).I do not plan to vote ever agan: The psychology of why so many people don 7 yote, evenin 2020.CNBC.https://wwwcnbc.com/2020/10/30/why-people-choose-not-to-vote.html.

④　Pengelly, M. (2019, July 15). 'Go back home': Trump aims racist attack at Ocasio-Cortez and other congresswomen. The Guardian. https://www.theguardian.com/us-news/2019/jul/14/trump-squad-tlaib-omar-pressley-ocasio-cortez.

根据美联储数据，截至 2021 年第二季度，最富有的 1% 的美国人掌握了 43.27 万亿美元的财富，超过底层 90% 的美国人财富的 14.3 倍[①]。与此相对应的，美国社会底层大众一直处于失语状态。100 多年前，美国最高法院大法官布兰代斯曾说过："这个国家要么拥有民主，要么财富集中在少数人手中，二者只能取其一。"[②] 美国统治阶级顺从资本意志选择了后一条道路，并将前一条道路中的道德理想抛之脑后。可悲的是，一些美国人似乎没有意识到他们面临的困境是阶级固化的结果，反而以"竞争伦理"为逻辑基础，认为他们的"阶级兄弟"抢走了自己的饭碗，以"身份政治"的形式开启全面的"内斗"。由于每个群体都有其自身的价值主张和诉求，"身份政治"组成了若干价值观圈子，这些圈子有着自己的政治诉求和价值理念。网络时代的到来使这些小圈层迅速找到"伙伴"，固化了"身份政治"的价值隔阂。"身份政治"的大行其道，使美国的政治生态恶化，使原本被设计的具有"纠错"功能的民主体系"裹足不前"，在"身份政治"的内耗中，美国社会问题愈加严重，这最终加剧了"身份政治"的趋势。

美国政治极化导致的社会价值观的分裂，是美国道德文化分裂的具体表现。其根本原因是美国各群体的人民对于同一套道德文化认识的分歧。一是民众对美国道德理念的认识出现保守派与激进派间的分歧。美国保守派的道德理念是基督教的道德观，主张勤俭、自律、节欲的生活方式。激进派则崇尚更加世俗化的生活方式，主张享乐、肉欲、个性的生活方式。双方近年来的道德矛盾冲突主要在堕胎、毒品的合法化等问题上。二是民众对自由的限度应该为何的问题产生分裂。"自由主义经济"的信奉者主张极端的个人自由，反对政府对个人权力的管控；"新政模式"的信奉者主张个人自由应从属于国家管制下，个人自由需要被限制在法律和社会良俗的框架内，反对极端的自由主义。

总体来说，美国现代道德文化发展过程中的"模糊地带"经过数十年

---

① Board of Governors of the Federal Reserve System.(nd.Distribution of Household Wealth in the U.S. since1989: Levels(S)The Federal Reserve System.Retrieved 21 November, 2021, from https://www.federalreserve.gov/releases/z1/dataviz/dfa/distribute/table/#quarter: 127;series: Net%20 worth;demographic: networth;population all: units: levels.

② Pazzanese C.(2016, February 8).The costs of inequality: Increasinghy, it's the rich and the rest. The Harvard Gazette.https://news.harvardedugazette/story/2016/02/the-costs-of-inequality-increasingly-its-the-rich-and-the-rest/.

的发展不但没有弥合分歧，反而使分歧越来越大，加剧了美国社会的政治极化。"一个阶级是社会上占统治地位的物质力量，同时也是社会上占统治地位的精神力量。支配着物质生产资料的阶级，同时也支配着精神生产资料"。① 道德文化作为一种思想意识，属于上层建筑范畴，道德文化建设属于精神生产。长期以来经济地位的不平等带来美国种族、阶级、财富分配等方面的不平等，各利益群体对道德文化的理解也自然而然产生分歧。正如弗朗西斯·福山所言："早在特朗普当选之前，美国已逐渐被强大的利益集团所俘获，并被锁定在一个无法自我改革的僵化结构中，美国的体制正在衰败。特朗普本人既是这种衰败的产物，也是这种衰败的促成者。"② 不同经济地位使美国各个阶层对同一套道德文化产生不同的理解。同时，利益集团的内部分裂加剧了对道德文化的差异化理解，不同利益集团对道德文化进行有利于自身的解读，使美国现代道德文化呈现出多种声音，难以达成共识。

二、民主异化与制度合理性的危机

美国的资本主义制度曾经发挥过推动历史进步的作用。列宁评价道，无论就资本主义的发展速度来说，还是就资本主义发展已经达到的高度来说，或者就人民群众的政治自由和文化水平来说，美国都是资产阶级文明的榜样和理想③。美国没有封建保守势力的干预，资本主义生产方式的发展便也没有历史包袱，其资产阶级道德文化发展得最彻底，也能以资本主义最为本质的状态来成长。这在很大程度上得益于启蒙思想家们的制度设计，美国民主相较于彼时的欧洲具有明显的进步性，这在一定程度上确保了民众行使政治权力。林肯总统就曾用"民有、民治、民享"形容美国的民主。但随着资本主义侵蚀民主得以实现的基础，财团逐渐掌握美国的政治体系，美国政治体系实际上沦为"资有、资治、资享"的怪胎。"美国的民主制度逐渐异化和蜕变，已经越来越背离民主制度的内核和制度设计的初衷。"④

---

① 《马克思恩格斯选集》（第1卷），北京：人民出版社，2012年，第178页。

② Fukuyama, F. (2021a, January 21). Rotten to the Core? How America's Political Decay Accelerated During the Trump Era. Foreign Affairs. https://www.foreignaffairs.com/articles/united-states/2021-01-18/rotten-core.

③ 《列宁全集》（第27卷），北京：人民出版社，2012年，第146页。

④ 外交部：《美国民主情况》，http://www.news.cn/world/2021-12/05/c_1128132432.html.

美国民主异化主要体现在以下几个方面。

第一，少数政治精英凌驾多数人之上的政治规则逐渐形成。具有阶级性的资产阶级民主造成了公共政策的不公平。以往为了"实现最大多数人的最大幸福"的政策口号逐渐暴露本质，变为实现拥有最大多数财富的人的最大幸福。资本撬动社会机器，使民主成为少数人的民主，自由成为少数人的自由，社会主流道德文化成为少数富人的道德文化。少数政治精英在美国的民主体系中发挥着重要作用，左右着美国社会发展的政策导向，使美国的民主政治逐渐沦为精英政治。有学者指出，"比起想象中的民主国家，美国更像一个寡头政权"①。美国普林斯顿大学和西北大学的一份报告在分析了近 1800 项美国政策后得出结论：普通民众和代表群众利益的群体几乎没有独立的政治影响力，而代表商业利益的经济精英和组织化团体却有极强的左右政策的能力②。

第二，权力为资本服务的倾向越来越明显。美国的民主政治逐渐沦为金钱的游戏，总统的位置从"选贤举能"变成了"有钱者居之"。有研究指出，2004 年大选时，美国总统选举数额 8.8 亿美元，2016 年则攀升到 15 亿美元，2020 年拜登与特朗普的总统竞选花费超过 40 亿美元，堪称史上最昂贵的大选。2020 年美国国会中期改选也创造了总支出达 87 亿美元的历史纪录③。美国政治体系使金钱成为选举的基本资源：只有充分的金钱才能具有足够优秀的选举团队，为选举进行足够浩大的媒体宣传，组织足够规模的选民活动。这使得美国政治与金钱的关系愈加密不可分，提供金钱的利益集团在美国政治中发挥愈加重要的作用。政治选举成为资本集团利益代言人的选举，政治家需要对利益集团进行回报，这在其政策制定上会有明显的利益划分的倾向和表现。

第三，形式民主凌驾实际民主之上的趋势愈加难以扭转。当前美国的形式民主已经逐步替代实际民主，民众的意愿愈加难以实现。其特点是民众只有投票的权利，对民主行使过程中的监督、问责、参与等环节难以介

---

① Krugman, P. (2020, July 1). Why Do the Rich Have So Much Power? The New York Times. https://www. nytimes.com/2020/07/01/opinion/sunday/inequality-america-paul-krugman.html.

② Gilens, M., & Page, B. I. (2014). Testing Theories of American Politics: Elites, Interest Groups, and Average Citizens. Perspectives on Politics, 12(3), 564–581. https://doi.org/10.1017/s1537592714001595.

③ 中国人民大学重阳金融研究院：《十问美国民主》，2021 年 12 月 6 日，第 37 页。

入，其参与民主的形式就是在资产阶级两个政党所设立的政治议题中进行选择，这使民众彻底沦为选举的工具。在形式民主下，政客并不把选民的利益置于其施政的首位，而是优先照顾其背后金主的利益，民众的愿望得不到兑现。民主对于民众来说，其象征意义远远超出其实际发挥的作用。这使得"民众的意愿只有在选举的时候才会被提及，在选举结束后就逐渐被政客们遗忘"[①]。

美国民主的异化造成了美国政权的合理性危机，对美国民主事业造成巨大冲击。首先是美国自由民主制度"真理性"的确认。众所周知，美国是一个理念国家。"一个人要想成为一个美国人，无非是献身于自由、平等和共和的普遍理念。"[②]美国各民族没有共同的地域认同和历史记忆，国家建立的基础是民众对自由民主理念的正义性和真理性的承认。这就需要回答美国自由民主理念是否为"真"的问题，但其民主乱象削弱了对这种"真理性"的确认。其次是美国自由民主制度价值属性的确认，即其民主制度是否为"善"的问题。作为资本主义阵营的领袖，美国认为自身负有重要的历史使命，即使人们相信自由民主制度是最好的国家制度，代表着人类社会制度发展的最完善的形式，美国政治价值观是民主世界的"灯塔"。但当前美国社会呈现出的民主乱象削弱了其精心构建的民主图景，美国的民主制度欺骗性逐渐暴露。

在民主异化的趋势下，人民对美国民主未来的发展模式产生了分歧，这种分歧的典型特征就是对美国民主的集体不满。一种观点认为，美国民主依然具有强大的生命力，美国民主依然适应国情的发展。其代表就是美国的中间派选民。他们寄希望于美国民主的"纠错机制"，认为当前存在的问题是"民主的阵痛"，可以通过纠错机制对其进行改变。另一种观点认为，美国的民主制度需要更新，它在某种程度已经过时了。民主党左派代表伯尼·桑德斯（Bernie Sanders）提出了"民主社会主义"理念，主张通过对经济的民主监督来控制资本的无限增殖；唐纳德·特朗普则走向另一极端，主张回归"白人至上"的精英主义政治模式，认为政府应该控制移民的数量以确保白人数量的绝对优势，美国民主应该是回归"WASP"

---

① 中国人民大学重阳金融研究院:《十问美国民主》，2021年12月6日，第13页。
② ［美］卢瑟·利德基:《美国特性的探索》，龙治芳等译，北京：中国社会科学出版社，1991年，第12页。

（即盎撒白人清教徒群体）式的精英民主。随着中间派的减少，美国人对民主理念认识的分裂加剧，政治派别间矛盾不可调和性愈加明显。

当前，美国民主制度的异化以及其造成制度合法性危机在美国产生了严重负面影响，极大地削弱了美国的软实力。在国内形象方面，参选人自身劣迹斑斑和谎话连篇被曝光，在一定程度上暴露了美国民主的本质。尤其是二战以来，美国总统的道德形象出现问题，很多总统因道德问题遭到质疑，如尼克松总统的"水门事件"、克林顿总统的桃色新闻、特朗普总统的"通俄门"事件、拜登的儿子"贿赂门"事件等，美国的政客相互攻讦、相互揭发，使世界人民以"吃瓜群众"的角色认识到美国总统选举的本质。近年来竞选者以民粹主义的手段来获得选票，打压竞争对手的阵营，更是加剧了对美国民主的负面形象的塑造。在国际社会形象上，美国的"自由民主"的正确性正在遭受质疑。冷战结束后美国向伊拉克、阿富汗等地移植"民主"制度的失败，乌克兰、泰国、南美等地的各种民主乱象以及各种反思民主的"反自由主义"思潮兴起，动摇了人们对"美式民主"制度的信心。美国民主的异化昭示着美国政治与道德文化的衰落，也是美国霸权衰落的重要表现。

三、疫情激化与对生命权的漠视

冷战结束后，美国大肆鼓吹历史终结论，将其自由民主制度视为"人类政体的最终形式"，也是人类社会最完善的政治模式。但新冠疫情的冲击使美国政治体系原形毕露，美国自由民主的神话破灭。截至 2022 年 5 月初，美国约有 8300 万人感染了新冠，死亡人数超过 102 万人。感染人数、死亡人数都位列全球第一。《纽约时报》对此评论道："这是一场屠杀！"[1]美国国家政治体制的失效，使美国难以应对突发的疫情，在疫情防控的过程中频繁延误时机。在疫情暴发的很长一段时间内，美国防疫物资迟迟不到位，从核酸检测、佩戴口罩，到防控规则、疫苗研发等环节通通反应迟缓，使美国的疫情出现迅速蔓延，造成大量的人员感染并死亡。美国新冠病毒危机小组委员会主席詹姆斯·克莱称，疫情在美国暴发六个月后，联

---

[1] Kristof, N. (2020, October 22). Opinion | America and the Coronavirus: 'A Colossal Failure of Leadership.'The New York Times. https://www.nytimes.com/2020/10/22/opinion/sunday/coronavirus-united-states.html.

邦政府仍未制定统一的国家战略以保护人民健康。[①] 甚至出现美国政客及其亲友倒卖防疫物资的奇闻，这种低效的疫情防控措施给美国带来巨大的损失，使美国丧失了最佳疫情防控时间。在中国进行预警的前提下，美国仍然没有防止疫情在美国的大规模蔓延，将美国带入疫情疯狂传播的泥潭之中。更令人匪夷所思的是，拜登在竞选时以疫情防控失败攻击特朗普政府，将其视为特朗普政府治理失败的有力证据。但在其上台执政后，承诺的一系列防控措施似乎见效并不明显，甚至出现了愈演愈烈的趋势。可见，两党在疫情防控问题上均展现出令人震惊的无能。

在疫情中，以"人权卫士"自居的美国却表现出对民众生命权的漠视，民众的生命健康得不到保障，这实际上已经使美国失去了呼吁人权的"底气"。100 余万生灵在美国政府无能的疫情防控下死亡，不得不说这是一场悲剧。事实证明，美国的政治体制难以有效保障美国人民的生命健康权，美国的政治制度自身也已经"身染沉疴"。有学者评论道："腐败的政治阶层、僵化的官僚机构、冷酷的经济、分裂的公众……一场强烈和无处不在的新冠病毒疫情暴露了美国已经身患严重的基础病，却多年来得不到治疗。"[②] 美国疫情防控失利的最大原因，就是对生命权的漠视，没有将捍卫民众的生命健康视为施政出发点。2020 年 3 月，面对记者提问："无症状的职业运动员可以很快接受（核酸）检测，但普通人却要大排长队甚至排不到，是不是有权有势的人就可以'插队'？"，特朗普回答："或许这就是生活。"[③] 美国政治制度建立基础的核心是保护财产权，尤其是富人的财产权，生命权依附于财产权而存在。从某种意义上来说，一个人在美国拥有越多的财产，其财产权就越会得到保障，其生命权也就愈加被重视。由此在美国的政治体系下，人的生命权由财产的多寡被划分为三六九等，富人的生命权被有效保障，穷人的生命被视为蝼蚁，每个生命都有其价格，这就是

---

①　House Select Subcommittee on the Coronavirus Crisis. (2020, July 31). Hybrid Hearing on "The Urgent Need for a National Plan to Contain the Coronavirus." U.S. House of Representatives. https://coronavirus.house.gov/ subcommittee-activity/hearings/hybrid-hearing-urgent-need-national-plan-contain-coronavirus.

②　Packer, G. (2020, June). The Coronavirus Revealed America's Failures. The Atlantic. https://www.theatlantic. com/magazine/archive/2020/06/underlying-conditions/610261/.

③　Nichols, J. (2020, September 10). Trump Lied, Americans Died. The Nation. https://www.thenation.com/ article/politics/trump-covid-february-woodward/.

美国对待生命权的鲜明特征。政客们患病后被以特效药和良好的医疗条件迅速治愈，他们轻描淡写地将病毒称为"大号流感"，而普通民众却因医疗资源的缺乏被迫在家中等待奇迹的发生，这次疫情将美国社会对普通民众生命权的漠视显露无遗。

在疫情发生乃至美国政府已经明确疫情的巨大危害后，美国政府并未积极备战防疫，而是将政绩视为开展防疫工作的第一考量因素。美国领导阶层在疫情面前依然将政绩置于人民生命权之前。在疫情蔓延的时刻，时任美国总统特朗普淡化疫情的危险性和严重后果，多次声称病毒很快就会"消失"，但他后来承认自己早在 2 月就清楚病毒的"致命"，为了"减少恐慌"，"可能"误导了公众[1]。在疫情防控时期，为了制造良好的经济数据，美国领导层曾经多次在疫情尚未得到完全控制的时刻鼓励企业开工。2021 年 5 月，拜登政府在医学专家团队对国内疫情感染风险依然为"高"的情况下，命令企业开工，以重启美国的经济发展。但这次开工造成了疫情更大规模的扩散，造成的影响消解了拜登前期对疫情防控的成果，并进一步扩大了疫情。

美国在疫情防控的过程中，没有对民众的生命权予以充分的重视。在疫情肆虐的背景下，政府将巨额的医疗费用和成本转嫁到民众身上，使民众不堪负债。时任总统特朗普在感染新冠后痊愈出院时发推特声称，美国医疗手段"非常棒"，对于疫情"不用害怕"。但对于普通民众来说，美国的医疗体系并不友好，民众所获得的医疗资源并不完善。自特朗普政府废除奥巴马的医疗改革后，美国有近 3000 万的人没有医疗保险，他们必须拿出 3.4 万至 4.5 万美元来治疗新冠，即是有医保的人也需要支付 1000 美元以上。但根据调研显示：40% 的美国成年人称无法承受 400 美元的紧急医疗开销[2]。如此背景下，特朗普政府依然计划取消更多的医保计划，使那些本就医疗条件有限的民众"雪上加霜"。更有甚者，美国的新冠检测速度缓慢且效率低下，有些地区的民众甚至需要数周后才能得知自己是否感染

---

①　Samuels, B. (2020, September 9). Trump says "perhaps" he misled public on coronavirus to "reduce panic". The Hill. https://thehill.com/homenews/administration/515730-trump-says-perhaps-he-misled-public-on-coronavirus-to-reduce-panic.

②　中国人民大学重阳金融研究院：《十问美国民主》，2021 年 12 月 6 日，第 30 页。

新冠，很多人还收到了本应免费的新冠检测的账单①。这导致美国向外公布的新冠感染数据严重滞后于其感染确诊的实际数据。

在新冠疫情治理的巨大失败面前，美国政府非但没有反思自己的行为，寻找亡羊补牢的途径，反而在国际社会大放厥词，通过攻击中国抗疫政策来转移国内矛盾。美国炮制出"新冠起源"的阴谋论，意图将疫情的责任强加到中国身上。为掩盖政府抗疫不力的事实，美国将"新冠病毒"称为"中国病毒""武汉病毒"。该说法被世界卫生组织澄清后，特朗普居然说出"世界卫生组织被中国控制"②的荒谬言论。拜登政府在世界卫生组织已经明确破除"实验室起源论"的情况下，多次呼吁调查"新冠溯源问题"，意图将中国带入新冠起源阴谋论的泥潭之中③。同时，美国大肆污蔑中国的抗疫成就，夸大中国因疫情造成的死亡人数和损失，称中国的疫情防控成功建立在对民众自由和权力限制的基础上，由此为自身防控不利寻找托辞。

四、单边主义与对国际规则的践踏

冷战结束后，美国成为世界上唯一的超级大国，在世界上拥有举足轻重的地位，美国的权力行使愈加"任性"。美国以实力为后盾肆意行使权力，将自身意识强加到他国身上，公然践踏国际法规，具有鲜明的"单边主义"特征。二战结束后，美国以胜利者的姿态介入世界规则秩序的重构，在当代世界发展格局动荡和调整的时机进入国际规则的制定领域，以自身和本集团的价值理念来规定和左右国际伦理标准，并以该标准为原则，在经济、政治、文化、军事等方面全方位地施展影响。随着苏联的解体，美国失去了外在的道德强制力，其行为的逐利属性日渐彰显，在国际社会发展中逐渐失控，蜕化为一种具有强权政治属性的霸权强制力。霸权的行径

---

① Vesoulis, A., & Abrams, A. (2020, October 6). Under America's Broken Health Care System, Some Who Downplayed COVID-19 Received the Best Treatment For It. Time. https://time.com/5896719/trump-covid-healthcare-treatment/.

② 《美国总统特朗普在第 75 届联合国大会上的讲话》，https://news.un.org/zh/story/2020/09/1067232.

③ White House, "Statement by President Joe Biden on the Investigation into the Origins of COVID-19", https://www.whitehouse.gov/briefing-room/statements-releases/2021/08/27/statement-by-president-joe-biden-on-the-investigation-into-the-origins-of-covid-%e2%81%a019.

必然带来道义的衰落。美国的"例外论"逐渐成为其任性的托辞，一方面，美国"例外论"认为美国有自己独特的发展模式，不应被规则所束缚；另一方面，美国"例外论"秉承着清教主义的"山巅之城"理想，为实现自身需要积极扩张并创造新规则。在冷战结束后美国实力达到极盛的情况下，"例外论"必然会导致美国为实现扩张而践踏国际规则。

实际上，美国在国际社会的单边主义风格，能够在其社会文化中找到理念根源，美国在国际社会中展现出的傲慢与霸道，也很大程度上受以WASP为核心的主流社会心态的影响。WASP即盎格鲁–撒克逊白人清教徒，该群体主导美国主流文化的发展方向，通过将自己的文化主张融入主流文化中，深刻地影响着美国人的社会心态。首先，该群体具有浓厚的"西方中心主义"特征，主张西方文化的优越论，对异质文化有着明显的文化偏见。比如说他们创作的《蝴蝶夫人》《西贡小姐》等就是女主角惨遭美国大兵抛弃却不离不弃，以被拯救者的姿态奉献一切并以此为傲的设定。这些作品建构出东方文化对西方文化"倒贴式"的病态向往，是美国文化"自恋"的体现。其次，该群体有着强烈的"种族优越论"倾向，时至今日依然鼓吹"白人至上"，歧视少数族裔群体，就像将少数族裔视为"二等公民"一样，将世界中的非白人群体视为"二等民族"。最后，该群体以"例外论"进行颇具实用主义特色的阐释，"美国例外论"成为该群体行事不守规矩，甚至肆意破坏规则的说辞，还将其视为美国取得成功的文化传承并引以为豪。总体来看，美国的单边主义行径是其社会主流文化蕴含的价值伦理在国际社会的投射。

美国的单边主义行径体现在美国不但践踏了国际社会的规则，还违背了自身所标榜的道德文化准则，损害了美国的国家软实力。冷战结束后，世界逐渐进入霸权主义时代，美国以世界发展格局中唯一的超级大国的身份搅动国际风云。这种"一超"地位赋予美国极强的国际行动力。但世界局势越来越呈现出多极化的发展态势，这使得尽管美国国家实力犹存，但想要放弃国际责任，在"例外论"的神话里继续"肆意妄为"愈加困难，为美国霸权的衰落埋下伏笔。一项针对全球19个人口大国的民意调查显示：其中的15个国家（不包括美国）的大多数人认为美国以其强大的军事威胁欺负其他国家；17个国家的被调查者认为美国不遵守国际法。[①]美国历来将自己标榜为道义的代言人，并长期以"民主""自由"的守护者自居，但就美国树立道义形象的历史来看，美国的道义历来就具有虚伪性。美国所谓的道义行为一直以来就是以"美国优先"的原则进行，这伴随着美国成为世界超级大国的进程。美国甚至也不遵守自己参与制定的国际规则，成为世界政局中最大的不稳定因素。

美国施行"单边主义"是由追求利益最大化的资本逻辑驱动的，为追求自身利益而损害他国利益和人类共同利益的事件屡见不鲜。在美国的行事逻辑中，独具特色的美国理想主义被愈加具有资本逐利性的现实主义所侵蚀，资本主义国家的国家典范和道德领袖定位逐渐丧失。如特朗普政府提出"美国优先"原则，并在其指导下赤裸裸的攫取最大利益，全然不顾道义问题。美国先后退出了退出联合国教科文组织、巴黎协定、跨太平洋伙伴关系协定，并多次威胁退出世界贸易组织，与此同时美国在与传统伙伴国家的合作中设立贸易壁垒。特朗普甚至不顾长久以来美国积攒的道义体面，其战略极大地损害了美国的全球信誉，导致了美国在全球范围内软实力的下降，这对美国来说无疑是一个巨大的损失。

美国施行"单边主义"的典型特征是喜欢将其攫取利益的行为披上道德的"外衣"，将其行为的掠夺性隐藏起来。长期以来，美国在国际格局中扮演世界警察的角色，自诩为世界秩序的执法者。据统计，特朗普政府累计实施逾3900项制裁措施，相当于平均每天挥舞3次"制裁大棒"。截至2021财年，美国净制裁实体和个人高达9421个，较2000财年增长933%[②]。美国发动的海湾战争、伊拉克战争都遭到全球谴责，尤其从结果来看，美国发动的战争并没有解决其面临的问题，反而失去了其标榜的道义国家的形象，在很多地缘战争中美国也没有实现战略目标，反而对他国造成不可逆转的伤害。如在2003年的伊拉克战争中，美国虽然推翻了萨达姆政权，但伊拉克却长期陷入恐怖主义和无政府主义的泥潭。美国面对这些问题却总是向世界开出空头支票，实际上是口惠而实不至。2021年，皮尤

---

① Tully, A. (2009, July 7). International Poll Finds U.S. Still Viewed As World's Bully. RadioFreeEurope/ RadioLiberty. https://www.rferl.org/a/International_Poll_Finds_US_Still_Viewed_As_Worlds_Bully/1771375. html.

② 外交部发布：《美国民主情况》，http://szb.xihang.edu.cn/info/1051/1384.html.

研究中心向 17 个经济体中的 18850 名成年人询问他们对美国社会和政治的看法。调查结果显示，美国之外的受访者中，57% 的人表示，美国的民主"曾经做得很好，但最近几年不行了"，另有 23% 的人表示，美国从来都不是其他国家的民主典范 [①]。时至今日，美国的霸权逐渐走向"黄昏"，美国在世界上霸权地位的相对下降，其影响力也随着道德文化的衰落逐步走低。

第二节　美国现代道德文化全面衰落的深层原因

就目前的态势来看，美国现代道德文化衰落的趋势越发明显，这是历史发展的必然结果，也是美国现代道德文化自身局限性所在。究其原因，主要是美国现代道德文化已经不符合历史发展的潮流，尽管资产阶级道德文化在超越封建道德文化上具有进步意义，但其在释放出所有资产阶级生产力的先进性之后又成为逆潮流而动的落后事物，在世界历史发展进程中已经失去其进步性作用，逐渐走向霸权主义。尽管美国尝试以自由民主制度的形象建构粉饰其民主乱象，但其内核早已是失去生命力的"冢中枯骨"，这是导致美国现代道德文化走向衰落的重要原因。

一、道德的自负

美国现代道德文化的"自负"源自于其成为"山巅之城"的理想，美国人将美国的事业视为完全不同于欧洲大陆的伟大事业，并引以为傲。随着美国逐渐发展富强，其现代道德文化的先进性似乎被一直验证。从"门罗主义"的"美洲是美洲人的美洲"，到颇具理想主义色彩的"威尔逊主义"，再到帮助美国赢得冷战的"自由民主"理念，其国家理念的优越感一再被验证，美国的道德文化逐渐走向"自负"。美国道德文化随着其国家综合国力的不断发展，逐渐具有了全球利益的诉求。从发现自己的价值优势，到明确自己的价值优势，到推广自己的价值优势，再到以其价值理

①　Wike, R., Silver, L., Fetterolf, J., Huang, C., & Moncus, J. J. (2021, November 1). What People Around the World Like – and Dislike – About American Society and Politics. Pew Research Center's Global Attitudes Project. Retrieved November 30, 2021, from https://www.pewresearch.org/global/2021/11/01/what-people-around-the-world-like-and-dislike-about-american-society-and-politics/.

念建构文化霸权，美国道德文化越发具有"普世"色彩。最初在历史发展中积累的道德文化"自信"逐渐成为在全世界扩张中的道德文化的"自负"。美国强大的国家实力成为美国现代道德文化理念正确性的最好注脚。在美国的包装下，国家取得的成就与其坚持的道德文化相关联，根源在价值理念上的优越性。由此美国将自身的道德文化视为一种"放之四海而皆准"的价值理念，将其称为"普世价值"，"普世价值"是美国"道德自负"的集中表现。

首先，"普世价值"将美国道德文化为代表的西方资本主义道德文化神圣化，试图将道德文化的具体内容如民主、自由、人权等阐释为全人类的"普世价值"，在全世界推广。这些所谓的"普世性"道德文化的本质是在美国特殊的社会条件下人们实践经验的总结，美国将其上升为全人类共同遵循的价值，无疑是将局部性认知幻化为"普世性"价值，以局部性理论推广为普遍性话语。目的是形成文化传播中的先验优势，诱导或强迫其他国家按照这样的话语体系来理解世界。民主、自由是全人类共同追求的价值，但是美国所宣扬的"民主""自由"是美国提炼出的包含着特定利益诉求和政治意向的词语。冷战结束后，美国将其道德文化打造成不可撼动的伦理和标准，将其视为人类道德伦理的绝对正确的理念，展现出一种道德文化的"自负"。同时美国对不符合该原则的伦理标准的事物进行排他性的攻击和反驳，以确保美国道德文化的"真理性"和绝对地位。

其次，美国将"普世价值"的理念视为判断对错、善恶与否的绝对标准，将其强权化。美国等西方国家鼓吹"普世价值"，将其道德文化进行强行推广。在国际事务中，美国将这种"普世价值"作为衡量国际标准与道德准则，作为国际社会准则的唯一标准，对于违背或不同意这些标准的行为进行反驳和惩罚。如在美国历次的对外战争中，以"普世价值"作为干预别国的理由；在国际事务谈判中，也创造出一套西方国家的道德标准；在国际贸易中，发展中国家被强加以"普世价值"为核心的价值体系，这对于广大发展中国家来说显然是不公平的。

最后，以"普世价值"为烟幕攫取现实利益，将其"虚伪化"。有学者认为，普世价值"具有抽象性、排他性和扩张性，其价值理念是虚假空洞的价值幻想，是为了维护资产阶级的阶级利益和国家利益"①。表面上看，"普世价值"是以美国为首的西方资本主义国家依托其强大的发展优势和经验，总结出的一套以西方国家发展经验为内核的价值理念。但实际上，"普世价值"是一种披着道义外衣的文化霸权。其倡导的自由是资本流转的自由、买卖自由，实质是资本主义国家对世界市场的支配和掠夺；其倡导的民主理念的重要内容是金钱做主、商品投票，实质是金钱对民意的操纵，以及以此为借口开展的政治攻势；其人权，首要或本质上就是维护异化状态下人格独立的外观，其实质就是资本人格化和劳动非人化的权力"②。综合来看，"普世价值"的战略目标是覆盖和替换其他国家和文明的价值文化，颠覆他国的意识形态和国家认同。

实际上，西方国家倡导的"普世价值"并非具有"普世性"。从其产生的社会基础来看，"普世价值"基于西方资本主义的发展实践和经验，其内核是西方资本主义的发展内核，这规定了"普世价值"的内容。从纵向历史维度来看，人类社会的制度经历了奴隶制社会、封建社会、资本主义社会，朝向共产主义社会发展。社会形态是发展变化的，资本主义社会并非历史的终结，尽管资本主义社会相较于以往的社会形态具有一定优越性，私有制、资产阶级代议制和资本主义自由竞争体系为核心的"普世价值"是阶级社会的产物，必然会被更先进的社会主义所超越。从横向的社会维度来看，"普世价值"不具备"普世"的文化基础。"普世价值"只是西方资本主义文化的表现形式。世界民族和国家分布状况复杂，各个国家和民族都具有其独特的历史实践和社会发展特征，这使得世界各民族国家本身具有不同的文化类型，具有不同的社会历史实践，不能仅用一种文化范式来解释和说明。因此以美国道德文化为核心的"普世价值"的全球推广，不能够适应当前国家中所有类型的道德文化理念。

以美国为首的西方社会，不顾各国不同的实践情况，强行推广"普世价值"，这种价值理念的强行灌输削弱了美国的软实力。价值理念要能够说服人，就不能离开或漠视价值理念提出者对利益的追求，因为"'思想'

---

① 胡媛媛、王岩：《"普世价值"与社会主义核心价值观的区别》，《世界社会主义研究》，2018年第4期。

② 董春辉、倪松根：《比较思想政治教育比较原则》，《文化创新比较研究》，2017年第2期。

一旦离开'利益'，就一定会使自己出丑"①。美国将资本变为自己扩张的工具，并借助道德文化生产的力量向世界传播，以扩大自身的影响力。因此便不难发现，美国所宣扬的"民主""自由"等"普世价值"，其内涵经过资本逻辑的筛选，追求的实质是资本所有者的民主与自由，或者是实现资本自由竞争发展所需要的民主和自由，而不是满足人自身发展所需要的民主和自由。如约瑟夫·奈所言，"世界的反美情绪日益高涨，因此美国的软实力正在衰落，其原因在于美国政策合法性及其所体现的价值观对其他国家产生的影响力正在下降"②。

二、文化的霸权

美国现代道德文化的霸权化转向，是导致其在全球衰落的重要原因。美国现代道德文化被融入多种文化产品形式，持续地占据世界文化产品的主导位置，促进了美国现代道德文化的全球传播。美国现代道德文化"霸权化"转向的特点在于，既借助优势国力推进美国现代道德文化的全球推广，也积极抢占世界文化市场，积极对外开展文化输出，通过压迫异质道德文化的生存空间，最终实现全面挤占全球文化市场的目标。实现这种文化霸权的重要手段之一，是依靠媒体来塑造和传播其核心价值观。美国不仅在政治、经济、军事等领域对全球进行强制性的"征服"，同时利用媒体与文化产品等塑造和传播其核心价值观，在全球范围内制造"共识"，达到"说服"世界的目的，进而实现其国家社会形象的海外传播。③

列宁在《帝国主义论》中指出，"生产和资本的集中发展到这样高的程度，以致造成了在经济生活中起决定作用的垄断组织"④。以马克思主义的分析方法来看，统治者在物质上的统治，必然会产生对精神产品的控制，这也是美国文化霸权的基本特征。在文化霸权的框架下，世界被分隔成两个不平衡的结构层次，该结构由文化的生产者和文化的消费者组成，前者处于支配地位，后者处于被支配地位。美国及其西方盟友通过高度集中的

---

① 《马克思恩格斯文集》（第 1 卷），北京：人民出版社，2009 年，第 286 页。
② Joseph S. Nye, Jr., "The Decline of American 's Soft Power, " Foreign Affairs, Vol.83, No.3, 2004, p.16.
③ 史安斌等:《"去政治化""去意识形态化"的神话》,《新闻记者》，2016 年第 3 期。
④ 《列宁全集》（第 27 卷），北京：人民出版社，2017 年，第 401 页。

资本，将其价值观转化为诸多文化产品，炮制出以西方价值为主导的，具有明显层级的文化霸权体系，并依托强大的综合国力和传播能力，大肆传播自身的价值理念，形成文化上的霸权主义。美国的文化霸权由资本、技术、规则和话语四种力量推动构成。

资本对美国道德文化霸权地位的确立有重要决定意义，资本生产和文化生产的逻辑耦合是推动美国道德文化全球传播，并实现其霸权的关键。二者的耦合在经济形式上源于文化生产所面临的市场化，同时也源于科学技术的历史发展及其成为首要生产力的趋势。[1] 这种耦合的结果是资本生产和文化生产间的互相影响，一方面文化生产为经济开辟新的领域，另一方面资本介入文化生产后，使文化生产具有现实性、时效性和规模性。资本主义为道德文化创造合理性的文化存在场域，对媒介的把控是道德文化转化为文化产品的关键。在强大的资本支持下，美国建立了覆盖全球的信息传播体系，垄断了全世界近 90% 的新闻信息。美国哥伦比亚广播公司（CBS）、美国广播公司（ABC）和有线新闻网（CNN）等媒体发布的信息量，是世界其他国家发布信息总量的 100 倍，向世界传递美国的价值观，从而产生"霍布森选择效应"[2]。在这种情况下，信息流的覆盖使人们难以进行创造性的思考，进入美国价值观所框定的范围，并在这个范围内进行选择与行为的决策。打上资本烙印的美国现代道德文化无疑是资本逻辑的产物，其通过垄断媒介传递给世界各国，实际上是资本主义道德文化的全球扩张。

技术是美国现代道德文化全球渗透的依托，尤其是利用技术优势开展网络意识形态渗透。美国拥有雄厚的科学技术，这为美国在谋求现代文化霸权的过程中提供了得天独厚的条件。美国已经建立起了通过多种传媒平台进行道德文化传播的多元化路径，科技在这个过程中发挥着功不可没的

---

① 参见胡潇：《资本介入文化生产的耦合效应》，《中国社会科学》，2015 年第 6 期。
② 霍布森选择效应（Hobson Choice Effect）：1631 年，英国剑桥商人霍布森从事马匹生意，他说，你们买我的马、租我的马，随你的便，价格都便宜。霍布森的马圈大大的、马匹多多的，然而马圈只有一个小门，高头大马出不去，能出来的都是瘦马、赖马、小马，来买马的左挑右选，不是瘦的，就是赖的。霍布森只允许人们在马圈的出口处选。大家挑来挑去，自以为完成了满意的选择，最后的结果可想而知——只是一个低级的决策结果，其实质是小选择、假选择、形式主义的选择。人们自以为作了选择，而实际上思维和选择的空间是很小的。——参见刘心田：《市场+》，上海：上海文化出版社，2016 年，第 87 页。

作用。美国利用计算机技术优势在互联网传播平台上对别国进行意识形态渗透。全球共有 13 台 IPv4 根域名服务器，其中 10 台在美国，其余 3 台各设置于英国、瑞典和日本。美国拥有国际上最大的 CPU 芯片制造业，世界使用最广泛的 Windows 操作系统、全球最大的搜索引擎 Google 以及由其制定的 TCP/IP 协议等。[①] 美国因其在互联网基础应用平台建设上的绝对技术优势拥有绝对的网络控制权，拥有占全球范围 90% 左右的信息发布量，成为拥有巨大统治力的网络帝国。绝大多数国家都是借网络高速公路加入互联网，这必然造成网络管理和抵御文化渗透上的被动。总而言之，技术是美国在网络空间进行意识形态渗透、建立道德文化霸权的一把利刃。

文化规则规定了美国道德文化在世界上发展的标杆。文化规则是对文化发展形态和内容的规定，蕴含着文化的内容和理念。美国的道德文化规则带有价值判断的意味，符合规则的是"好/正确"的文化，不符合该规则的文化就是"不好/错误"的文化，应该受到摒弃。不同的文化中都会存在关于真理与谬误的争论，在道德文化领域则表现为"善"与"恶"的对立。当以现代美国道德文化为标准制定文化规则时，实际上就是一种以"西方中心主义"或者"美国中心主义"为价值标准的文化规则。这方面的典型代表是诺贝尔和平奖，依据诺贝尔遗嘱，获奖者应当是"促进民族间之友爱、消除或裁减常备军队以及为和平会议的组织和宣传做出最多、最大贡献之人士"。[②] 然而现在诺贝尔和平奖而变成了一种推广西方意识形态的政治工具。面对诺贝尔和平奖沦为政治工具的外界质疑，诺贝尔委员会主席赛耶斯达德（Sajestad）直言不讳："诺贝尔和平奖是政治性大奖，评审是政治决定，颁奖会产生政治影响。因此，委员们评选时更多的是从政治上考虑，而不是做哲学思考和学理推敲。"[③]

操纵话语议题实现对国际舆论的引导，是美国谋求道德文化霸权的又一重要支柱。美国通过内容设置操纵话语议题，制造"普世性"话语，塑造有利于美西方的舆论环境。如将民主、自由、人权等概念阐释为全人类的"普世价值"，提炼出包含着特定利益诉求和政治意向的所谓"普世价值观"。同时，美国通过制造引领性话语掌握并引导人们思考的径路。美

① 金民卿：《西方文化霸权的四大"法宝"会不会失灵》，《人民论坛》，2019 年第 3 期。
② 王小石：《沦为西方政治工具的诺贝尔和平奖》，《世界社会主义研究》，2017 年第 2 期。
③ 孙涛：《诺委会秘书长承认和平奖是政治决定》，《环球时报》，2010 年 11 月 5 日。

国会制造一批带有明确价值指向的词语来描述人们日常认知的事务，从而影响人们对该事务的价值判断。如用"民主国家"和"独裁国家"，"市场经济体"和"非市场经济体"，"反恐国家"和"恐怖地区"等具有高对比性专有词语，来区分并确立美国道德文化的正义性地位。在国际舆论中，这些词语成为主导性话语，获得在相关议题上的领导权。拥有了这样的话语权，美国便能对国际事务进行贴标签式的分类，成为"国际裁判"。如2021年6月底，彭博社以操纵指标的方式在所谓"全球抗疫排名"中将中国排名第八，而将美国排名第一；皮尤研究中心发布一项覆盖美国、部分欧洲国家以及日、韩、新加坡和中国台湾等地区的"民意调查"，说这些国家或地区的人认为中国不尊重自己人民的自由。美国利用诸如此类的"指数""民意调查"进行话语塑造，将其加工过的信息呈现在公众面前。被指责的"他者"处于被排挤、被评判的边缘弱势地位，从而凸显美国自身的优越性。

　　总体来说，资本、技术、规则、话语这四大美国道德文化霸权的支柱相互联系，密不可分。其中资本是根本驱动，技术是工具支持，规则是框架约束，而话语则是价值呈现。随着实践的发展，国际局势的变化，资本主义生产方式固有矛盾的局限和资本主义制度条件下道德文化原则的弊端的逐渐显露，四大支柱根基逐渐动摇，美国道德文化霸权地位也面临重重危机。

三、利己的驱动

　　美国是资本主义国家，美国政府是资本的代言人。资本的本性是扩张，美国政府在资本驱动下服务于市场的扩张，在世界市场为本国资本集团"攻城略地"。马克思指出，资本的运作不仅仅是为了取得一次利润，而且是为了谋取利润的无休止的运动[①]。资本具有竞争属性，通过打击竞争者的方式扫平资本增殖的道路，获取最大利益。美国政府的特点是，既想贪婪地独占当前世界经济发展红利，还疯狂地、排他地图谋世界未来产业中的利益最大化。在该逻辑的驱动下，美国现代道德文化具有鲜明的逐利性特征，这造成软实力的全面衰落。在资本逐利性的驱使下，美国大搞强权政

[①]《资本论》(第1卷)，北京：人民出版社，2004年，第179页。

治和武力讹诈，对美国现代道德文化的威信造成巨大损失，对美国软实力造成难以逆转的打击。

美国强烈的利己主义价值理念使其"追名逐利"战略趋向难以获得广泛认同。美国资本主义国家的属性，使其在推行外交政策时具有显著的逐利性。由此本属于价值理念层面的道德文化被赋予现实的行动力，被打造为维护美国资产阶级利益的工具。"一个阶级是社会上占统治地位的物质力量，同时也是社会上占统治地位的精神力量。支配着物质生产资料的阶级，同时也支配着精神生产资料"。①美国的道德文化代表美国资产阶级的特殊利益，这使其不可避免地具有狭隘性。美国的外交战略存在"表里不一"的现象，即其所宣称的外交目的与其行为不一致，但本质上是为攫取利益服务。如美国在中东地区发动的几场战争，其所宣称的是为维护"人权"，寻找"大规模杀伤性武器"，消灭"生化武器"等，但其控制中东地区石油，稳固经济霸权的野心"路人皆知"。正如美国学者克莱·瑞恩（Clay Ryan）所言，"在美国，一种特定的人格类型已经具有强大的影响，其特征是口口声声致力于世界人民的福祉，但根本上的动力却是意图统治他人"②。

美国利己主义使美国往往"见利忘义"，其言行不一的虚伪性导致道义形象的衰落。树立的道义形象与其行为间的不匹配是导致美国软实力下降的重要原因。美国在国际事务中展现出的道德理念与现实行动不匹配，是美国道义形象衰落的关键。冷战结束后，美国在全球塑造道义形象，全方面为自己的形象镀金。美国自我定位的形象主要有世界发展的领导者、"民主灯塔"等。美国向世界描绘了一幅民主图景，将"美式民主"渲染为人类社会制度的最后的形式，宣称"美式民主"是带来繁荣富强的关键制度保证，以此来对他国进行"民主输出"。但美国的现实表现显然与其道义形象背道而驰，尤其是其施展强权政治在世界上"任性"行为。美国曾多次绕过联合国安理会发动战争，同时利用强权任意对他国进行制裁，其"长臂管辖权"就是霸权主义与强权政治的结合的"怪胎"。

美国资本逐利的"任性"行为使其难以在国际发展中长久立足。美国

① 《马克思恩格斯选集》（第1卷），北京：人民出版社，2012年，第178页。
② ［美］克莱·瑞恩：《道德自负的美国》，程农译，上海：上海人民出版社，2008年，第9页。

不但将道德文化打造为攫取现实利益的武器，还将其包装为符合全人类利益的价值理念。美国挟冷战之余威高举"历史终结论"的大旗，炮制出具有霸权主义色彩的"普世价值"并将其奉为圭臬，以此定制有助于实现其霸权意图并攫取现实利益的国际体系。在这个过程中，美国统治阶级为掩盖其行为的非正义性，就必然把美国统治阶级所倡导的价值理念进行包装，将原本服务于部分人的利益包装成全人类的利益，这种虚伪性也是美国软实力的重要特征。美国的软实力是霸权主义和强权政治的延伸，美国通过软实力的粉饰和包装，为美国的"任性"行为辩护。意识形态在美国资本主义崛起的现实利益的驱动下，最终变为美国霸权主义和强权政治的伦理内核。

在利己逻辑的驱动下，美国建立了极为灵活的道德底线，以追求利益最大化为原则开展行动。简单来说，就是将对自己不利的新闻事件进行隐匿和删除，将对手的新闻事件进行负面解读，并予以广泛传播。目前以美国为首的西方国家以双重标准制造信息逆差，打击对立面，建立本方阵营的正面形象。举例来说，在澳大利亚军人屠杀平民引发的"乌合麒麟漫画"事件中，西方媒体不但对这种非人道主义的行为进行包庇，而且对该事件的曝光者进行无端攻击，意图颠倒是非黑白，为澳大利亚塑造良好的国际形象。再如"日本排放核污水"事件，面对如此的重大污染事件，西方媒体集体保持沉默，对这种严重污染环境的行为视而不见。以环保卫士著称的"环保女孩"格蕾塔·桑伯格（Greta Thunberg）对中国的环保问题时有指摘，但对日本的核污水污染事件却保持沉默。美国主流媒体多采用曲解、恶意解读的方式，对其竞争对手进行恶意的攻击。如其对中国的取得的环保成就视而不见，反而污蔑中国的环保成绩造假等。总而言之，美国借助其强大国际优势，通过各种手段塑造出有利于自己的舆论方向。

四、国力的衰退

冷战结束后，美国以"历史终结者"的姿态瓦解了苏联，但冷战同样也对美国造成了巨大的消耗。为了在军事领域对抗苏联，美国国防预算大幅度上涨，花费数以千万亿的资源建设海军，发展核力量，在世界其他地区发动战争，实行"星球大战"计划等，给美国造成了巨大的财政赤字和国债。同时，随着冷战后世界各国的实力的发展，世界整体呈现"一超多强"的发展局面，尤其是众多新兴国家崛起成为世界政治经济中重要的力量，在一定程度上削弱了美国国家实力的绝对优势。二战后，美国虽只占有全世界6%的人口和土地面积，却占有资本主义世界工业生产量的2/3，外贸出口额的1/3，黄金储备的3/4。[1]据世界银行统计，1991年冷战结束时，全球国内生产总值（GDP）占比的情况是，美国25.73%，经合组织（OECD）国家82.7%，中国1.59%；2021年美国是22.21%，OECD国家是59.3%，中国是17.1%[2]。美国虽然还是第一，但相比20世纪40年代的56%已经腰斩，可见自冷战结束以来，美国在全球的经济实力处于衰退的状态。

在国家硬实力相对衰落的同时，美国国家软实力也呈现出持续衰落的状态。根据英国波特兰公关公司联合美国南加州大学共同发布的《全球软实力研究报告》，美国的软实力在2017年度、2018年度、2019年度和2020年度分别排第1位、第3名、第4名和第5名，总体呈逐年下降趋势。报告显示，自特朗普上台后的2017年至2018年，美国尽管在数字化、文化、教育领域居于世界领先，但其政府形象和全球参与度指数明显下降，与奥巴马时代相比，在政府表现层面呈现出较大的下降。约瑟夫·奈认为，"特朗普同时也在不断破坏和美国同盟的关系，这是对软实力的巨大损坏"[3]。拜登政府在新冠疫情等问题上的表现，也难以获得较为满意的支持，其弃国际道义于不顾的行为也难以对美国软实力构成加分项。美国综合国力的衰退为其现代道德文化的衰落埋下了隐患，其道德文化的衰落也进一步导致了软实力的衰退。

美国综合国力的下降使其国内滋生社会乱象，导致了美国现代道德文化的堕落。近年来，美国经济发展速度缓慢，国内经济发展出现转型困难，导致大量人口失业，所谓的"中产阶级"人数锐减，社会人口呈现出沙漏结构。据美联储数据，截至2021年第二季度，最富有的1%的美国人掌握约43.27万亿美元的财富，超过底层90%的美国人财富（40.28万亿美元），

---

① 刘绪贻、杨生茂主编：《美国通史》（第六卷），北京：人民出版社，2002年，第11—12页。

② 参见世界银行公开数据，https://data.worldbank.org.cn/。

③ 苏洁：《美国的软实力正在受到伤害——专访哈佛大学肯尼迪学院荣誉院长约瑟夫·奈》，《中国新闻周刊》，2018年11月5日。

更是最底层 50% 的美国人财富（3.03 万亿美元）的 14.3 倍①。如此惊人的贫富差距激化了美国的社会矛盾，使美国社会道德败坏。CNN 发布的一篇名为《2020 年美国主要城市的犯罪率大幅上升》的文章显示，2020 年，在 66 个最大的警察管辖区内，有 63 个辖区出现至少一种暴力犯罪类型的增长，例如凶杀、强奸、抢劫和恶意伤人。在芝加哥，与 2019 年相比，2020 年同一季度的凶杀案件增加了 33%，枪击案件同比增加了近 40%。美国疾病防控中心发布报告称，从 2002 年到 2013 年，美国吸食海洛因的人员数量增长了约 63%。人口仅占世界人口 5% 的美国，却消费掉世界上 60% 的毒品。有研究证明，生活条件的下降加剧了美国的社会道德的败坏。美国人失去维持道德荣誉和价值观的能力，除非它直接影响到个人的生活②。

美国综合国力的衰退削减了其全球软实力扩张的预算，降低了美国现代道德文化的国际认可度。美国在世界范围传播现代道德文化，将其包装成大量的文化产品对外输出，无论是建立电台还是教育援助，或者是文化产品的输出，都是一项很"烧钱"的活动。冷战以来，美国现代道德文化的传播都有大量的金钱支撑，对外开展文化活动，比如经济援助、教育援助、图书援助等，以及在各种国际组织和非政府组织进行的宣传活动都基于其强大的经济实力。近年来，美国国力衰退后，其开展文化输出的预算减少，这也在一定程度上削弱了美国现代道德文化的影响力和认可度。

第三节　走出衰落困局的尝试

为挽救美国现代道德文化衰败的颓势，美国社会各界也尝试以各种方式开展自救，意图寻找走出困局的方法与道路，恢复并增强美国现代道德文化的国内外影响力。

---

① Board of Governors of the Federal Reserve System. (n.d.). Distribution of Household Wealth in the U.S. since 1989: Levels($). The Federal Reserve System. Retrieved 21 November, 2021, from https://www.federalreserve.gov/releases/z1/dataviz/dfa/distribute/table/#quarter: 127;series: Net%20 worth;demographic: networth;population: all;units: levels.

② 《美国人价值观道德沦丧》，http://www.m4.cn/opinion/2012-04/1159660.shtml。

一、努力寻求社会共识、弥合内部价值分裂的尝试

美国社会中以道德文化分裂为特征的政治极化，可分为社会层面的价值观分裂和政党层面的价值观分裂两个方面。美国社会层面的价值观分裂可以追溯到"民权运动"时期，彼时美国社会运动高涨，在争取政治权利的过程中各个群体纷纷表达自身的价值诉求，社群意识觉醒。在该运动中，女权、种族、同性恋、特殊人群、社区自治，乃至枪支、毒品、邪教等问题都浮现出来，客观上催生了一大批具有不同政治诉求的社会团体。随着美国两党政治极化的愈演愈烈，党派的意识形态分裂传导至大众层面，造成严重的社会价值观分歧。这种分歧逐渐演变为激烈的对抗，严重地干扰了美国的政策施行。美国各界人士逐渐意识到这种社会观撕裂带来的负面效果，开启了重新凝聚社会价值观的尝试。

在美国尝试进行弥合社会分裂的群体中，最积极的就是两党中的政客，他们深受政治极化带来的"否决政治"的困扰，呼吁全国各界重新凝聚社会共识。奥巴马在其作品《无畏的希望：重申美国梦》中认为美国需要一种相互理解的新型政治，确立共同的发展目标，希望通过对人们精神上的鼓舞凝聚力量。他将这种力量称为"无畏的希望"。"正是这种无畏的希望，让我们凝聚成一个民族；正是共同坚定的希望，让我把小家与国事，个人和我所代表的选民紧密地连在一起"[1]。特朗普政府提出"让美国再次伟大"的目标，呼吁美国保持团结，摒弃偏见和歧视。他在就职演说中宣称："我们是一国之同胞，他们的苦难就是我们的苦难。他们的梦想就是我们的梦想，他们的成功将是我们的成功。我们心心相连，共享家园，承载同样光荣的命运。"[2]拜登在就职演说中也呼吁："让美国团结起来，团结起我们的人民，团结起我们的国家。我要求所有美国人在这项事业上加入我。团结起来对抗我们面临的敌人，对抗愤怒、怨恨和仇恨，以及极端主义、违法、暴力、疾病、失业和绝望。"[3]以上三位总统所处的时期，正是美国社会价

① ［美］巴克拉·奥巴马：《无畏的希望》，罗选民等译，北京：法律出版社，2008年，第5页。
② 《美国第45任总统特朗普就职演说》，https://www.guancha.cn/america/2017_01_21_390488_s.shtml。
③ 《拜登总统就职演说》，https://www.sohu.com/a/445800193_162522?_trans_=000014_bdss_dk2020mgdx。

值观撕裂最严重的时期。奥巴马的"希望"对应的是 2008 年金融危机造成的民众对国家发展前景和个人发展空间的失望；特朗普的"让美国再次伟大"的"梦想"则对应美国彼时经济发展迟滞、国际地位相对下降，重新振兴美国的愿景；拜登则是在社会内部对抗激烈，甚至出现民众冲击国会山的"奇景"下，对人们团结的呼吁。

美国的学者们也在寻找破解政治极化的方法，他们提出两种方案：一是文化弥合派尝试通过消除文化上的分歧来实现社会各界的团结。塞缪尔·亨廷顿是该主张的代表人物，他在《我们是谁：美国国家特性面临的挑战》中认为，美国民众身份认同混乱，文化和种族上的差异对美国主流文化构成挑战，对"美国人"特性产生威胁。他提出"重振美国特性"的命题，"激起美国人重新发现自己历史性的宗教特性和盎格鲁—新教文化，并使之重新振作"[1]。他提出的解决方案有：淡化民族特性，不论祖籍如何都自称"美国人"；淡化人种差异，以能力而非人种审视他人；加强白人文化的引领地位，巩固其在美国主流文化中的地位；振兴宗教的作用，以宗教凝聚美国人的信仰。亨廷顿的观点代表着白人精英在消弭社会撕裂方面的主张，认同白人文化为该主张的逻辑前提。

二是经济平衡派主张通过减少各群体间收入差距的方式来实现社会团结。美国经济学家彼得·埃尔曼（Peter Ellman）在《贫富之惑》中认为，贫困是造成美国分裂的重要原因，贫困催化了社会的分裂，使人们的价值理念出现分歧。"上层认识的经济和政治权力不仅侵蚀着我们的民主，而且几乎使底层的那些人无法找到更加有作为所需的资源"[2]，今日的不平等伤及绝大多数美国人。这种经济身份上的差异造成了价值观上的撕裂，弥合社会价值观撕裂需要重塑经济秩序。他提出两条解决方案：第一，增加大公司的税收，增加国家开展福利政策的资金来源；第二，以福利政策解决贫困问题，尤其是美国 600 万没有任何收入人群以及 2050 万低收入人群的生计和发展问题。

教育也被寄予凝聚国家共识的希望，美国政府希望通过教育增进学生

---

① ［美］塞缪尔·亨廷顿：《我们是谁：美国国家特性面临的挑战》，程克雄译，北京：新华出版社，2005 年，第 245 页。

② ［美］彼得·埃德尔曼：《贫富之惑》，苏丽文译，北京：生活·读书·新知三联书店，2019 年，第 11 页。

的国家认同和文化认同。新世纪以来，联邦政府相继颁布了《不让一个孩子掉队法》（No Child Left Behind Act，NCLB）[1]、《每个学生都成功法》（Every Student Succeeds Act，ESSA）[2] 等法案，这些法案制定了学业标准体系、教育援助计划和教育质量的问责制，全面地规定了美国教育中的价值观内容，力图通过英语教育、历史与公民教育等培养学生对主流文化的认同。英语教育是促进美国主流文化重建的重要手段。英语教育的本质是传播美国主流文化，即盎格鲁—撒克逊文化，通过英语教学保持美国主流文化占统治地位。历史与公民教育是美国公民培养的重要手段，《美国历史课程标准》认为历史教育与公民身份的关系表现在，如果没有历史知识，就无法获得明确的公民身份，这对有效参与民主进程的治理和实现所有公民的国家民主梦想至关重要[3]。

政客们对于团结美国的发言往往非常振奋人心，但其行事风格却始终以党派及其背后财团利益为主，其政策实施必然会落入两极中的某一极。美国的教育政策对弥合美国价值观分裂的努力也难以奏效，美国联邦政府开展教育主要目标是增强主流文化的引领力，对少数族裔开展"文化战争"，但由于其教育体系较为松散，联邦只能在宏观上进行指导，各地所用教材实际上差异较大，其内容和价值表达也缺乏统一的标准，难以形成统一的价值取向。尽管美国各界都提出重建美国社会的方案，但事实证明，美国弥合社会价值分裂的活动很难称得上成功，社会分裂甚至出现愈演愈烈的态势。乔治·梅森大学的弗兰克·巴克利（Frank Buckley）甚至出版了《美国分离》一书，宣扬"美国分离的时机已经成熟"，鼓吹"美国解体有诸多好处"[4]。

---

① U.S.Congress. No Child Left Behind Act [EB/OL]. https://www2.ed.gov/policy/elsec/leg/esea02/index.html.

② U.S.Congress. Every Student Succeeds Act [EB/OL]. https://www.ed.gov/essa.

③ National Center for History. The National Standards for History[EB/OL]. https://phi.history.ucla.edu/nchs/preface/significance-history-educated-citizen/.

④ Lowry, R. (2021, October 6). Opinion | A Surprising Share of Americans Wants to Break Up the Country. Here's Why They're Wrong. Politico. https://www.politico.com/news/magazine/2021/10/06/americans-national-divorse-theyre-wrong-515443.

二、竭力凝聚全球伙伴、继续充当道义领袖的尝试

当前美国将自己视为"自由世界"的领袖，将自己视为"道义"的化身，并根据自己的需要和喜好划分"正义"的标准。在美国的国际战略叙事中，美国将其"盟友"国家，如英国、澳大利亚、法国、日本等，称为"自由世界"，视为"自由民主世界的基石"。同时，对美国视为战略竞争对手的国家冠以"恶"名，比如将俄罗斯、伊朗等国称为"修正主义国家"，将阿富汗、伊拉克等称为"恐怖主义国家"[①]。美国人为地在世界上制造对立阵营，以此在资本主义世界凝聚伙伴关系，继续充当世界的道义领袖。当前美国现代道德文化在全球的影响力"日薄西山"，尤其是美国"口惠而实不至"的作风极大地损伤了美国的软实力。很多接受美国援助的国家非但没有获得稳定和繁荣，反而因美国的干预陷入了长期的动乱和萧条中，这在中东、拉美、非洲都可以找到案例。如 2003 年美国发动伊拉克战争。而据统计，2003 年 3 月至 2019 年 4 月，约有 18.3 万—20.6 万名伊拉克平民死于暴力[②]。

冷战期间，为了对抗苏联，美国与资本主义国家建立了伙伴关系，作为国家联盟对抗另一国家联盟，属于"联盟型伙伴关系"。冷战结束后，两极国际格局变为单极国际格局，美国伙伴关系开始转型，出现"普遍型伙伴关系"，美国难以找到维持伙伴关系的长期目标。美国前国务卿劳伦斯·伊格尔伯格（Lawrence Eagleburger）认为，美国可能开始怀念苏联作为战略对手给美国政策带来的一种确定性。"普遍性伙伴关系"的特点是国家间的伙伴关系相对松散，伙伴关系变化频繁，维持的时间较短，伙伴关系的达成和解除相对频繁，缺乏持久的国际关系主张。不过，可以明确的是，意识形态因素在美国伙伴关系的考量中占据重要位置。有学者认为，意识形态提供外交决策的氛围，指导决策者对国家利益和国家安全的理解，并使得外交决策合法化[③]。作为一个极其重视意识形态的国家，美国的外交

---

① White House, "United States Strategic Approach to the People's Republic of China", https://trumpwhitehouse.archives.gov/articles/united-states-strategic-approach-to-the-peoples-republic-of-china/.

② Conflict Casualties Monitor. (2021). Iraq Body Count. Retrieved November 21, 2021, from https://www. iraqbodycount. org/database/.

③ 周琪主编：《意识形态与美国外交》，上海：上海人民出版社，2004 年，第 11 页。

政策深受意识形态的影响。美国学者杰里尔·罗塞蒂（Jeriel Rossetti）认为，"意识形态和对外政策观点对美国对外政策政治学有着重大的影响……美国人在意识形态和对外政策上的看法划定了复杂的美国对外政策政治学运用的大范围"①。当前意识形态因素也在美国尝试继续充当道义领袖的战略目标中发挥重要作用。

美国以意识形态为界建立新的伙伴关系，继续充当国际道义领袖。美国意识形态外交是其冷战后外交战略的重要组成部分。1991 年 8 月发表的《美国国家安全战略》指出，"美国外交的首要任务是巩固与盟友和友邦的团结，与具有相同道义和政治观以及安全利益的国家共同努力，继续维护世界的安全与稳定"②。长期以来，美国与若干国家维持着传统的伙伴关系，比如英国、德国、日本、澳大利亚等，同时尝试拓展新的伙伴关系，比如印度、菲律宾、马来西亚等，由此建立了多样的、长期的伙伴关系。拜登执政以来，美国伙伴关系中的意识形态因素更为明显。2021 年 12 月，美国召开所谓的"民主峰会"，意图将"民主国家"的认证权力掌握在自己手中，希望长期掌握民主国家的解释权。美国通过建立伙伴关系的方式，将自己塑造为民主国家的代言人和领袖，这是美国重振其现代道德文化影响力的重要举措。

为重塑国际道义领导地位，美国通过党同伐异的方式搅浑国际政坛，集结一些国家捍卫自身的价值理念。拜登政府善于利用其所谓"伙伴关系"在国际社会搞具有特殊利益的小团体，这种集团化的政治团体在国际事务上相互支援，对于国际重大的舆论问题和事件共同进退，垄断世界的信息资源，在地缘政治、意识形态、环境保护等方面对他国进行"党同伐异"式话语攻讦。

美国将价值理念运用工具化，忽视价值理念自身适用的语境和道德伦理内涵，将其作为达成目标的工具。在对外价值理念的展示中，美国精心地将自己的政治价值观进行包装，构建出符合美国自身利益的价值理念解读方式。

---

① ［美］杰里尔·罗塞蒂：《美国对外政策的政治学》，北京：世界知识出版社，1997 年，第 355 页。

② 汪伟民：《联盟理论与美国的联盟战略》，北京：世界知识出版社，2007 年，第 143 页。

三、全力抹黑竞争对手、维系自身文化优势的尝试

近年，美国对中国的战略竞争态势越发明确。从特朗普政府出台的《国家安全战略》将对华战略由"接触"调整至"竞争"，到拜登政府筹划的《2021战略竞争法案》从科技竞争、盟友及伙伴关系、价值观塑造等方面对华进行"长期性、战略性竞争"，美国决策层基本完成对华战略竞争的定位和转型，将中国视为竞争对手成为两党的普遍共识。伴随着战略竞争的升级，美国政府对华进行了全面的话语攻击，已经形成一套程式化的话语策略，涵盖经济、政治、外交、环保、医疗、价值观等中国内政和国际事务相关话题。发声途径既包括外交言论、国会备忘录、国家战略、国家法律等官方正式渠道，也包括美国政要的社交网络、访谈、采访、集会演讲等非正式渠道。总体来看，美国对华话语攻击呈现出由点到面、由单领域到多维度、由主观臆造到恶意抨击的特点。这表面上是话语攻击，同时也是利益博弈，背后隐藏着攫取现实利益，维系自身文化优势的现实考量。美国对竞争对手的抹黑主要有以下几个特点：

第一，经济竞争政治化。经济竞争政治化是将中美当前面临的经济问题带入政治语境中，美国以政治原则和伦理评判经济问题，形成对华经济遏制政策的合法性依据，通过构建"危机叙事"启动制裁经济的政治武器。一是围绕"贸易自由"主题，通过定性命名，将中国塑造为自由贸易的"阻碍者"和高新技术的"窃取者"。美国启动1974年《美国贸易法》等具有贸易保护主义特征的法律，对中国的诸多品类产品加征关税以降低其竞争力，对航空、新能源汽车、新材料等《中国制造2025》中涉及的相关产业限制出口，减缓中国科技发展速度。二是围绕"国家安全"主题，塑造中国企业"政治工具""别有用心"的形象。特朗普政府在没有证据的情况下，宣称微信、TikTok等软件是中国政府获取信息的工具，华为、中兴等中资企业低价策略的目标是窃取用户数据[1]。美国将遏制中国经济发展的图谋隐藏在其构建的"危机"烟幕之下，使经济竞争触动"公平贸易""国

---

[1] White House Office of Trade and Manufacturing Policy, "How China's Economic Aggression Threatens the Technologies and Intellectual Property of the United States and the World", https://trumpwhitehouse.archives.gov/wp-content/uploads/2018/06/FINAL-China-Technology-Report-6.18.18-PDF.pdf.

家安全"等议题，并将其纳入政策、法律与法案议程的评判范围并启动相关措施。基本步骤如下所示：

第二，政治问题妖魔化。政治问题妖魔化是指美国对中国的政治制度和国家行为进行负面的想象和加工，将中国塑造为对世界格局具有威胁性的国家。塑造威胁性身份是美国妖魔化中国的话语前置条件。在威胁性身份的语境中，美国政府意图为干涉中国内政寻找理由。美国通过塑造他者的非正义性，实现为其"干涉主义"辩护的目标。同时，美国政府通过话语造势，为介入中国相关的地缘政治问题寻找借口。美国抛出"中国威胁论""锐实力""中国威胁南海航行自由论"等论调，围绕该主题对中国进行危机想象。特朗普政府的《国家安全战略》宣称中国要"取代美国地位""扩大国家主导经济模式的势力范围"以及"基于中国利益改写地区秩序"①，拜登政府的《2021年度威胁评估》宣称，中国意在获取"全球性力量"以削弱美国影响力，培育"威权政体"的新国际体系②。

第三，理念差异阵营化。理念差异阵营化是美国将"普世价值"为代表的西方意识形态作为标准衡量正义、对错、善恶的条件。美国政府通过人为制造"假想敌"，在无事实冲突的情况下"无事生非"地制造反华的舆论攻势。美国学者诺姆·乔姆斯基（Noam Chomsky）认为："冷战的终结带来了问题，必须发明新敌人以掩盖下列事实：真正的敌人一直都是试图掠夺穷人的富人，尤其是第三世界的冥顽不化之徒，他们试图不再扮演仆人的角色"③。美国政府通过以下步骤以意识形态差异塑造阵营共识，建构共同危机：

---

① White House, "National Security Strategy of the United States of America", https://history.defense.gov/Historical-Sources/National-Security-Strategy/.

② Office of the Director of National Intelligence, "Annual Threat Assessment of the US Intelligence Community", https://www.dni.gov/index.php/newsroom/reports-publications/reports-publications-2021/item/2204-2021-annual-threat-assessment-of-the-u-s-intelligence-community.

③ ［美］诺姆·乔姆斯基：《世界秩序的秘密》，季广茂译，南京：译林出版社，2015年，第61—62页。

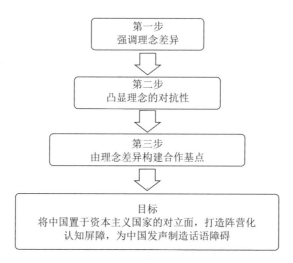

在此基础上，美国强调基于意识形态建立伙伴关系。特朗普政府提出与世界其他"民主国家"合作，共同捍卫所谓的共同价值，拜登政府将伙伴关系作为其重要的外交理念。《2021 年战略竞争法案》宣称，中国在政治、外交、经济、军事、技术和意识形态等领域不但威胁到美国的安全，也与美国的战略伙伴以及世界其他地区的利益和价值观背道而驰[①]。因此，美国"需要与多个利益相关方合作，建立伙伴关系以保护我们的共同利益和价值观"[②]。

第四，热点事件污名化。热点事件污名化是以曲解、污蔑等方式对涉及中国的国际热点事件进行负面的、否定的恶意评价。美国常借助国际关注的热点事件提升其对华话语的曝光度。美国对中国的"污名化"话语塑造主要有以下特点：一是以多领域、高频次的话语攻讦强化错误认知。当前美国以极大的恶意评论中国涉及的国际问题，甚至到了逢中必反的程度。二是话语表达情感宣泄大于理性分析，甚至到了反智、反常识的境地。美国政府对华话语言论歪曲事实，甚至刻意曲解事实。

① American Congress, "Strategic Competition Act of 2021", https://www.congress.gov/bill/117th-congress/senate-bill/1169/text.

② White House, "United States Strategic Approach to the People's Republic of China", https://trumpwhitehouse.archives.gov/articles/united-states-strategic-approach-to-the-peoples-republic-of-china/.

综合来看，美国积极塑造意识形态阵营，以西方资本主义的意识形态作为衡量正义、对错、善恶的条件，其中"普世价值"居于核心位置。美国通过以下步骤以意识形态差异塑造阵营共识，建构共同危机：第一，采用二元对立的话语方式突出理念的差异。如美国小布什总统 2007 年出席"共产主义受难者纪念碑揭幕仪式"时，大肆攻击共产主义，发表了一番仇恨共产主义的言论。特朗普时期，这种"阵营化"的区分更甚，美国通过凸显阵营化对抗以及其"危机想象"来彰显意识形态的差异，在差异中宣扬资本主义意识形态的优越性，尤其是将所谓的"自由与机会"和"专制与衰落"进行对抗性话语叙述。特朗普政府制造出许多中美意识形态的对立的说辞，比如《美国对中华人民共和国战略针对报告》宣称：中美之间的差异是"法律治理与法律管制、反恐与压迫、代议制与专制、市场竞争与国家主导的重商主义"的差异，中美战略竞争是"是赞成专制的人和赞成自由社会的人之间的政治竞争"[①]。第二，以拥有理念差异的共同威胁构建战略合作基点。美国将当今世界的大国关系带入美苏冷战的语境中去讨论，以威胁和恐慌构建遏制共产主义的多边联盟。

一方面，美国建立具有西方背景的话语圈层，将其道德文化的正面形象和正义属性作为圈层中的话语语境。国家传播能力的大小在很大程度上决定着信息传播效果的好坏，国家软实力决定着道德文化在何种程度上实现国际影响与对外传播。从传播力量上看，西方国家占据着全球 90% 的媒体、报纸和杂志等传媒资源，英语报刊占据着全球报刊数量的 95% 以上。由于以美国为代表的西方势力在话语维度具有较强的传播力，因此其话语圈层具有强大的覆盖面，在世界范围具有强大的影响力，通过信息流量的优势，制造其所想要传播的"事实"。

另一方面，以美国为首的西方国家对其道德文化的理念具有"灵活"的话语尺度，对西方国家存在的民主乱象、发展中国家的政治运动，以及社会主义国家的政治改革都具有不同的话语尺度，为其政治理念做辩护。简单来说，美国现代道德文化是其"双标"行为的逻辑起点，其将所涉及的事件，以是否符合美国现代道德文化的权威性和真理性，进行灵活的解

① White House, "United States Strategic Approach to the People's Republic of China," May 26, 2020, https://www.whitehouse.gov/wp-content/uploads/2020/05/U.S.-Strategic-Approach-to-The-Peoples-Republic-of-China-Report-5.20.20.pdf.

读。总体来说，其话语对西方国家的包容性最强，对西方国家使用较为灵活的话语尺度，如将政治极化称为"民主国家公民意识觉醒的新阶段"，将种族歧视（如弗洛伊德事件）称为民主进程中"插曲和阵痛"。对广大发展中国家，则使用另外一套话语。如对美国驻以色列大使馆将驻地从特拉维夫迁往具有争议的耶路撒冷，CNN 将其称为"具有民主意义的里程碑事件"。又如伊朗将国家资源（主要是石油）收归国有化，被福克斯新闻称为"野心勃勃的事件"。

综合来看，当前美国主流社会已经认识到美国软实力的衰落，他们寄希望于通过提升美国综合实力等手段进行自救。客观地说，美国主流社会开展的自救行为如开展的文化振兴运动、积极打压竞争对手以凸显自身优势等，短期内在一定程度上可以延缓其软实力衰落，但并不能从根本上挽救美国软实力江河日下的总体趋势，是一系列"治标不治本"的措施。归根结底，当前美国社会提振其道德文化的举措都是方法层面的"术"，而非底层逻辑和核心理念改善上的"道"，在当今世界美国现代道德文化已经不具备先进性的客观事实下，任何方法都难以拯救其以资本逐利性为核心的主流道德文化。

第五章
"美国梦"：美国现代道德文化在全球的兴起与式微

❖━━━◆◆━━━❖

"美国梦"是美国现代道德文化与核心价值观的具体呈现，在很大程度上折射出美国国民的生活方式和精神追求。经过长期建构与发展，"美国梦"已经成为美国在世界舞台上展现自身魅力、提升国际影响的文化符号。"美国梦"曾经一度在世界范围形成广泛的影响力，吸引无数怀揣梦想的年轻人来到这片土地实现人生梦想。然而时至今日，随着美国国力日渐衰落、阶级固化等问题日趋严重，"美国梦"式的自我实现愈加困难，其影响力和吸引力也逐渐式微。

第一节　"美国梦"的道德文化内核

"美国梦"是一个世人皆知的概念，代表着美国式的生活方式和价值追求。"似乎没有人觉得有必要去确定这个词的含义和用法，每个人大概都知道，这个词今天似乎意味着：在美国，只要你非常想要，一切皆有可能。"[①]

1931 年 5 月，美国作家詹姆斯·亚当斯（James Truslow Adams）在《美国史诗》一书中首次提出"美国梦"这一概念：

> 美国梦是一个国家梦，在那国家里的每个人的生活会更
> 好、更富有、更丰富，每个人都能获得与其才能和成就相称的机

---

① Jim Cullen, The American Dream: A Short History of an Idea that Shaped a Nation, Oxford University Press, 2004, p.5.

会。……美国梦不是汽车，也不是高工资，而是一种社会秩序，在这种秩序下，所有男人和女人都能实现所能够获得的最充分发展，并得到社会的承认，而与他（她）的出身、社会地位等社会背景无关。[①]

"美国梦"一经提出便获得了巨大的社会影响力，很快就成了"美式生活"的代名词。历史地看，"美国梦"这一概念的提出具有一定的偶然性，但因其符合当时美国发展的现实需求，得以在国家和社会层面被不断阐释、精心包装和大力推广，成为家喻户晓的美式生活理想。20 世纪 30 年代大萧条时期，美国正面临着严重的金融危机。为了鼓舞人们的信心，富兰克林·罗斯福（Franklin Roosevelt）总统在"炉边谈话"中多次以"梦想"为比喻，呼吁美国人团结起来共同走出困境，比如 1933 年 7 月 24 日发表的《论复兴计划的目标与基础》、1937 年 11 月 14 日发表的《论失业人口普查》等，都以"梦想"为象征鼓舞人们走出困境，创造美好的新生活[②]。出于现实需要，"美国梦"不断被赋予更为具象的生活化表达，其所标榜的美好生活就是美国中产阶级式的生活，包括独栋房子、私家车、各式家用电器等。二战结束后美国全球经济拓张的红利使很多美国人的生活得到极大改善，这一时期至今仍被视为"美国梦"的黄金年代，政府和社会媒体甚至通过图像宣传将美国梦"指标化"，即房子、汽车、孩子和狗。在美苏冷战的背景下，这种"指标"被当作美式生活的代名词，其政治宣传作用日益显著。在著名的"厨房辩论"中，美国市场经济带来的丰富商品通过电视的转播，形成巨大的视觉冲击力，成为美国对外宣传的利器。此后马丁·路德·金演讲中关于"平等"的美国梦，以及奥巴马、特朗普、拜登的关于"复兴"的美国梦，都被有目的地建构，在国家层面进行宣传推广。

"美国梦"是美国人的"历史与政治的主观感知、基本信念和价值观认同感与忠诚度的凝聚。"[③]在这个意义上，"美国梦"可以说是美国现代道德文化观念的集中呈现，自提出之时起就被嵌入了浓厚的道德意蕴与价值

---

① James T Adams, The Epic of America, Boston: Little, Brown and Company, 1931, p.404.
② ［美］富兰克林·罗斯福：《炉边谈话》，赵越等译，北京：中国人民大学出版社，2017年。
③ 詹小美：《民族文化认同论》，北京：人民出版社，2014 年，第 165 页。

内涵。

一、自由民主的社会：美国式价值追求

一般来说，关于"美国梦"的理解主要有二：狭义的"美国梦"是根植于美国人们心中的一种生活信仰，即个人通过努力奋斗就可获得成功，主要是指在经济上获得成就并在社会上向上流动；广义的"美国梦"则是指人们对平等、自由和民主的追求，以及在社会公序良俗下达成个人成就的自我实现。

400 多年前，当一群英格兰移民离开了继承和世袭制度盛行的欧洲大陆，乘坐"五月花号"横渡大西洋抵达北美新大陆时，"美国梦"便悄然萌芽，对宗教信仰不受干预的期望，对追求财富实现阶级跃升的期望，对新大陆冒险追求自我实现的期望等成为移民的重要动力。建国伊始，美国人就笃信，对平等、自由、民主等"新世界"价值理念的追求是他们的国家与欧洲旧大陆的不同之处。无论"美国梦"在演变发展过程中具体表现为何种样态，增添何种意蕴，追求平等、自由、民主等"新世界"价值理念始终是其价值内核。

平等是"美国梦"允诺给予人们美好生活的重要信条之一，代表着美国人摒弃贵族爵位世袭、财富继承和旧行会控制等带来的不公平而寻求自我实现的美好愿望。某种意义上讲，"美国梦"属于想象的领域，但以现实世界为基础。它是一种指向未来的可能性，是人们对于"现在"的缺憾和不满的现实回应和理想指向。就此而言，"美国梦"象征着个人的未来可能，核心目标是获得某种特定的成就，提升社会地位，拥有更多的财富，或者达到所谓的"成功"。比如说马克·吐温笔下《哈克贝利·费恩历险记》中崇尚的冒险与自我成就式的满足；菲茨杰拉德在《了不起的盖茨比》中展现的"从穷小子到大人物"的经历；以及西部淘金的"金山"的故事中，关于获得黄金、实现成功的期待。"美国梦"强调的是，人生目标和旅程可以各不相同，但在美国每个人都有实现自己人生价值的机会与可能。在"美国梦"的理想建构下，每个人都能踏上一段新的旅程，以新的探索和发现到达所预想的目标，就如彼时人们乘坐"五月花号"横穿大西洋寻找"新世界"一样。

"美国梦"强调的是，人们在个人发展中都有着平等的起点，这种起点

首先排斥的就是民族、血统、头衔、家境等欧洲大陆所看重的先天因素的影响。在《独立宣言》中"人人生而平等"貌似构筑了这种平等的起点。美国的宪法推崇的"我们人民"，即每个活着的人，不管他的出身如何，都是平等的。美国创立者们对平等的定义非常明确。他们认为，所有自由人（男人和女人）都是平等的，因为他们拥有某些共同的属性——理性和自由意志，这些共同的品质使人区别于动物。这种所有人的"生来平等"也指人们在道德上都是自我拥有的，也就意味着没有人天生是另一个人的统治者或奴隶。"美国梦"有着鲜明的平民视角和移民视角，平民对于实现阶级跃迁的渴望使其更容易相信"美国梦"所标榜的平等，但对于保守主义者来说，他们并不认为每个人都具有平等的权力。

较为矛盾的是，"美国梦"在这种道德平等理念驱动下所向往的却是实现阶级跃迁。在"美国梦"的架构中，这种阶级跃升带来的特权是被允许甚至是认可的，因为"美国梦"依托的平等只是机会平等，不包含条件平等或等级平等，这种仅追求形式平等的价值观被视为道德堕落的开始。在"美国梦"描绘勾勒的自由公正的社会，不平等的特权意识发挥着特别重要的作用。

"自由"也是"美国梦"的核心价值理念。在《美国梦》一书中，历史学家吉姆·卡伦认为，"自由的多元化本质可能是挫折的根源，但也是希望的源泉……所有的自由概念都建立在一种能动性的感觉之上，这种感觉就是个人可以控制自己的生活过程"。[1]美国的创立者们自一开始便将自由的理念熔铸于建国的根本。杰斐逊等人起草的《独立宣言》宣称：政府的权力，必须征得被治理者的同意，而英国对北美殖民地的统治侵害了居民的利益，因此不具备合法性。这是美国能够脱离殖民统治实现独立的基本依据，阐明美国脱离英国从而走向独立的合理性。如果"自由"不在，由殖民地、移民组成的美国便失去了立国之本。美国的创立者们认为人们有能力自由决定自己的繁荣，并承诺建立统一的政府以更好地保护它。《权利法案》明确保障了公民的各种自由。其中，第一修正案保障了人们的宗教、言论、集会和新闻自由。第四修正案禁止"不合理的搜查和扣押"，即政

---

① ［美］斯塔兹·特克尔:《美国梦》，孙安逸译，南京：江苏凤凰文艺出版社，2017年，第12页。

府不能无故进入公民住所或扣押财物，可以说也在一定程度上保障了公民的人身自由。

富兰克林·罗斯福将"美国梦"概括为拥有四项基本自由：言论自由、宗教自由、免于匮乏的自由和免于恐惧的自由。他的"新政"计划承诺为每个美国人提供安全、健康的未来。自由着实为美国人们追求幸福理想生活提供了动力，在自由观念深入到大众意识的时候，人们追求自由的诉求愈加提高，对"美国梦"的实现愈加渴望；理想状态下，在自由被全社会认作为一种天然尺度时，政府就会愈加注重对人们自由的有限干预和限制以及保护，"美国梦"视域下的自由的国家就更容易实现。就像美国哥伦比亚大学历史教授埃里克·方纳（Eric Foner）在《美国自由的故事》中所讲述的那样：

> 从出入白宫和国会山的政治精英，到边疆地区胼手胝足劳作的普通民众，从享受自由劳动成果的白人，到处于奴隶制枷锁中的黑人，从争取生存工资的工人，到反抗性别歧视的妇女，所使用的都是自由的语言。正是他们对自由的诉求，丰富了自由的内涵，扩大了自由的范围。通过村镇会议的辩论、街头巷尾的议论、高大的自由女神形象……自由在大众中不断显示……自由的含义有不确定性，深入到大众意识，成为一种不证自明的真理，一种检验人间行为的合理性的天然尺度。[1]

但是，"美国梦"关于"自由"的价值追求却具有鲜明的排他性和局限性。在向世界传播"自由"的价值观念时，美国将自己国家自由的获取建立在限制或干预其他国家自由的基础上，乃至打着"捍卫自由"的名号去征服其他国家。如1898年的美西战争中，美国以支持古巴反抗西班牙的自由权利为名，行将古巴、菲律宾和波多黎各据为己有之实。进入20世纪后，美国更为频繁地对他国进行军事与政治干预。总统威廉·麦金利（William Mckinley）在1901年的第二次就职演说中阐明了美国向其他国家

---

① ［美］埃里克·方纳：《美国自由的故事》，王希译，北京：商务印书馆，2002年，第45页。

传播自由的目的，以此为美帝国主义辩护：

> 扎根于美国本土的人民，无论走到哪里，都会带着对自由的热爱，他们拒绝接受这样一种信条，即我们通过向他人保证自由的持久基础而失去了自己的自由，这是错误的和不值得的。我们的制度不会进一步恶化，我们的正义感也不会在遥远海洋的热带太阳下减弱。①

1905 年，时任总统西奥多·罗斯福（Theodore Roosevelt）在致国会的咨文中，对"门罗主义"作出了引申。他认为："在美洲，也正如在其他地方一样，终将需要某一个文明国家的干涉，而在西半球，美国奉行门罗主义，这就迫使美国要行使一种国际警察的权力。"②伍德罗·威尔逊则倡导"道德帝国主义"，认为美国有责任在拓展世界市场的同时，传播美国的平等、自由和民主等价值理念③。

民主，同平等和自由一样，是"美国梦"的价值核心，也是从美国创立时便开始形成的重要信条。《五月花号公约》就有着"民主"的意识：

> 我们在上帝面前共同立誓签约，自愿结为民众自治团体。为了使上述目的能得到更好地实施、维护和发展，将来不时依此而制定颁布的被认为是这个殖民地全体人民都最适合、最方便的法律、法规、条令、宪法和公职，我们都保证遵守和服从。④

美国的创立者们达成的共识就是建立一个"民众自治团体"。由于没

---

① Donna Knudsen. The Rhetoric of the American Dream: Freedom, Democracy and American Exceptionalism. Master of Liberal Arts, College of Arts and Sciences University of South Florida St. Petersburg, 2012, p. 52.
② Donna Knudsen. The Rhetoric of the American Dream: Freedom, Democracy and American Exceptionalism. Master of Liberal Arts, College of Arts and Sciences University of South Florida St. Petersburg, 2012, p. 76.
③ 王希：《威尔逊与美国政府体制研究》，《美国研究》，2019 年第 4 期。
④ ［美］戴安娜·拉维奇：《美国读本：感动过一个国家的文字》，林本椿等译，北京：生活·读书·新知三联书店，1995 年，第 4—5 页。

有封建残余的桎梏，美国的"民主"相较于欧洲各国是更具历史进步意义的。杰斐逊起草的《独立宣言》阐明了自治政府的原则并为美国民主政府提供了思想基础。有学者认为，"《独立宣言》一方面安顿了他们的过去，开启了他们作为一个有原则的民族的历史；另一方面，又预览了他们那千年至福般的未来，那时原则与实践最终合而为一，美国的历史就变成了全世界的历史。"[①] 在民主原则的设计下，不存在贵族阶级与平民之分，人人只要努力工作都有资格过上最好的生活，每个人通过自己的努力都可实现阶层的飞跃。毫无疑问，"历史上，美国民主的发展有其进步性，政党制、代议制、一人一票、三权分立等是对欧洲封建专制的否定和革新。法国著名思想家托克维尔在其《论美国的民主》一书中也对此予以积极评价。《独立宣言》、'权利法案'、废奴运动、民权运动、平权运动等成了美国民主进程中的亮点。林肯的'民有、民治、民享'三原则更是脍炙人口"[②]。以此为价值追求的"美国梦"会在很大程度上为美国人努力奋斗、实现个人价值提供精神动力，促进美国社会阶层的良性循环和国家的繁荣发展。

然而，随着时间的推移，美国的民主逐渐异化和蜕变，民主制度痼疾积重难返，诸如金钱政治、政党对立、种族矛盾、贫富分化等问题愈演愈烈。美国领导人不断在公众演说中宣扬"民主"。如比尔·克林顿（Bill Clinton）在就职演说中曾用《圣经》中熟悉的"应许之地"来提醒美国的民主目标："我们必须让我们的旧民主永远年轻。在古老的应许之地愿景的指引下，让我们把目光投向一片充满新希望的土地……世界上最伟大的民主国家将领导一个民主的世界。"[③] 乔治·布什在 2001 年的第一次就职演说中，"在上个世纪的大部分时间里，美国对自由和民主的信仰是汹涌大海中的一块岩石。现在它是风中的种子，在许多国家生根发芽。我们的民主信仰不仅仅是我们国家的信条，它是我们人类与生俱来的希望，是我们承载

---

① ［美］彼得·奥努夫等：《塑造一个民主的自我：托马斯·杰斐逊与美国民主的起源》，《史学月刊》，2014 年第 2 期。

② 中华人民共和国外交部. 美国民主情况［EB/OL］. https://www.fmprc.gov.cn/web/zyxw/202112/t20211205_10462534.shtml,2021-12-05.

③ Donna Knudsen. The Rhetoric of the American Dream: Freedom, Democracy and American Exceptionalism. Master of Liberal ArtsCollege of Arts and Sciences University of South Florida St. Petersburg, 2012, p. 54.

但不拥有的理想，是我们承担并传递的信任"①。美国的领导人们大多呼吁要用美国的民主去领导世界的民主，让美国的民主在世界多个国家生根发芽。这种对内只讲程序民主和形式民主，对外将价值观念强加于他者，以价值观为手段划分阵营的做法是虚假的和霸道的。以这种所谓"民主"为价值追求的"美国梦"，在很大程度上也是美国强行向其他国家灌输其价值观念的思想文化武器。

二、评价标准：将财富占有量作为评判道德水准高低的重要依据

在美国的道德文化中，人们将财富与道德紧密联系。由于有宗教信仰的传统，清教徒提倡的崇尚勤奋、节俭、诚信等教义深入人心，大多数美国人都深信高尚的生活必有回报，遵循道德戒律的个人将会得到丰厚的物质回报，即更多的财富。如马克斯·韦伯在《新教伦理与资本主义精神》一书中所诠释的那样，"禁欲主义、勤劳节俭等新教伦理抑制或至少是缓解非理性欲望，或者说需要对经济利益的追求辅之以合理的精神与合理的道德"②。在他们的观念中，一个人能否拥有更多的财富在很大程度上与其道德伦理具有较强的联系。圣诞节经常放的歌曲《圣诞老人要进城了》唱道"他知道你是好是坏，所以为了老天而做好人"，大人教育孩子，品德好的孩子会在圣诞节早上得到更多的礼物。在这种观念下，人们也都普遍认为，尽管人们当下一贫如洗，但是通过辛勤工作、按照传统美德行事，终会获得财富。霍雷肖·阿尔杰（Horatio Alger）笔下的一系列白手起家故事充分体现了这一观念。他笔下的故事讲述了背景卑微的贫困男孩通过善行最终过上了中产阶级舒适的生活。③"霍雷肖·阿尔杰神话"（Horatio Alger myth）不仅仅描绘人们通过努力可以变得富有，更重要的是，人们总是在按照诚实、慈善和利他等传统美德行事后才会遇到意外之喜，比如说他们

① Donna Knudsen. The Rhetoric of the American Dream: Freedom, Democracy and American Exceptionalism. Master of Liberal ArtsCollege of Arts and Sciences University of South Florida St. Petersburg, 2012, p. 54.

② 董正华：《资本主义精神：新教伦理、个人主义还是"民族主义"》，《世界历史》，2007年第1期。

③ 曾志浩：《美国梦蕴含的价值观及其危机》，《江苏大学学报（社会科学版）》，2015年第6期。

会在拾金不昧或者舍己救人后引起了一个有钱人的注意，并由此得到帮助。此种故事范式将美德视为主人公们获得财富、实现自身梦想的最根本原因。拥有较高的道德水准的人才能够获得较多的财富是美国一直以来向人们传达的重要观念。

"美国梦"的物质主义属性将财富获得者冠以道德高尚者之名，将财富占有量作为评判道德水准高低的评价标准，为人们追求"美国梦"、竭尽所能的获取财富赋予浓厚的道德正确性。长期以来，人们崇尚"金钱可以买到幸福"的理念。"美国梦"中所体现的追求更美好、更幸福的生活，大多是指在金钱上获得富有，实现财富上的成功与自由。美国总统卡尔文·柯立芝（Calvin Coolidge）曾经说"美国人的事业就是商业"。确实，在世界上找不到一个国家比美国更乐意接受市场规律，他们的宪法将私有财产权置于其自由体系中的核心地位。财富多少变成了评判一个人社会地位高低的标准，辛勤工作也日益成为一种全新的价值观念，大家都尊敬通过不断工作积累起大量财富的资本家，而蔑视那些没有工作或者不愿工作的劳动力。"美国梦"也渐渐变得越来越物质化和金钱化。人们成功的价值不在于他们的生活质量，而在于他们拥有的财产数量。

"美国梦"在大多数美国人心中逐渐成为一种所有权的梦想，即认为一个人物质上拥有的东西越多，就越接近实现成功的梦想。在美国梦的架构下，房屋产权被视为实现"美国梦"的重要指标。房屋所有权意味着一个自己的地方，不需要再向房东支付租金，这是实现阶级跃迁的重要保障。这种对所有权的追求在阿瑟·米勒（Arthur Miller）的《推销员之死》中体现得非常明显：直到主人公威利·洛曼下葬的那一天，洛曼一家都不是自己房子的主人。威利怀着拥有自己房子的梦想死去。在这部剧的结尾，琳达（威利的妻子）在他的追悼词中陈述："威利，我今天付了最后一笔房款。今天，亲爱的。家里就不会有人打扰了。我们很安全。"①

有许多人工作努力，无法维持生计，而另一些阶层由于继承遗产或某种形式的经济支持而处于不平等的优势。对物质主义和消费的关注降低了人们的满足能力。有人质疑，美国人为了物质利益而辛勤工作，以至于他

① Donna Knudsen. The Rhetoric of the American Dream: Freedom, Democracy and American Exceptionalism. Master of Liberal ArtsCollege of Arts and Sciences University of South Florida St. Petersburg, 2012, p. 16.

们常常无法在生活中找到快乐和兴奋。詹姆斯·亚当斯（James Adams）对此进行了最好的描述，他写道："我们忘记了生活，在'谋生'的斗争中。"追求物质财富有时被视为空洞或肤浅，阻碍了对家人和朋友的付出、自我实现和对社区的贡献。

当"美国梦"与财富成功联系愈加紧密时，富人就成为追梦成功的典范。人们将富人尊为社会的榜样，富人们野心勃勃的致富经历——奔赴西部淘金致富、移民白手起家、辍学创业发迹等为人们津津乐道。如舍希德·汗（Shahid Khan），一个巴基斯坦裔美国亿万富翁商人和体育大亨，他是美国汽车零部件公司弗恩基（Flex-N-Gate）的所有者，也是美国国家橄榄球联盟杰克逊维尔美洲虎队和英格兰超级联赛富勒姆足球俱乐部的所有者，以及美国职业摔跤联盟——全精英摔跤（All Elite Wrestling）的共同所有者。他凭借汗水和智慧，在伊利诺伊州一家汽车零部件制造商的废墟中建立了价值34亿美元的制造业巨头。凭借自身获得财富上的成功，带领团队起死回生的成功事例一直为美国人所推崇。这种白手起家的成功者也被人们认为是勇敢、聪明、坚守等多种美德的拥有者。但是许多富人们因为非法或者违背道德而获得财富的原罪却被人们忽视、默认甚至赞许。渐渐地，不道德的行为被认为是获得金钱、权力或名望的捷径。电视上充斥着诸如"权力的游戏""广告狂人""纸牌屋"和"木板路帝国"之类的作品，其中的主角大多都是通过不正当的手段获得了财富，实现财富成功，然而这种"不正当的手段"非但不会被人们所批判或者鄙夷，反而会成为成功实现"美国梦"的典型形象。

三、实现方式：强调非先天性的道德因素在个人发展中的重要作用

詹姆斯·亚当斯在《美国史诗》中提出"美国梦"这一概念时，着重提到在理想的社会秩序中，每个人无论出生的环境或位置如何，都可以依据他们的内在能力达到他们应有的地位。整个国家和社会强调非先天性的道德因素在个人发展中的重要作用，鼓励人们相信只要努力就可以出人头地，并在一定程度上让个人通过奋斗实现社会流动成为可能。强调非先天性的道德因素在个人发展中的重要作用，也正是对旧大陆的君主专制、王权强化、阶级固化等诸多先天性因素对个人发展的影响的反抗。恰恰是因

为只要努力就可以出人头地的"美国梦"信条，让美国人们充满信心与自豪。伴随着这种信条在人们心中的强化，新大陆对旧大陆的反叛逐渐演变为旧大陆对新大陆的仰慕。欧洲在经历工业化后，国家林立、战争频仍、众多农民失去土地、人民生活难以为继。19世纪末20世纪初，去美国，去美洲，成为当时欧洲中下层阶级摆脱命运的最好选择。欧洲到处流传着"美国遍地是黄金"的说法。美国过去300年快速的经济发展和工业扩张，并非仅仅因为美国拥有幅员辽阔的广袤土地，更是因为到美国后所有人都有一样的机会，可以凭借自身的才能努力奋斗而获取财富。

　　在"美国梦"的实现过程中，一方面弱化家庭出身、社会地位、种族民族等先天条件在个人发展中的作用。美国梦所倡导的，是作为普通人，无论贫穷或富有，无论身处于何种阶级或阶层，都可以通过自己的勤奋、勇气、决心等美好的品质，获得个人向往的更好的生活。正如美国作家托马斯·沃尔夫（Thomas Wolfe）解释的那样："任何人，不管他出身如何，也不管他有什么样的社会地位，更不管他有何种得天独厚的机遇……他有权生存，有权工作，有权活出自我，有权依自身先天和后天条件成为自己想成为的人。"[①]《我们的孩子——美国梦的危机》一书描述的克林顿港的发展经历就是该理念的缩影。克林顿港是20世纪50年代美国的缩影，经济繁荣发展、教育迅速扩张、人们在上学、就业、就医等方面的机会相对平等，通过自身努力从而跨越阶层的案例比比皆是，公民参与国家和社会事务的热情高涨，国家和社会的凝聚力不断增强。作者写道："不论出身背景为何，所有孩子都有合理机会发展。"[②] 在作者看来，当时的"美国梦"并不虚幻，家庭出身和社会地位既不会影响人们之间的沟通交流，也在很大程度上不会阻碍个人的发展和向上流动。此外，在"美国梦"的实现过程中，美国人认识到道德对个人实现"美国梦"的促进作用，并在一定程度上注重道德理念，并为之做出努力和改变。

　　另一方面，强调奋斗、节俭等道德品质在个人追求"美国梦"中的重要作用。奋斗这一道德品质备受美国人的推崇，认为它是个人实现"美国梦"的核心所在。在"美国梦"的构建中，人们相信并承认一个人追求自

---

① ［美］唐纳德·L.巴利特：《被出卖的美国梦》，陈方仁译，上海：格致出版社，2013年，第1页。

② Robert Putnam. Our Kids: The American Dream in Crisis, Simon & Schuster, 2015, p. 23.

身利益的合理性、合法性和必要性，相信个人在为他人和国家工作与服务
的同时，也是实现个人奋斗、创造个人价值的过程。一般而言，人们认为，
为自己奋斗也是在为国家的发展与繁荣奋斗。只要努力拼搏，万事皆可成。
许多外国移民揣着这样的"美国梦"漂洋过海而来，其中也不乏个人通过
辛勤耕耘，在美国成就一番事业的经典案例。本杰明·富兰克林认为，"美
国梦，就是在美国国土上，人们通过勤劳苦干、艰苦奋斗和诚实经营等方
式获得成功的梦想"。[①] 他自己就是 18 世纪典型的通过个人奋斗而实现美
国梦的代表。他出身卑微，早年生活波折，10 岁辍学回家，12 岁成为印刷
学徒。然而他一直努力不懈，自学数学，掌握多门语言，广泛阅读文学、
历史、哲学等方面的著作，积累了丰富的知识储备。在不懈的拼搏中，他
在电学上取得了划时代的科研成果，进行了一系列的发明创造。与此同时，
他仍投身于国家的建设和发展，开办印刷所、致力于美国独立战争、出任
驻法大使、担任宾夕法尼亚州州长和宪法起草委员会委员等。本杰明·富
兰克林的个人成功奋斗的经历向人们证实：在美国这样一个社会里，出身
贫寒并不会阻碍个人才能的发挥，一个勇于拼搏、精力充沛、进取心强的
青年，可以通过自己的劳动和坚忍不拔的毅力在生活中获得成功，并为国
家的发展与繁荣作出贡献。

　　本杰明·富兰克林的经历对千千万万渴望从社会底层奋进到社会上层
的美国人来说是一个极大的鼓舞，也充分证明了当时的美国对个人道德
品质和能力才干的重视和认可。正如其在《穷理查历书》(*Poor Richard's
Almanack*) 一书中所说："一辈一辈持续激励我们忠诚的朴素美德；自力更
生、自我修养和承担风险的价值观；奋发图强、严于律己、自我克制和努
力工作的价值观；节俭和承担责任的价值观。"[②] 这些美德和价值观植根于
美国人对待生活的乐观主义态度和对平等、自由、民主等信条的坚守。他
们相信，通过奋斗、节俭、勇气、智慧和努力。他们每个人都可以不受家
庭出身、社会地位、种族民族等先天性条条框框的限制。这些美德和信念
同样表达了一种更宽广的信心，这种信心在"美国梦"中更加得到彰显：
只要每个男人和女人通过个人的努力，自由地追求自己的利益、实现自己

---

　　① 常耀信:《美国文学简史》，天津：南开大学出版社，2003 年，第 78—79 页。
　　② ［美］本杰明·富兰克林:《穷理查历书》，施工译，北京：中国妇女出版社，2004年，第
31 页。

的梦想，整个社会就会欣欣向荣，整个国家就会繁荣昌盛。

第二节 "美国梦"的输出与兴起

整个 20 世纪，美国实力的增长是惊人的。美国主流社会总是不断地向外推进，寻求新市场、新投资或传播其宗教信仰，并将其塑造为自己的使命。1941 年，在一篇名为《美国世纪》（*The American Century*）的社论中，著名出版商亨利·卢斯（Henry Luce）提出，美国要成为制度、产品、文化和价值观的输出者，影响和塑造整个世界。具体来说，美国式的国际主义体现为美国的精神和物质产品在全球的普及，如美国的爵士乐、好莱坞电影、俚语、机器和专利产品在全世界的通行。[①] 在大多数美国人眼中，美国的扩张总是良性的，总是令人振奋的，似乎不是基于军事力量或政府设计，而是基于私人企业的奇迹、专家的高超技能和慈善家的善良。在美国道德文化的支配下"美国梦"所体现的单一化或标准化价值理念正在以大规模生产的美国娱乐文化产品为载体，渗透到全世界的各个角落。美国立足于长期国家文化战略的高度，采用故事化、生活化的叙事方式，打造系列高辨识的文化产品，持续注入科技含量等，推销、编制、包装升级"美国梦"，试图将其打造成为全世界民众崇尚的"全球梦"。

一、推销"美国梦"：作为美国的长期国家文化战略

国家战略是指综合利用国家资源和力量，包括政治、经济、军事、意识形态等实现国家目标，促进国家利益的整体计划[②]，具有全面性、指导性和相对稳定性。推销"美国梦"是美国利用文化产品、进行文化扩张，从而达到美国霸权主义的现实目的的长期国家文化战略。

一是设立对外交流项目。美国政府把文化输出作为谋求自身国家利益、提高国家经济和政治权力与话语权的一种政策工具。大力开展对外文化教育交流活动，是传播"美国梦"核心价值理念的重要途径。1945 年，美国启动了"富布赖特项目"，这一项目的目标是增进美国和其他国家之

---

① 王一哲：《亨利·卢斯"美国世纪"命题的提出及其影响》，《历史研究》，2020 年第 6 期。
② 刘金质：《美国国家战略》，沈阳：辽宁人民出版社，1997 年，第 5 页。

间的相互了解，其主要参与者大部分为学术研究卓著、领导才能突出的优秀杰出人士，使他们能够到美国本土进行教学、思想交流，将自己的知识技能和价值观念传递给对方国家。有学者认为："富布莱特项目是冷战时期美国政府制定的最为成功的意识形态项目，涉及学者、艺术家和其他专业人士，由他们担任起扩大本国对外文化关系的任务。"[①] 美国通过"富布莱特项目"，派遣了很多领域专家学者出国教学、传授经验，并资助众多外国学者赴美研修，这就培育了一大批致力于加强国家间相互了解、传播美国价值观念与道德文化的舆论制造者和宣扬者。小布什政府启动的"全球文化计划"（Global Cultural Initiative）是通过开展国际文化合作项目，以增进不同国家文化交流的同时，宣传美国的价值观念和道德文化，具体项目如一系列的国际文学交流活动，国际电影工作者的交流活动，邀请各国教师来美的一周历史夏令营活动等。这些项目被赋予了传送"美国梦"美好理念、构建"美国梦"美丽蓝图，增强美国软实力、改善美国国际形象等诸多使命。这类文化交流活动和项目具有较强亲和力，多为非政府组织和非营利组织策划执行，能在一定程度增进不同国家在文化层面上的了解；但更为深层的是，这类计划受到美国政府的支持，其实质是美国为向外输出平等自由民主等价值观念，实现"美国梦"全球战略的较为柔和、隐蔽的举措。这种推销手段具有较强的渗透性，它通过向全球营造一种"心向往之"的理想生活，使人们主动认同"美国梦"所传达的价值观念和道德信仰。

　　二是通过新闻媒体和宣传渠道塑造"美国梦"神话。美国新闻署（United States Information Agency）是执行该项任务的主要部门。在《冷战和美国新闻署》（The Cold War and the United States Information Agency）一书中，作者尼古拉斯将美国新闻署半个世纪的工作总结为四点，即致力于树立美国的正面形象、诋毁美国的"敌人"、宣讲"美国梦"、传播美国的价值观。[②] 美国新闻署主要采取以下措施，其一，通过编制信息并向世界推广传播，促进世界各国对美国实行的政策、推行的观念、人们的生活方式

---

① Dizard, Wilson P. Inventing Public Diplomacy: The Story of the U.S. Information Agency[M]. Boulder, Colo. Lynne Rienner Publisher., 2004, p.17.

② 张国庆：《媒体话语权——美国媒体如何影响世界》，北京：中国人民大学出版社，2012年，第167页。

等方面的理解；其二，通过在全球范围内召开各种论坛和研讨会，宣传美国的价值观、影响国际舆论；其三，通过开展一系列的文化交流活动，传播美国道德文化及价值观念；其四，通过教育引导等手段，强化他国精英和青年对美国道德文化和价值观念的好感与认同。此外，美国新闻署在国外还拥有 200 多个影片库和约 8000 台的电影放映机，每年有 2 亿多人观看其播放的电视节目，有 7.5 亿人观看其影片，它还在全球 83 个国家建立了图书馆①。美国新闻署的平均年支出为 2.5 亿美元，从事公共外交的人员维持在 11000 人左右。②

　　三是实施冷战意识形态项目和海外图书项目。美国积极在海外传播鼓吹美国"自由民主"的图书，并以书为媒介使知识分子向往"美国梦"所构建的机会平等、人人皆可成功的美好蓝图。仅 1955 年，美国新闻署主导下，集中挑选了 33 种鼓吹或美化美国民主方面的图书，并增加 14 万美元的投入，使图书流通到海外数百个美国新闻署图书馆，其发行量达到 10 万册。与此同时，美国新闻署为扩大这类图书，使得其传播度更高、传播范围更广，它通过与当地政府和非政府机构进行合作与洽谈，扩大图书的有效传播和畅通渠道。以 1955 年美国新闻署出版发行有关"美国民主"的图书为例，如《什么是民主》(*What is Democracy*)、《自由史》(*The History of Freedom*)、《美国社区精神》(*The American Community Spirit*) 等，向海外展示了美国所认为的真实客观的民主概念③。在这一年中，美国新闻署用于意识形态项目的所有选定图书的翻译达到 530 种外文版，近 400 万册发行，涉及 43 种语言。④

　　四是通过互联网渠道散播有关美国社会良好形象的正面信息流，将互联网打造成"美国梦"的传播建构场域。当前互联网已成为宣扬"美国梦"的主渠道。"这场斗争伴随着电子计算机、通信工具和最新摄影技术的出现

---

① ［苏联］谢兹列夫：《心理战：战争与意识形态》，张俊英译，长春：吉林人民出版社，1981 年，第 100—101 页。

② ［苏联］谢兹列夫：《心理战：战争与意识形态》，张俊英译，长春：吉林人民出版社，1981 年，第 100—101 页。

③ Detailed development of major actions relating to the U. S. Ideological Program from 7/1/54-7/15/55, Aug 3, 1955, CK3100085347，DDRS.

④ Detailed development of major actions relating to the U. S. Ideological Program from 7/1/54-7/15/55, Aug 3, 1955, CK3100085347，DDRS.

而起，使用这些武器的人都是一些高度专业化的舆论制造者和宣传家，还加上他们麾下的'反击'和'进攻'部队，其服务对象却是公司的和政治的巨大利益。"① 以舆论制造这种方式，他们炮制了"美国梦"的神话。对外，这些"舆论制造者和宣传家"则将"美国梦"的平等、自由、民主等价值观念进行包装，并大张旗鼓地输出。借助欧洲自由电台、亚洲自由电台、美国之音、脸书、推特、谷歌等媒体，向外宣扬"美国梦"的价值理念，创造出一些具象表达，如美国社会的经济繁荣、物质丰裕、消费主义、无阶级差别、共享利益、大众社会、中产阶级、社会流动和多元文化等。对于威胁到"美国梦"的全球构建的其他国家社交媒体，美国会采取行政命令、以威胁国家安全之名对其进行打压，如对 TikTok 在美业务的相关禁令、对微信（WeChat）的重大打压等等。

五是通过法律和条款向他国输出蕴含"美国梦"属性的文化产品，将其打造成美国的标志性"文化名牌"。美国在推销"美国梦"时，通过文化战略试图将其打造为"全球梦"。美国借助文化产业向全世界输出"美国梦"的意识形态和价值观念。这是一种以文化取代武力、政治手段的文化帝国主义，它是西方文化中心主义的畸形发展的产物。美国在协定条款中明确要求他国的文化市场需要对美国的音像、电影、广播等进行开放。如 1946 年美国为援助西欧各国复兴经济、稳定资本主义阵营，实施马歇尔计划。其中，美国在给法国的贷款"包括了给予好莱坞影片更为容易地打入法国市场的特殊条款"，这反映了美国向他国进行文化输出的强硬态度。

值得注意的是，美国在通过新闻媒体等进行道德文化的对外输出和对内发展时，具有"内外有别"的明显特征，如 1948 年，杜鲁门签发的《信息与教育交流法》规定，"美国之音"等外宣机构的节目，一般不能在美国国内播送。

二、编织"美国梦"：采用故事化、生活化的叙事方式

美国在通过多渠道、以多种方式向外输出文化产品时，已然营造出了一种虚拟的"美国梦"。这种虚拟的"美国梦"所构建的并非是真正的美

---

① ［英］拉里·埃利奥特、丹·阿特金森：《不安全的时代》，曹大鹏译，北京：商务印书馆，2001 年，第 3、327—342 页。

国，而是存在于人们理想中的一种"异化"，是源于美国自身并被人们进行加工再创造后的虚拟的梦想的国度。对于其他国家的人们来说，他们所了解到的"美国梦"，往往都经过了一系列的加工和美化。通过故事化、生活化的叙事方式加工，经由好莱坞电影、肥皂剧、新闻、广告等文化镜像的折射，塑造编织一个以个人主义为核心、充斥着宽容、公正、个性、正义、仁爱、权利等价值观念，以追求个人幸福、实现个人价值的"美国梦"。美国似乎成了一个象征着平等、自由、民主的国度，成了一个可以拯救世界的救世主。美国主流社会是"美国梦"的编织者，以 WASP（盎格鲁－撒克逊白人清教徒）的视角对素材进行加工，编制出貌似具有美国特色，实则是白人精英主义特色的"美国梦"，使得"美国梦"更为形象具体、深入人心。

故事化就是对社会中存在的素材进行想象和加工，使其具有一定的情节，通过对情节跌宕起伏的艺术加工体现作者的价值观念，使人们在听故事的同时吸纳价值理念。如凯鲁亚克（Jack Kerouac）的《在路上》生动形象地描绘了美国"垮掉的一代"的放肆与不羁、颓废与堕落①。《在路上》不仅是个人追寻生命意义的上路旅行，更是"美国梦"的隐喻，是实现"显明的命定"的物质手段。从具体叙事方式而言，《在路上》以地理空间、心理空间、文本空间等的空间叙事方式，通过人物性与爵士乐的感官体验交互、人物的梦境与现实扑朔迷离、虚幻与真实的错综复杂，充分展现人物的心理——对精神自由的渴望，反映了对社会现实和人生意义的思考。细数以"美国梦"为主题的文学小说，在传递故事的中心思想和主旨大意的过程中，作者往往采用了生动的叙事手法，使得作品在文本叙事布局、故事情节推动、精神价值思考上更为形象生动。在贴近读者心理生活和现实生活的同时，感受小说主人公精神的追寻与渴望，增加其传播的生动性。

生活化就是通过在日常生活中的相关产品中融入价值理念，使其叙事具有具体的生活场景，融入生活中并成为其中的一部分。如富兰克林的《穷理查年鉴》（Poor Richard's Almanack）就是这种叙事方式的生动写照。

---

① 肖明翰：《垮掉一代的精神探索与〈在路上〉的意义》，《四川师范大学学报（社会科学版）》，2010 年第 1 期。

"富兰克林用自己的心灵对它们进行了过滤，用自己的头脑对它们进行了精加工。"① 这本书在美国十分畅销，如作者在自传中写道"凡本州之普通人民，莫不人手一册，大有他书可无，此书一日不可无之概。……美洲各报普遍转载，英法等国一版再版。"② 从形式内容上看，该书采用年鉴的形式，贴近生活，通俗易懂，涵盖了科技知识介绍，历史上的今天等内容。例如，书中有 6 处提到月和日，"公元 1493 年本月 19 日，著名的天文学家哥白尼诞生"，"公元 1727 年本月 20 日，天文泰斗、伟大的哲学家艾萨克·牛顿爵士逝世"。③ 在称谓用法上，该书贴近读者，秉持"为读者服务"的思想，颇为生动形象。在《穷理查年鉴》的前言"致读者"文中多用"友善的读者""亲爱的读者""仁慈的读者"等，署名前分别添加"您的穷朋友和仆人""您可爱的朋友""您的朋友和奴仆""我是您忠实的朋友""永远为您服务"等。④ 这些生活化的叙事手法使得许多蕴含"美国梦"价值内涵的较为空洞的口号式话语更易于大众接受和认可。

三、包装"美国梦"：打造系列高辨识度的文化品牌

品牌是一种识别标志、一种精神象征、一种价值理念，是特征和文化的核心体现。文化品牌是检验自主创新能力和综合竞争力的重要标准，也是衡量一个国家软实力的重要标志。许多国家通过打造根植于本土文化资源、体现国家核心价值观念和道德文化的文化品牌，向全球表达展示该国家的优秀文化理念，进行文化传播与输出。美国拥有一系列高辨识度的文化品牌，如好莱坞、微软、凯迪拉克、沃尔玛、宝洁、可口可乐、耐克、星巴克、麦当劳等，这些品牌向全球大力传播着"美国梦"的核心价值理念和理想生活方式。

好莱坞与"美国梦"具有同体双生、相互成就的关系。"好莱坞在 20 世纪重铸'美国梦'的过程中……对 20 世纪'美国梦'的制造过程影响巨

---

① ［美］本杰明·富兰克林：《穷理查年鉴》，刘玉红译，上海：上海远东出版社，2003 年，译者序第 2 页。
② 参见［美］本杰明·富兰克林：《富兰克林自传》，李自修译，北京：人民文学出版社，2004 年。
③ 参见［美］本杰明·富兰克林：《富兰克林自传》，李自修译，北京：人民文学出版社，2004 年。
④ 王守亚：《〈穷理查年鉴〉对我们的启示》，《年鉴信息与研究》，2004 年第 1 期。

大。"① "正是那个梦幻工厂制造出了那个如云似雾的梦，并把美国自身的形象及其产品——'有血有肉的梦'——卖给了 20 世纪的美国"。② 好莱坞电影逐渐成为在全球范围内传播"美国梦"、实施意识形态控制的强力武器。在百年发展历程中，好莱坞电影已然形成了一种流水化操作模式，在全球范围内成功强化"美国梦"信条，以塑造电影人物形象，创立电影艺术最高奖项，塑造各种衍生品牌，从而成功打造称霸全球的"梦工厂"文化品牌。《完美图像：Photo 时代的生活》一书指出，好莱坞电影不断编织"符号、主题和价值观创造出了反复出现的爱国画面"，"提供了文化脚本来清楚认识美国政治影像的制造"③。通过原型人物，好莱坞电影有效定义了真正的"美国梦"及其内涵特征：关于个人奋斗的创造力、维护社会良序的道德感、捍卫美好世界的正义感。④ 值得一提的是，在好莱坞电影中的漫威世界塑造了全球都耳熟能详的经典动画形象，如美国队长、超人、蝙蝠侠、神奇女侠、闪电侠、绿灯侠等，将英雄主义具象化、生动化，形成了别具一格的漫威英雄主义，如美队为拯救百万民众，甘愿牺牲自己，撞进北极冰川；为了人类和仙界伙伴，雷神即使丧失神力，也守在危险一线，与毁灭者对峙；为保护地球，钢铁侠孤身一人驭着核弹飞向外星大军基地……这一系列的英雄主义漫威电影在全球范围内不断扩大，一度掀起了漫威热浪，深受广大观众们的喜爱。在 2008 年到 2018 年的十年间，漫威的 19 部电影在全球范围累计斩获了 160 亿美元票房，有 6 部单片突破 10 亿美元，平均每部票房超过 8.4 亿美元⑤。这些超级英雄的角色已然深入人心，"美国梦"中的英雄主义内核也随之在全球范围内高度传播。

此外，好莱坞的迪士尼电影公司也充分掌握了塑造动画人物形象，赢得观众热爱的秘诀。迪士尼品牌所构建的天真烂漫与英雄主义相结合的童

---

① ［美］乔·卢·马什：《菲茨杰拉尔德、〈了不起的盖茨比〉与〈最后一个巨头〉："美国梦"和好莱坞梦幻工厂》，王义国译，《世界电影》，1994 年第 2 期。

② ［美］乔·卢·马什：《菲茨杰拉尔德、〈了不起的盖茨比〉与〈最后一个巨头〉："美国梦"和好莱坞梦幻工厂》，王义国译，《世界电影》，1994 年第 2 期。

③ ［美］伊库·阿达托：《完美图像：Photo 时代的生活》，张博、王敦译，北京出版社，2015 年，第 53—54 页。

④ Robert W. Rieber & Robert J. Kelly, Film, Television and Psychology of the Social Dream, New York: Springer, 2014, p.4.

⑤ 票房数据来源于 Box office Mojo 网站，网址：http://www.boxofficemojo.com。

话虚拟世界，蕴含了"美国梦"式的成长经历和理想生活，其所创造的整个 IP 上下游产业链是"美国梦"在世界范围内进行文化输出的成功典范。迪士尼动画如《爱丽丝梦游仙境》《睡美人》《小美人鱼》及《狮子王》等均改编自童书、漫画或小说，其中的主人公爱丽丝、睡美人爱洛、美人鱼爱丽丝、狮子王辛巴等，均被打造为拥有善良的内心、美丽的外貌、为人友善的品质和对目标不懈追求的人物。故事的一贯套路是：懦弱无助的少年少女历经千难万险，打败了长相丑陋、性格扭曲的反派，终于收获了友谊或找到了真爱，并回到了自己的位置（王子或者公主的身份），明确了自己的人生目标。这种流水线化的"套路式"剧情本身并无太大创新，但在美国科技的精美包装下，却使每个具有相同内核的角色显示出不同的特色，不得不说是令人赞叹。

奥斯卡奖作为全球影响力最高的电影类标志性奖项之一，也已成为"美国梦"价值观念对外输出的重要载体，其对电影的评判标准和偏好倾向在相当大的程度上影响了全球电影行业从业者的进行电影拍摄方向，获得奥斯卡奖的电影所传达的价值观念、生活方式、文化内涵也深受全世界人们的追捧，甚至是痴迷。它通过设定评奖条件和评奖规则在价值观层面引导全球电影市场走向，遴选那些符合美国社会主流价值观的影片，从而潜移默化地影响全球电影观众的价值取向、意识观念和生活追求。"奥斯卡评奖体系以奖赏最佳影片的名义，显著影响了好莱坞各大制片公司的电影创作与生产，并以极其巧妙的方式提示和诱导观众应该喜欢什么，又应该憎恨什么。"① 如六项奥斯卡奖获奖电影《阿甘正传》讲述的便是小人物如何通过自我奋斗实现美国梦，《老无所依》《飞越疯人院》《芝加哥》《教父》系列等依据真实事件改变的获奖电影，尤其注重对"美国梦"蕴含的平等、自由、民主等核心价值观念的表达。总而言之，奥斯卡奖蕴含着好莱坞电影对"美国梦"神话的诠释与宣扬，对美国精神及其价值观念的宣示与弘扬。

四、升级"美国梦"：持续注入科技含量

在传播"美国梦"的过程中，美国不断寻求科技优势，巩固科技领先

---

① 程曼丽：《新时代中国国际传播话语建设思考》，《国际传播》，2018 年第 2 期。

地位，这对于"美国梦"的全球输出至关重要。美国致力于在具有巨大社会效益和经济效益的革命性技术上进行深耕，通过创新技术、应用技术、并将新技术融入日常社会生活，从而为"美国梦"注入持续不断的科技含量、提升"美国梦"的当代魅力以及对世界民众的吸引力。

自 20 世纪四五十年代开始，计算机及信息技术的问世，在推动着经济、政治、文化、社会等方面急剧变革的同时，也影响了人类的生活方式和思维意识。美国苹果公司就是计算机信息技术领域较为典型的创业案例。21 世纪以来，苹果产品在乔布斯的创新下其产品（例如手机、电脑、手表等）逐渐从美国走向全世界，不同种族、不同肤色、不同阶级的人都开始接受并热爱这类电子产品，高科技加持的产品外表的背后，最核心的还是其在全世界独占鳌头的科学技术实力。电子芯片、CPU 处理器、高分辨率摄像技术……凭借雄厚的科技实力，苹果公司孕育创生出了不断更新完善的苹果系列产品。苹果的设计在不断创新的过程中体现出一种具有自身特色的连贯性，这也是其数十年来"圈粉"的重要原因。人们在生活中使用苹果产品的同时，也充分享受着社会科技发展给人类带来的福祉，同时，也悄无声息地被以"美国梦"为主的道德文化概念和意识形态所"洗礼"。苹果产品在全球的应用不仅是一个企业的文化传输，还是一个国家和民族的文化输出。同时，在苹果公司的广告中，苹果公司在其宣传片中，更多地展现出美国人民的高科技现代化生活样态，广告中的主人公在生活场景中尽享最新的科技产品，展现出人们在高科技生活中的享受性和便捷感。借助商业广告的力量，美国的形象被鲜明地塑造出来，对于那些没有亲身到过美国的人以及广大发展中国家的人，美国所展现出的文化科技对整个世界都产生了巨大的影响。

不仅如此，人工智能也为"美国梦"注入科技含量。美国正在以"提高人类的生产力、减轻人类不必要的重负，从而改变人们追求梦想的方式"的理念发展人工智能，为"美国梦"赋予更浓厚的人道主义和使命担当。如微软首席技术官凯文·斯科特（Kevin Scott）等在《重塑美国梦》（*Reprogramming the American Dream*）中谈到在医疗领域可以通过人工智能的方式为病人进行诊断，并将他们转介给人类专家，从而为人们提供更现代的在线医疗、帮助人们获得高质量的医疗服务①。在教育领域，通过智能化的教育评价和数字教育资源推荐，引导学生利用人工智能技术解决问题，并为学生提供个性化的学习指导。此外，人工智能在金融交易、比赛分析、汽车无人驾驶、交通物流等多方面领域都扮演着关键角色。美国通过利用人工智能技术，使美国人民的生活在先进科学技术的加持下更具有吸引力。它为"美国梦"镀上科技感和未来感的外衣，使得"美国梦"在世界人们的眼光下更具有梦幻感。

此外，美国电影也通过科技特效增加观影效果，用科幻的背景和美轮美奂的视觉效果更好地展现"美国梦"的所塑造的意象。在美国电影中，常常运用 CGI 技术、动画特效、三维特效、合成特效等技术增强电影镜头画面的真实性和生动性。如《侏罗纪公园》将 CG 技术与传统工艺进行融合，将实体摆拍动画进行编码和数据化，并应用于计算机动画的制作；《星际穿越》中用于外景拍摄的"坚韧号"飞船则是通过微缩模型和数字特效加以实现；《复仇者联盟4》中超级英雄们的量子战衣运用到了纳米技术和动态捕捉技术。最具有代表性的电影《阿凡达》共有超过 3000 个特效镜头，将真人表演和虚拟现实进行了艺术化的融合，如潘多拉星球上予以人们强烈的视觉冲击的生态造景、蓝色的潘多拉星球人和真实、形象、生动的各种野兽。通过数字技术向观众展现了一个非常原始又非常美丽的潘多拉星球，讲述了人类侵略纳威人生存空间的故事。

综合来看，在现代科技的包装下，"美国梦"被视为发展的前沿、未来的象征。对于那些没有亲身到过美国的人，"美国梦"所展现出的生动形象产生了巨大的影响力。

第三节 "美国梦"的式微与再造

一直以来，"美国梦"的核心是机会平等，而非社会平等。该叙事赋予了人们对平等的高期望，他们相信只要你努力，就可以出人头地。"美国梦"的传奇是社会高速发展的产物，这需要独一无二的天时、地利、人

① JONATHAN VANIAN. Microsoft's Tech Chief Talks Artificial Intelligence, Mixed Reality, and Sod Farming [EB/OL].https://fortune.com/2019/01/25/microsoft-cto-artificial-intelligence-mixed-reality/.2019-01-25.

和的条件，以最大限度上为人们梦想成真创造环境。如同布尔斯廷在《美国人：开拓的历程》中所描写的那样，在美国开拓和发展初期，无边的土地，无尽的资源，无数的机会，完全"不像欧洲那样，什么地方都挤得满满的"[①]。但是如果把"美国梦"看作是"人人能够实现梦想"的梦，那么"美国梦"就只能是一个梦幻，一个难以实现的美好幻想。按照"美国梦"的核心理念——每个人都能获得成功，但在现实中最终实现的只是少数人成功，少数人偷走了大多数人的梦想。实际的情况是，"美国梦"不可能是所有人的梦，只能是少数人的梦。这样的梦对于部分人来说是"美梦"，对于其他多数人来说却是"噩梦"。正如人们常说的那样，"美国梦"摆在那里，为的是走出现实的噩梦。

一、"美国梦"式微的主要表现

在 20 世纪 30 年代美国大萧条时期，尽管社会整体经济水平远逊于今日的时期，美国人们心中依旧充满"定能渡过难关"之感，满怀"世事皆能向好"的期待。人们心中常常怀揣着"今天也许没有工作，但明天就会有很多事情等待我们去做，大家共同努力，就能携手创造一个更美好的未来"的畅想与憧憬。然而伴随时代的发展、世界的变化，美国由于其制度的缺陷和弊端以及统治集团的傲慢与专行，"美国梦"渐渐失去以往的优势和荣光，人们对国家的信任减弱，对"美国梦"的信心也与往日大有不同。国际地位陨落，盟友分离；两党之间明争暗斗，各州之间各自为政；民主沉沦崩塌，法治惨遭蚕食；种族歧视根深蒂固、性别歧视愈加严重；贫富差距日益扩大，人民生活水平停滞不前；枪击暴力事件屡屡频发。昔日"自由灯塔"黯淡无光，"美国梦"也日渐式微，逐渐支离破碎。主要表现如下：

一是美国人已经难以实现阶级跃迁。美国当前的社会贫富差距愈加扩大。据相关研究数据显示，以 2019 年美国居民收入高低分组来看，顶层 10% 人群的收入占比为 38%，中间 40% 人群的收入占比为 42%，而底层 50% 人群的收入占比不足 20%。可以看到，底层人群与顶层人群的收入差距十分明显。此外，美国顶层 10% 人群的年均收入是其余 90% 人群年均

---

① ［美］丹尼尔·布尔斯廷：《美国人：开拓的历程》，上海：三联书店，1993年，第215页。

收入的 9 倍以上；在这其中最富有的顶层 1% 人群则是这 90% 人群的 39 倍以上；而最富有的尖端 0.1% 人群则是这 90% 人群的 196 倍以上。从基尼系数来看，2019 年美国税前收入的基尼系数为 0.58，税后的基尼系数也高达 0.48，远高于诸多西方国家[①]。2020 年 1 月以来，受新冠肺炎疫情影响，美国社会贫富差距进一步加剧，目前美国最富有的 1% 人群的总财富占美国全民总财富的 32%[②]。贫富财富分配不平等造成了社会阶级的固化，财富会持续不断地聚集于少数人之中，富人永远占据金字塔顶端，穷人则被困在金字塔底层，社会的流动性几乎处于停滞状态。从社会流动的意义来讲，鼓励人们通过不懈努力奋斗的"美国梦"已然支离破碎，机会平等的价值追求已然破灭。

二是机会平等成为空谈，种族歧视伤害了社会凝聚力。1963 年，美国黑人运动领袖马丁·路德·金在林肯纪念堂前，喊出了那句后来被全世界所熟知的"我有一个梦想"，他描绘了一个没有歧视和偏见、追求公平和正义的"美国梦"。然而几十年过去，我们看向今日的美国白人至上主义甚嚣尘上，对黑人等少数族裔依然冷漠、疏离和歧视，这无疑让马丁·路德·金的梦想成了偌大的讽刺。当前的美国正走向两个社会：一个是以黑人为代表的有色人种社会，另一个则是白人社会。有色人种如黑人、亚洲人和拉美裔，在政治、经济、文化、社会生活等各个领域都遭受偏见和歧视。由这种偏见和歧视所衍生出的一切，将不平等的鸿沟进一步撕裂开来。美国的种族问题每隔一段时间就会"复发"。2020 年 5 月，明尼苏达州警察暴力执法致使黑人弗洛伊德不治身亡。弗洛伊德在死前发出的"我无法呼吸"的哀求点燃了汹涌民愤，引发了民众大规模的游行示威。弗洛伊德的遭遇只是百年来美国黑人悲惨境遇的缩影。美国联邦调查局公布的数据显示，2020 年全美针对亚裔的仇恨犯罪案件数量上升 76%。从 2020 年 3 月到 2021 年 6 月，"停止仇恨亚裔美国人"组织接到了 9000 多起投诉报

---

① 李实、陶彦君：《美国的启示：贫富差距过大引发社会动荡》，http://www.inewsweek.cn/survey/2021-10-10/14028.shtml.2021-10-10.

② Robert Frank. The wealthiest 10% of Americans own a record 89% of all U.S. stocks[EB/OL]. https://www.cnbc.com/2021/10/18/the-wealthiest-10percent-of-americans-own-a-record-89percent-of-all-us-stocks.html.2019-10-18.

告。① 近年来美国种族歧视顽疾愈演愈烈，美国似乎始终处于一场种族主义的大流行病中。

三是底层人民脆弱的经济基础难以支撑体面的生活，人们对"美国梦"的信心大减。《华盛顿邮报》民调分析师斯科特·克莱门特（Scott Clement）展示了一份 1942 年由普林斯顿大学民意研究办公室所做的调查，调查发现有 43% 的美国父母们都相信下一代能在未来 20 年中生活得更好，而仅有 27% 持质疑态度②。1983 年的一份盖洛普民意调查也发现有 54% 的父母都认为孩子的未来生活会比父母一辈更美好，而有 44% 持反对态度③。在 1990 年《华尔街日报》和 NBC 的联合民调显示乐观主义以 50% 比 45% 的数据击败悲观情绪。④ 然而，2014 年美国《华尔街日报》的调查显示，当被问到"我们孩子这一辈人的生活是否会比我们过得好"时，高达 76% 的人说他们不抱这种乐观态度，只有 21% 的人给出肯定的答案。⑤ 自 2008 年经济大衰退以来，美国经济一直深受影响，美国民众一直渴望着经济复苏。2020 年新冠疫情致使美国经济大面积"停摆"，创下了自 2008 年金融危机经济衰退以来的最大降幅。在经济如此不景气的背景下，人们对国家下一代未来的生活会更为悲观。对此，有人也思考经济背后更为深层次的因素，对美国政治体系产生怀疑和担忧。美国人对"下一代未来生活"的悲观态度也显示出民众对美国政府应对变局、解决问题的能力的不信任。这种对政府和体制的灰心失望与不信任也直接影响着国内外对美国政府倡导的"美国梦"的态度。

二、"美国梦"式微的原因分析

时至今日，美国的阶级流动迟缓，"美国梦"曾许诺人们的"你可能

---

① 中华人民共和国外交部.美国民主情况［EB/OL］. https://www.fmprc.gov.cn/web/zyxw/202112/t20211205_10462534.shtml,2021-12-05.

② 美国人的乐观主义正在消亡. http://www.chinadaily.com.cn/interface/toutiao/1139301/cd_18308442.html. 2014-08-14.

③ 美国人的乐观主义正在消亡. http://www.chinadaily.com.cn/interface/toutiao/1139301/cd_18308442.html. 2014-08-14.

④ 美国人的乐观主义正在消亡. 中国日报网［EB/OL］. http://www.chinadaily.com.cn/interface/toutiao/1139301/cd_18308442.html.

⑤ 美国人的乐观主义正在消亡. 中国日报网［EB/OL］. http://www.chinadaily.com.cn/interface/toutiao/1139301/cd_18308442.html.

生来贫穷，但通过努力工作，就能够变得富有"的承诺正渐渐失去色彩。
"美国梦"在本土陷入窘境的同时，也在全球式微，美国社会乱象频出也使
"美国梦"难以具有较强的说服力，这些都沉重地打击了美国的软实力。我
们不可否认"美国梦"早期内蕴的自由、平等、民主等价值追求的进步性
和给予人们幸福与美好的生活的可期性，但我们也应以客观辩证的态度去
看待"美国梦"目前所面临的种种问题，并探究导致其日趋衰颓的多重原
因。

一是美国经济的畸形发展导致社会财富分配的极度不均衡。冷战结束
后，美国新自由主义经济政策蓬勃发展，高度放任的经济政策在提升资本
集团获取财富能力的同时，也加剧了社会财富分配不平衡的问题。尤其金
融资本寡头为快速获得利益，往往会跳过生产环节在全球进行投资以获取
最大利益。这就导致资本的投机属性日益明显，对工业、制造业等实业的
投资日渐减少，在一定程度上造成"产业空心化"的现象。同时，美国统
治阶级对贷款等超前消费模式的鼓励刺激了"消费主义"的增长，导致鼓
励现实享乐、超前消费的"按揭凯恩斯主义"横行。这削弱了美国普通民
众本就薄弱的经济基础，使得美国经济一旦波动，或发生金融危机，就有
大量的人陷入破产。

在这种背景下，民众的生活水平随着贫富差距的拉大逐渐下降，尤其
是大量工作机会的流失和贫富差距的分化，使美国的社会结构逐渐呈现出
"沙漏状"。其一，更多的白人陷入贫困，这些白人出身于中下层，以经营
农场或技术工人为业，随着贫富差距越来越大，很多白人陷入破产的境地，
这激发了他们的种族主义，美国的"红脖子"和"茶党"就是其中的极端
派政治团体，也是美国当代社会不可忽视的政治力量。其二，城市内部的
"隔都"形成。随着富人阶级搬往郊区，城市中心多居住贫困人口，以少数
族裔居多，聚居区内部医疗、教育、基础设施等资源薄弱使得该区域人民
难以实现阶级跃迁，糟糕的社区环境使该区域产生了贫困的代际延续，形
成固化"隔都"。其三，贫富差距的加剧使美国各个团体为争取生活资源
相互敌视，最终形成"身份政治"。这将政坛的注意力转移到身份政治的
关注中，对身份政治的议题的关注盖过对国家实际问题的关注，这加剧了
美国的政治极化。

二是美国政治逐渐蜕变为"少数人的民主"。《美国真相》一书尖锐地

指出，美国正逐步演变为一个 1% 的国家，美国的经济和政治通常只为 1% 的人而存在，也被那 1% 的人操纵着①。当今的美国已然同民主理念貌合神离，美国标榜的所谓民主，不过是建立在资本基础上的金钱政治，是少数精英的"纸牌屋游戏"，是戴着"镣铐"的民主。

其一，美国的选举规则缺陷损害公平正义。美国政府所采取并施行的政策与美国选民们所奉行并倡导的政策并不一致，甚至完全相悖。政客们基本不采纳甚至是完全忽视美国中产阶级选民们的意见和主张，吉伦斯写道："对实际政策结果的影响力，几乎全部驻留在收入分配链的顶端。"美国政客们总是想尽各种办法试图剥夺他们认为不可能支持他们的人的选举权。如通过给工人制造麻烦，要求他们提供难以获得的身份证明文件，增加登记和投票的成本，使工人难以登记或难以进入投票站等。

其二，美国的国会议员常与利益集团绑定。"一美元一票"是这一现象的生动描绘。从某种意义上讲，在美国，并非是国会控制着华尔街，而是华尔街控制着美国国会。富人阶级通过权钱交易打入政治体系，并利用政治体系为自己积累更多的财富。美国前劳工部长罗伯特·莱克（Robert Lake）就曾指出，"过去 40 多年，美国的政治系统被极少一部分人操控。政治献金几乎被视为'合法的贿赂'，让富人拥有了更强大的政治影响力"②。在美国，成功当选的领导人并非代表广大群众的利益，并不能够想普通民众所想。他们往往是为利益集团服务，为背后支持其当选的利益集团发声。

其三，美国政治极化严重，政客们更关注维护其所代表的党派的利益。候选人成功当选为总统后，必然出现滥用政治权力为利益集团谋利的现象。如特朗普在当选美国总统后，利用手中的政治权力，对高校、科学组织、司法部门等核心机构发起了猛烈的攻势。新冠疫情暴发后，其仍用谎言来愚弄人民、治理国家，致使美国疫情泛滥。美国民众对国家政府的信心，尤其是对国会的信心，也到达了史无前例历史最低点。美国民众已经完全厌恶了一个完全不为人民做主，持续不断地进行利欲熏心、假公济私行为的党派斗争的国会。总而言之，美国国内关于"民主"的种种闹剧以及所谓的"民主"价值观念的虚伪性导致其在国际上的影响力和公信力持续下

---

① ［美］约瑟夫·斯蒂格利茨：《美国真相：民众、政府和市场势力的失衡与再平衡》，刘斌等译，北京：机械工业出版社，2020 年，第 5 页。

② 《美国民主情况》，http://www.news.cn/world/2021-12/05/c_1128132432.html。

降。当下的美国将资本主义的破坏性"原形毕露"展现出来,"美国梦"也早已在全世界范围内失去了吸引力和号召力。我们可以断言:山巅之城的美国,灯塔效应已然不复往昔。

三是福利国家政策逐渐式微,政府愈加没有能力、也缺乏兴趣扭转民众面临的困境。新自由主义经济政策仇视"养懒虫"的社会福利政策,对加大在教育、医疗、健康、社会保险等民生行业的投入的政策措施充满敌视。对于资本家而言,教育、医疗等开支对他们来说无关紧要,但对于收入一般的普通民众则是巨大的负担。资本家们为了进一步丰厚其本已"盆满钵满"的口袋,对高税收的社会福利制度极为不满。"各类政策辩论始终聚焦在这件事上面,这很大程度上是由于人类主宰者们不待见这一制度——他们始终对此怀有敌意,因为该制度旨在惠及全体民众"①。因此他们集中力量试图将其废除,以撤销拨款的形式削弱社会福利制度存在的经济基础。作为资本家代言人的政客,不但忽视对民众社会福利的改善,反而"助纣为虐"般相继取消了自新政以来本就不多的福利政策。这使得因高额教育、医疗、住房等费用背上巨额贷款的普通民众的生活更加雪上加霜,加剧了普通民众的生活困窘。其中的典型案例是因对公共学校拨款的破坏导致的教育事业的衰落。20世纪五六十年代,美国处于高速发展的黄金年代,其发展很大程度上正是基于免费的公共教育体系。《1944年退伍军人权力法案》等法案的颁布开启了高等教育大众化时代,不但大量的退伍军人得以借此实现高等教育的梦想,政府大量拨款以及助学贷款也使普通人能够上得起大学。政府通过给予学生无息或低息贷款的方式,借助丰厚的教育拨款以优厚的政策帮助学生完成学业。然而时至今日,随着教育市场化和私有化的变革,美国一半以上的州立大学的资金支持都来自于学费收入而非政府拨款。高昂的学费对大多数学生来说是无法承受之重,这意味着,大学生若不是来自富贵之家,基本上在离开校园之时都会身背一笔巨额债务。一旦背负这样一笔欠款,就不可避免地陷入困境。美国前总统奥巴马曾经在演讲中提到,从不大手大脚花钱的他在毕业21年后才还清学贷,彼时他已经43岁了。近年来美国学贷"行情见长",截止到2020

① Social Security Act (1935) [EB/OL]. https://www.archives.gov/milestone-documents/social-security-act.1935-08-14.

年末，美国学贷总规模超过 1.465 万亿元，超过车贷、房贷、信用卡等超前透支项目占据榜首位置，学贷逾期率超过 12%，创下历史新高。一些人不但没有通过高等教育实现阶级跃迁，反而因高额的学贷陷入破产的境地。讽刺的是，在 20 世纪五六十年代，美国尚能推行实质上的全民高等教育大众化，而如今的美国居然声称不具备提供免费教育的足够资源，这对"美国梦"健康发展的根基造成破坏。

三、再造"美国梦"的尝试

时至今日，美国所面临的种种危机和挑战都迫使美国尝试重振"美国梦"，找回真正属于自己的道路。在政治演说中，人们总能听到，"给我投票吧，我一定会重新唤回'美国梦'"的声音。美国的政治家们试图恢复共同繁荣的经济模式，复兴公民行动的政治传统，唤醒让民族再次团结的美利坚精神，恢复和重建"美国梦"。

首先，是走出经济发展困境的尝试。一些人意识到，"美国梦"的回归不可能一蹴而就，需要通过全新的思维模式和极具野心的新经济议程来解决。曾任英特尔公司总裁的安迪·葛洛夫（Andy Grove）曾表示：

实际上，每家公司都是坚定的利己主义者，都会尽最大努力有效扩张并提高自己的盈利能力。但是，我们对企业利润的追逐，往往涉及将制造业和大量工程相关业务转移到国外。这种行为也影响到了我们在国内自主创新的能力。如果失去大规模创新的能力，我们不止将会失业——我们还会失去对新兴技术的掌控……进一步损害我们的创造力[1]。

为促进美国工业复兴、恢复美国全球竞争力，很多政客开始聚焦于长期结构性就业问题，美国的温和派政治家、顶尖企业的高管们、经济学家和自由主义者们共同提倡施行一份面向国内的经济复兴计划。这是一次由政府倡导、投资肇始的集体努力[2]。该计划主张的是由政府主导的产业政策，专注于创造数百万个全新的就业机会、出口更多的产品；实现基础设施的现代化，使税法更加灵活和公平；将美国的制造业重新收归本土等。

---

[1] ［美］赫德里克·史密斯：《谁偷走了美国梦：从中产到新穷人》，文泽尔译，北京：新星出版社，2018 年，第 430 页。

[2] ［美］赫德里克·史密斯：《谁偷走了美国梦：从中产到新穷人》，文泽尔译，北京：新星出版社，2018 年，第 429 页。

美国政客们试图从恢复共同繁荣的经济模式着手，试图让"美国梦"回归。

同时，美国政府颁布促进机会平等的相关法案的尝试。为重振"美国梦"，增强美国民众的信心，美国政府颁发了一系列具有福利主义特征的政治，如促进民众学习、就业、就医等相关法案，以改善人民生活质量，缩小社会贫富差距，在政府统治的最大范围内努力为民众提供一个"平等的机会"。如奥巴马为降低高等教育学费和调整联邦助学贷款政策，推出了"奥巴马助学贷款减免计划"（Obama Student Loan Forgiveness Program），又称为《学生援助权利法案》。奥巴马助学贷款减免计划创建于2007年，旨在为某些联邦学生贷款提供25年后或10年公共服务工作人员的贷款减免。只要每月还款额低于标准10年还款计划的还款额，参加该计划的借款人会根据收入、家庭规模和贷款金额支付较低的每月还款额①。《学生援助权利法案》在一定程度上使得学生可以支付高昂的学费，接受良好的高等教育，实现社会阶层的流动，为青年通过努力学习、个人努力奋斗实现个人的人生梦想，即个人的"美国梦"提供了条件②。此后，奥巴马于2015年岁末在白宫签署了名为"让每个学生取得成功"的法案（简称ESSA），旨在通过提升教学质量和教育资源，改善教学内容，提升学生综合素质的方式促进学生的全面发展，从而为学生更好地实现个人价值，达到个人目标提供可能③。在就业方面，奥巴马政府表示将"服务于退伍军人、新近遭解雇的职工、缺乏基本劳动力技能（basic workforce skills）的青年和成人、残疾人、那些从严重挫败中复元的人以及寻求更好职业路径的人"④。这在一定程度上为社会边缘人士提供了重拾"美国梦"的信心，强化了"美国梦"机会平等的信条。

2017年9月，美国特朗普政府公布了税收改革框架——《改革我们破碎税制的联合框架》，这一框架的主要遵循以下四个原则：一是税法简单、公平、易于理解；二是给美国工人加薪；三是通过为美国企业和工人提供

① 朱浩、方云：《奥巴马政府力推〈学生援助权利法案〉的背景、内容及争议》，《外国教育研究》，2016年第1期。

② 朱浩、方云：《奥巴马政府力推〈学生援助权利法案〉的背景、内容及争议》，《外国教育研究》，2016年第1期。

③ 林惠玲：《美国特朗普政府税制改革分析》，《上海对外经贸大学学报》，2018年第2期。

④ Ready to Work: Job-Driven Training and American Opportunity[EB/OL]. [2014-07-22]. http://www.whitehouse.gov/sites/default/files/docs/skills_report.pdf.p6.

公平的竞争环境，使美国成为世界就业磁石；四是把目前存放在海外的数万亿美元拿回来，对美国经济进行再投资。[①]该框架在很大程度上为中产家庭提供了经济上的保障和推动，有助于保护劳工权益、提高工资薪水、增加就业机会。2017年12月，时任美国总统特朗普正式签署《2017年减税与就业法》，这一法案主要从降低企业和个人的税率，增加标准扣除和家庭税收抵免，取消个人免税和减少扣除项目的利益等方面降低税率、简化税制，[②]为美国人实现"美国梦"提供直接的经济上的可能。2021年11月，美国总统拜登在白宫签署了1.2万亿美元的《基础设施投资和就业法案》，计划在未来5年内投资约5500亿美元用于修建道路、桥梁和铁路，获得清洁用水，提高网络速度，应对气候危机以及推进"环境正义"等。拜登表示，在未来两到三个月内，美国人民就会看到法案给美国基础设施带来的变化，且每年都能新增150万个就业岗位。这一系列的便民惠民措施在增加人们经济收入、提高人们生活质量的同时，也增强了美国人对美国政府的信心，在一定意义上让民众看到了再造"美国梦"的希望。

政治家们一直希望重振使美国能够再次团结的美利坚民族精神。其一，政治家们主张借力高等教育培育中产阶级，使得"美国梦"在社会流动层面成为可能。拜登认为"一个强大的中产阶级便等同于一个强大的美国"，[③]并提出"提升中产阶级竞争力，重塑美国中产阶级"的战略构想。[④]一方面，拜登致力于实施具体的经济和就业刺激计划以帮助中产阶级。如加强对绿色能源的研发推广，增大对尖端技术领域的投资；完善国内产业链、减少对全球产业链的依赖；投入大量资金用于完善更新基础设施，如修复道路与桥梁和改善宽带服务等；提升最低时薪、增强工会力量，等等。拜登还将高等教育作为重点，以期重塑美国中产阶级，恢复其实现"美国梦"的信心。在高等教育方面的具体举措有：提议将佩尔助学金（Pell

---

① Unified Framework For Fixing Our Broken Tax Code［EB/OL］.美国财政部网站［2017-11-01］.https://www.treasury.gov/press-center/press-releases/Documents/Tax-Framework.pdf.

② 115th Congress Public Law 97［EB/OL］.美国政府出版局https://www.govinfo.gov/content/pkg/PLAW-115publ97/html/PLAW-115publ97.html.

③ 张兴祥：《"美国梦"衰落了吗？——奥巴马政府重建中产阶级基石的动因与举措》，《国际政治究》，2015年第3期。

④ Joe Biden's Official Campaign. The Biden Plan to Invest in Middle Class Competitiveness.[EB/OL]. (2020-01-01) [2021-04-24]. https://joebiden.com/infrastructure-plan/.

Grants）加倍；减免公立大学的学费和学生贷款；提议在一些大学和服务机构进行大规模的新联邦投资；大力支持社区大学，等等①。这一系列的措施都为美国中下层民众向上流动提供了更多的可能，也让美国底层民众在一定程度上认识到"美国梦"的实现并非遥不可及。

其二，政治家们倡导组建让"美国梦"回归的志愿者队伍。为了让国家重新步入正轨，为了让"美国梦"得以再次回归与实现，由志愿者队伍组成的"军队"承担着这项重任。人们在家庭的影响下从事教会的慈善志愿服务，使美国民众在心中埋下了志愿服务的种子，他们相信帮助他人是出于上帝的意志。考察美利坚民族的文明发展史不难发现，从手无寸铁地来到新大陆，到燃起"美国梦"的理想，以互助精神为基础而形成的志愿组织在美国发展过程中起了重要作用。正如 1896 年马萨诸塞州成立的志愿者组织的宗旨那样，"到最需要我们的地方去，做任何需要我们做的事"②。志愿者服务与美国民众的工作、学习、生活息息相关。志愿者们的乐于捐赠并不能仅仅归因于生活富足、经济基础良好，也不能仅仅是由于个人富有同理心和责任心、热心和爱心，而是由于深厚的文化背景传递的价值观念和强大的教育引导。美国民众经常会因各种原因而相聚在一起，有时举行集会，以反对州政府设立并实行的不平等、不民主的条款或法规，有时会举办体育类竞技比赛，或是为医院、学校等单位设立基金会或筹款。不同阶层、不同种族、不同职业的志愿者，在其内心深处，都具有相同或相似的属性，便是"时刻准备着让'美国梦'回归"。

其三，政治家们通过演讲等形式呼吁人们重振"美国梦"的信心。如奥巴马在其作品《无畏的希望：重申"美国梦"》中呼吁人们团结。他认为美国需要一种可以使美国人相互理解的新型政治，以使美国能够再次团结起来。他将这种力量称为"无畏的希望"，即"不管个人遭受何种挫折，失去工作或是家中病疾，或是童年贫困，我们都勇敢地坚信可以掌握命运并要对此负责"③。奥巴马呼吁人们重新回归团结，以期通过对美利坚民族

① 刘宝存、商润泽：《拜登时代美国高等教育将去向何方——新任总统拜登教育政策主张述评》，《比较教育研究》，2021 年第 6 期。

② Volunteer of America. VOLUNTEERS OF AMERICA – SINCE 1896[EB/OL].https://voala.org/volunteers-of-america-1896/.

③ ［美］巴拉克·奥巴马：《无畏的希望：重申美国梦》，罗选民等译，北京：法律出版社，2008 年，第 30 页。

的精神鼓舞重新使美国"复兴"。这将"美国梦"中的理想主义重新激发出来，召唤了"美国梦"的回归。又如特朗普在执政期间，高呼"让美国再次伟大"这一口号。诚然，这种口号是一种政治呐喊，是唤醒广大选民们对美国梦的热忱与忠诚的"表演"，同时，这种口号也是一种政治手段。特朗普通过政治演说，以唤醒美国民众对美利坚民族精神的无限向往和崇拜追求，呼吁他们重燃对"回归美国梦"的信心和期待，鼓舞人心、振奋士气，"诱导"民众相信执政政府可以带领全体人民回归美国在世界舞台的经济地位和政治角色，使人民幸福，使国家复兴。

　　但实际上，美国政客的重振"美国梦"的策略是"治标不治本"，尽管这些策略在短期内可以提升就业率，或者周期性重振经济发展走势，但大多是"表面功夫"，难以真正地改善人们生活水平。20世纪上半叶，美国社会高速发展所创造的财富"涓滴式"地流入下层社会，使人们短暂享受到社会发展的红利，导致人们片面地将实现阶级跃迁归因为自身为"梦想"努力的结果，却全然忽视了其实现阶级跃迁的深层经济因素，即上层阶级的攫取财富的能力还未能实现绝对的垄断，才使得部分财富得以流入下层社会。但当前美国社会的阶层固化严重，上层阶级对财富垄断的水平不断提升，实现"美国梦"式的阶级跃迁越来越难。因此所谓的"美国梦"不过是主流社会为维系自身统治而创造的幻象而已。

第六章
美国现代道德文化建构与软实力变迁的规律性探析

美国现代道德文化的发展过程与软实力的变迁有着密切的联系。道德文化建构与软实力的变迁具有一定的规律性，只有站在历史发展的高度，这种规律性才能被揭示出来。在前文中，我们对美国现代道德文化发展历程及其各个历史阶段的软实力发展程度进行了系统研究，并以"美国梦"为横切面加以深入剖析。在此基础上，本章将基于美国现代道德文化建构的发展历程，对道德文化与国家软实力的内在关系与规律性进行探究。

第一节　道德文化建构对国家软实力产生影响的关键要素

软实力来自他者的自觉认同，建立在一定的是非观与善恶观的基础上，即"何为应当"的根本认识上。"何为应当"是道德文化建构产生软实力的逻辑核心。基于对"何为应当"的价值判断，道德文化不仅成为一个道德问题，也因其所处的环境而出现不同的道德认知，转化为一种文化问题、政治问题、习俗问题或者宗教问题等。影响道德文化样态及其认知的关键要素主要包括道义的先进性、文化的通约性、利益的相关性、实力的支撑性和对象的差异性，这是一国软实力得以产生吸引力、影响力和感召力的重要基础。

一、道义的先进性

道义是关于"道德和正义的准则"，是"各民族之间的关系中的至高无上的准则"①。放眼世界，道义是维持国际秩序、协调国际关系的一种价值准则与规范。在国际秩序演进的历史进程中，谁占据、占牢了国际道义制高点，谁就能形成强大的号召力和影响力，进而获得更加广泛的国际支持。国家软实力的形成同样离不开道义的先进性，拥有更先进道义的国家更容易获得软实力。在世界历史的发展中，美国也曾以其道义的先进性获得极大的软实力。尤其是相较于大航海时代西班牙、葡萄牙武装占领、血腥掠夺、奴隶买卖等赤裸裸的暴力手段，资本原始积累时期英、法、德等国采取建立殖民地的方式，美国打着"自由贸易"旗号鼓吹以民主、自由、人权等"普世价值"为核心的新的道义逻辑更容易得到支持，成为其问鼎世界霸主的重要理论准备。相较于旧殖民体系攫取利益的"野蛮抢夺"和"殖民掠夺"方式，美国的"自由贸易"具有道义的"先进性"，更容易取得最广泛的支持。事实上，美国精心打造了一套以推行"普世价值"为名，行单边主义、干涉主义、霸权主义之实的行为方式，以"大国责任"为借口，妄图操控国际议程、曲解国际议题、遏制别国发展、维持西方主导地位，谋求实现战略扩张与占据道义制高点的双重目的。

在世界历史的发展中，国际道义意识的发展变化有其自身规律性。第一，任何试图构建国际秩序的大国在主观上都具有一定的国际道义意识，并以此为依据使自身的国际行为合理化，占据国际道义制高点。第二，世界性大国的国际道义意识呈现出逐渐增强的发展态势。资本积累及扩张时期的大国奉行"武力至上"，道义的包装不过是其掠夺行为的"遮羞布"，实际执行的是"为追求罪恶目的而利用民族偏见并在掠夺战争中洒流人民鲜血和浪费人民财富"②。随着国际秩序日趋合理化和民主化，如今一个国家要采取国际行动，一般而言都会首先寻求国际法和道义上的依据，道义准则越发成为国际关系中"至高无上的准则"。第三，历史地看，国际道义准则不是一成不变的，而是会随着时代进步不断跃升和突破。国际格局形成变化发展进程中，新兴大国取代传统大国，首先体现为道义上的超越。只有不断向上寻求道义理念和行动上的突破，才有可能成为世界秩序的引领者和维护者。正是这样的动力逻辑，推动了国际道义的不断"刷新"。

① 《马克思恩格斯选集》（第3卷），北京：人民出版社，2012年，第11页。

② 《马克思恩格斯选集》（第3卷），北京：人民出版社，2012年，第10页。

　　道义的先进性的根源是国家统治阶级的先进性，先进的统治阶级才能产生先进的道德文化，产生先进的道义理念。统治阶级不仅支配着物质生产资料，同时也支配着精神生产资料。人的解放程度是道义先进性的重要体现，是道义吸引力的重要来源。从世界历史发展的角度看，封建主将人从奴隶制中毫无自主性的财产变为效忠封建主的臣民，资产阶级将人从人对人的依赖中解救出来但又使人陷入了对物的依赖，无产阶级以消灭阶级的方式实现人的全面解放。这个过程中，封建主宣称的效忠君主显然比毫无自主权的奴隶状态更"解放人"，资产阶级提出的自由、解放显然比对领主的效忠更为先进，而无产阶级主张的消灭剥削，也比资产阶级对无产阶级的巧取豪夺中的虚假口号更具说服力。总而言之，道义的先进性源于国家统治阶级的先进性，以及统治阶级内部政治集团的先进性。阶级内部政治集团的先进性决定本阶级内部主张的道义实现程度的高低，但这种阶级道义理念实现程度到达顶峰的时候，就是其先进性完全释放的时候，如果这种道义还是具有本集团的特殊利益，那么必然会被更先进的道德文化所取代。

　　社会道德文化的先进性深刻影响着一个国家国际道义的先进性，只有先进的道义才有可能形成真正广泛持久的文化软实力。首先，道德文化越是代表多数人的利益，其赢得的支持也就越广。道德文化始终是阶级的产物，代表的阶级越先进，其道德文化越先进，其道义性越突出，产生的软实力也就越强。其次，道德文化越先进，就越能展现出比较优势，其相较于不先进的道德文化就愈加具有吸引力。最后，道义的先进性超越是一个历史进程，伴随着先进阶级的壮大而逐渐发展，这不是一蹴而就的，而是长期的历史发展过程。

　　历史地看，彼时美国道德文化相较于欧洲道德文化而言更崇尚平等、民主，没有封建枷锁和教会旧势力的桎梏，具有一定的历史进步性。回顾美国崛起与发展的历史我们不难发现，美国之所以能够在世界范围内取得较大影响力，实现政治霸权与文化殖民，取得软实力的领先地位，一方面与美国强大的硬实力基础息息相关，另一方面也有赖于美国在现代道德文化建构方面取得的发展成就。事实上，美国多年来不仅在全世界建立了一套以美国为主导的资本主义经济与贸易新秩序，也建构了一套所谓的道义伦理秩序，在实现"全球资本化"的同时也不断推行"道德化"进程，以新道德取代旧道德，以新秩序取代旧秩序，以新价值取代旧价值。这种道德的价值与原则不仅反映在美国的外交政策与国家行为之中，同时也体现在美国社会的道德氛围与美国公民的道德素养之中。这种道德文化所产生的道义力量自然会对其他国家产生吸引力、影响力和感召力，使别的国家理解、认同其在国际社会的主张和维护国家利益的行为。但最终也正是美国自身打破了其所设立的国际"游戏规则"，陷入了"口惠而实不至"的道义困境。

二、文化的通约性

道德文化能否促进一个国家的软实力发展，在很大程度上也取决于在他者的文化视域下，道德文化会产生何种理解和认识，即关涉到文化的通约性问题。国家、民族、社会之间的价值理念不同、历史文化不同、文明信仰不同，一定程度上决定了其道德文化也各不相同。这意味着某种文化的传播，在不同的国家或社会中展开时，其作用效果会有所差异，激荡出不同的反应与回响。某种文化的对外传播，从另一侧面看也就是其文化被他者接收和认同的过程。实际效果可能是，一国的道德文化会在某些国家得到认同，在某些国家被反对，在某些国家被忽视。其中，文化的通约性是影响道德文化转化为软实力的重要原因。当今世界是各种文明相互激荡的世界，世界在地理意义上逐步具有更为密切的联系，但在其文化意义上则依然存在较大差别。每个文明单位都具有自身的文化外壳，其他文化在进入某文明单位时，需要穿破其文化外壳，体现为一种文化穿透力。只有当文化具有足够的吸引力和说服力的时候，才能打破文化隔阂，超越文明边界，对其他文化形成一定作用与影响。

在相关学界，文化是否具有通约性是一个颇具争议的问题。一些西方学者认为，文化因其核心价值观的差异，以及由差异导致的冲突，使得文化不具备通约性。美国政治学家塞缪尔·亨廷顿、弗朗西斯·福山、历史学家柯林伍德等将文明区块式划分，比如基督教文明、伊斯兰文明、儒教文明等，认为文明间的价值内核具有差异，甚至是严重的冲突，集中体现在文明间的宗教信仰、社会习俗和传统文化等方面，因此文明间是难以通约的，甚至预言了不同文明间必有一战，以此为底层逻辑诞生了诸如"修昔底德陷阱""威权国家""修正主义国家"等对他者文明充满恶意揣测的文明观。但实际上，文明间的差异远非西方国家所鼓吹的那样，文明间也可以交流，进而实现文化的通约。中华文化的文明观强调，文明间的差异并非文明对抗的诱因，文明间可以求同存异，正所谓"美美与共，天下大同"。根据马克思的世界历史理论，生产和交往是世界历史的发展动力，人类的交往越频繁，文明间交流融合的基础就会越坚实，这是从世界历史发展的进程中得出的科学结论。

文化的通约性影响国家间文化的吸引力和影响力。塞缪尔·亨廷顿提出了以文明为单位划分世界的方式，其划分的依据即是文化的相似度，即文化类同的社会彼此合作[①]。在亨廷顿划分的文化模型中，每个文明都有其核心国家和附属国家，呈现出文明价值从核心国家到其他国家的辐射式展开。在该视域下，当国家之间的文化属性相同或相似时，一国的行为更容易引起其他行为体的反应，国家之间自然更容易产生相互吸引，甚至形成感召力，使其他行为体出于崇拜、信念或信仰认同、文化认同而在思想和行动上追随该国，促进软实力的提升。处于相同或类似的道德文化圈，就有可能拥有坚实的国家认同，形成普遍的认识、信仰和价值观，直接促进软实力的提升。具有相似文化背景的国家往往会对美国道德文化产生更多的认同感。影响文化通约性的有以下几个方面。

国家所处的文化圈层影响文化的通约性。当今世界，文化有若干类型，相同的文化类型内部，其文化活动受认可的程度就有可能相对较高。约瑟夫·奈认为，"国际政治中，软实力大部分来自于一个国家或组织的文化中所体现出的价值观、国内管理和政策所提供的范例"[②]。如美国就是以盎格鲁－撒克逊民族文化层为核心的白人圈层，尽管美国是一个移民国家，但并非所有移民都在美国发展中拥有同等的重要性。盎格鲁－撒克逊人本身即来自欧洲，与欧洲各白种人也具有相似的文化特征。欧洲白人在美国建立时以先入为主的姿态掌握美国各个领域的主导权，同时也将其文化传统打造成美国的主流文化，构成美国社会的文化底蕴。这种天然的文化关系使美国与欧洲具有更紧密的文化认同。约瑟夫·奈认为："由于马歇尔计划等富有远见的政策，使欧洲人乐于接受。但随之而生的软力量在一定程度

---

① ［美］塞缪尔·亨廷顿：《文明的冲突与世界秩序的重建》，程克雄译，北京：新华出版社，2000年，第153页。

② ［美］约瑟夫·奈：《软实力》，马娟娟译，北京：中信出版社，2013年，第12页。

上也取决于美欧间文化与价值的大量重叠。"①文化圈层能够构建相似的文化传统，形成共同的历史记忆，具有相似的历史观和文化观。相同的文化圈层能够塑造相同的历史记忆，产生文化上的共鸣，由此更容易形成吸引力，产生软实力。

国家内部人民的宗教信仰影响文化的通约性。宗教信仰影响人们的世界观，即影响人们看待世界的方式。宗教本身就是一套较为系统的价值观架构，具有相同宗教的人们本身就身处相同的架构之内，这奠定了人们沟通和理解的基础。对于美国而言，在殖民地早期以清教徒为代表的新教在美国进行了全面的发展和扩张，掌握了美国文化的主导权。随着美国本土宗教发展，新教以外的基督教派逐渐融入美国社会各个层面，基督教成为实质上的美国国教，信仰基督教成为美国国民性得以建立的重要原因。在基督教国家，美国也存在较为广泛的影响力，共同的宗教信仰构成美国对外影响力的重要基础。至今美国在与欧洲国家领导人的会晤中，经常用宗教来表明两国的某种立场，意图拉进共识。在相同宗教信仰框架下，人们往往将彼此视为"自己人"，视为具有共同价值观的"兄弟姐妹"，其相互理解和沟通能力也就越强，通过相同的宗教活动维持信任感。比如基督教的万圣节、圣诞节、复活节等，在基督教国家具有广泛的影响力；伊斯兰教的古尔邦节、开斋节等，也是具有跨国属性的宗教内部的节庆。

国家所持有的意识形态影响文化的通约性。意识形态是国家政治理念的集中体现，代表着国家治理模式的底层逻辑，由于国家政权的建立必然会有一套合法性确认，所以不同意识形态的国家在很多时候会产生对异质意识形态国家政权建立合法性的质疑。"人们自觉或不自觉地，归根到底总是从他们阶级地位所依据的实际关系中——从他们进行生产和交换的经济关系中，获得自己的伦理观念"。②阶级社会是美国资本主义制度发展的禀赋，也是美国道德文化孕育的底色。美国所代表的资本主义意识形态，使美国道德文化能够在资本主义国家形成较高的认知度。美国的自由民主理念对这些国家的很多人有吸引力和说服力，自由女神像所代表的道德文化为许多国家的人们所向往，吸引许多人移民美国。道德文化的对外传播具

① ［美］约瑟夫·奈：《软力量：世界政坛成功之道》，吴晓辉、钱程译，上海：东方出版社，2005年，第61页。

② 《马克思恩格斯选集》（第3卷），北京：人民出版社，第470页。

有关键性意义，通过显性或隐性、直接或间接的传播方式，向世界传达自己的道德文化和价值理念，形成沟通交流的稳定机制、以实现"他者"认可并巩固本土道德文化的主导地位。

三、利益的相关性

在国际社会中，利益是国际关系的关键考量，以至于有人曾说，"没有永远的朋友，没有永远的敌人，只有永远的利益"。利益的相关性往往带来国家间更为密切的联系，也可以使道德文化的对外影响更容易收到实效。在很大程度上，利益可以构成维系文化共同体的重要基础，利益共同体能够产生相互依赖的利益圈层，进而形成共同的文化圈层，促进道德文化的相互理解。在利益的维系下，不同国家的道德文化更容易产生具有高度认同度的社会文化环境，使得输出的道德文化更容易实现价值理念的广泛传播。

首先，利益相关性影响受众对道德文化的关注度，可使利益相关群体对其"感兴趣"。在国际社会中，国家间的互动产生巨量的信息，一个国家的"注意力"是有限的。在利益相关的情况下，受众国在国际社会巨量信息中优先选择其利益相关国的信息，出于了解利益伙伴的需要而对该国的道德文化"感兴趣"，自觉或不自觉地在国际社会中留意其相关信息，将有限的关注投放在某输出国的道德文化中，进而创造较为广泛、深入的接触机会。在两个国家间具有密切的交往的前提下，道德文化输出国的信息更容易在受众国产生足够的兴趣。

其次，利益相关性影响受众对道德文化的认知度，可使人们"听进去"。利益伙伴基于某种"共同事业"，在持续的交往中首先形成利益圈层，进而形成共同的文化的圈层。其原因在于，国家间因利益建立的密切联系中，文化联系是其中重要的组成部分。当双方的文化信息流达到一定的密切程度时，就会形成共同的文化圈层，形成文化上的"共同语言"。这就使得利益交流人为地创造出共同的文化圈，道德文化输出国与受众国间则更乐于进行理念的交流互动，以更加包容的心态去"倾听"某国家的道德文化。

最后，利益相关性影响受众对道德文化的可信度，对道德文化"易认可"。在利益相关的国家间所展现出的某种事业的发展现状，以及该事业展现出的图景符合人们心理预期的程度，是其可信度的重要来源。国家间因利益产生的交汇点往往被视为共同的事业，这实际上淡化了国家间身份的区隔，而基于某种确定的事业形成一个稳定的事业伙伴身份。人们更乐于相信开展共同事业的伙伴所持的价值理念与本国价值理念具有较高的契合度，以利益为纽带更容易取得信任。这种"爱屋及乌"的审美方式，是利益往来促进道德文化相互理解的重要特点。

四、实力的支撑性

一个国家综合实力的提升能够在很大程度上影响其道德文化传播的有效性和广泛性。一般来说，国家的实力越强，其道德文化被有效传播中可利用的资源就越多，其价值理念传播的效果往往就越好。国家综合实力中所蕴含的潜在能量是不可忽视的影响力。很多世界性问题的解决，如世界核问题、安全问题、经济问题和环境治理问题，都离不开具有强大实力国家的参与。大国行动必然会在世界和区域范围内产生连锁型反应，带动其影响力所及范围内经济、政治、文化等因素的变动，主动或被动地对其影响力所覆盖的国家产生作用。在国际社会的行动上，具有强大实力的国家的行为和决策会产生一系列具有某种价值取向的影响，很大程度上左右着世界格局和别国的战略选择。

同时，国家强大的信息掌控能力能够为其理念传播保驾护航。信息传播是国家信息的喉舌，具有扩音器的作用。强大的信息传播能力能够推动国家价值理念的传播，提升信息传播的广度和深度。一般来说，国家传播能力的大小影响甚至决定着其道德文化传播效果的好坏，影响甚至决定着国家的价值主张能够在何种程度上掌握国际话语权。所谓话语权，不但意味着一种言说方式，而且意味着对言说者地位和权力的隐蔽性认同[①]，话语权可以被看作是一种文化上的统治权和主导权。当今世界，"国家的发展与话语方式息息相关，只有将话语方式融合到发展之中，才能够有效地塑造和构建国家权力"[②]。在软实力的国际传播中，国际话语权占据主要位置，是话语权重要组成部分，有学者认为，国际话语权就是"一国在国际事务中通过话语方式表达自身利益诉求，赢得其他行为体认同，主导国际事务

---

① 阮建平：《话语权与国际秩序的建构》，《现代国际关系》，2003 年第 5 期。
② ［英］安东尼·吉登斯：《民族——国家与暴力》，胡宗泽等译，上海：三联书店，1998年，第 254 页。

进程，有效维护和拓展国家利益的能力"①。国际话语权的掌握，是软实力传播的重要保障。以美国为例，美国道德文化形成的价值理念离不开其强大的国际话语权，这使得其道德文化得以在国际范围广泛传播并构建起相应的文化吸引力和影响力。国际话语权是衡量软实力的重要标准，争夺国际话语权本身就是软实力向权力转化的过程。美国在战后发展的几十年中，依靠其强大的国际话语权和信息技术传播能力，将美式价值观念与生活方式渗透到全球的各个角落。

总体而言，国家实力对道德文化传播与软实力提升的支撑作用不容忽视。历史和实践证明，一个国家只有拥有强大的硬实力，才能更好地提升国家软实力；只有在软实力与硬实力兼具的情况下，才能实现国家的全面振兴，屹立于世界民族之林。

五、对象的差异性

传播对象的差异性也在很大程度上影响着道德文化的传播效果。道德文化在传播的过程中，不同的受众对象可能会产生截然不同的传播效果。这种传播效果的差异，主要是由传播对象的差异性引起的。特别是随着全球化的深入发展，人类文化传播的模式也愈加由以往"一对一"的线性传播转变为"一对多"的辐射型传播，国家产生联系的方式由地缘式逐步扩张的交往拓展为由虚拟空间和网络技术为主的虚拟传播，这种传播对象的差异性更为显著。这构成了文化传播对象的新特征，即文化传播的受众更加广泛，受众的多样性和差异性也更加复杂，传播收效也不可避免地会更加参差不齐。

传播对象的差异性是世界历史发展中各民族间生产和交往发展不充分的结果。长期以来，由于生产力的限制，人类长期呈现分散居住的状态，长期的封闭性形成的不同的民族和种族，各群体内部形成各具特色的道德文化。新航路的开辟和世界市场的开拓，使人类社会越来越连成一个整体，各国各民族之间的联系也日益密切。但长久以来形成的民族文化依然存在，并且在本民族中仍具有相当大的影响力。这是造成道德文化对外传播过程因对象不同而收效不同的重要原因。

---

① 王丽红：《从大国崛起到强国霸权》，武汉大学博士学位论文，2014年，第22页。

当今世界，影响受众国对道德文化接受程度的因素有很多，如民族构成、种族情况、文传统、历史交往、宗教信仰、意识形态、国家发展水平等，每个因素背后的社会文化环境都能够或多或少地影响受众国对输出国道德文化的接受程度。具体来说，道德文化传播的过程，实际上就是其价值理念间碰撞、融合的过程，这是一场观念上的"战役"。道德文化输出国增加其价值理念被认可的概率，赢得这场"战役"的关键在于对受众国差异性的尊重，尤其体现在不因国家发展状况、经济发展水平、综合国力情况、宗教信仰等方面怀有某种傲慢或偏见，而是以开放包容的心态对其平等看待。美国提供了这方面的反面教材，它将其道德文化包装为"普世价值"，将其自由民主制度视为"历史的终结"，强调自身价值观念与政治制度的唯一正确性，往往以改造者的心态对他国进行"削足适履"式的文化输出，最终对他国造成一系列政治灾难。

第二节　道德文化建构对国家软实力的影响作用

道德文化对一个国家的软实力有着重要影响。概括地说，主要呈现出三种不同的可能情况：一是对软实力构成积极影响；二是对软实力构成消极影响；三是对软实力不构成或几乎不构成影响，即与软实力的弱相关性。

一、可能情况一：道德文化建构对国家软实力的积极影响

道德文化对国家软实力构成的积极影响是指受众国能够对输出国的道德文化价值理念产生积极理解和认同，或对输出国的在国际社会的实践产生正面评价。这种积极的、正面的观感形成的原因主要在于输出国和受众国道德文化在交流的过程中价值理念间的吸引力大于排斥力。这里一般又包含以下四种具体情况。

第一种情况，道德文化输出国与受众国拥有某种共同的"先天"出身背景。"先天"出身背景中蕴含的某种相似的属性天然地使输出国与受众国间共享某种世界观，以此为基础，可以使受众国了解输出国道德文化花费的成本更少，形成理解和认同的可能性更高。

宗教是这种情况的典型案例。宗教意味着一整套的世界观，具有相同宗教体系的国家、社会、民族会在一定程度上持有共同的世界观。历史上

不乏诸如十字军东征这样的宗教跨国联盟，即便是今天，美英等西方国家的官方文件中时常将宗教事业作为国家政权建立、政策制定合法性等事务的依据。在国际社会中，梵蒂冈国土面积狭小，却因为其是教皇的居所，在全球基督教国家拥有极大的影响力。影响力来源即在于教皇被视为上帝在人间的代言人而引发的宗教崇拜。在国际政治中，宗教产生的天然亲和力发挥着巩固国家间相互信任的作用。比如 20 世纪六七十年代，埃及领导人纳赛尔（Gamal Nasser）融合伊斯兰教的某些理念提出"纳赛尔主义"，其中具有一些以宗教联盟淡化国家主权边界的价值主张。由于该主张契合彼时中东地区高涨的宗教团结情绪，在阿拉伯世界收获了积极响应，以至于叙利亚政治派别在选举中陷入僵局时，竟然主动请埃及的纳赛尔担任国家最高领袖，叙利亚的一些政治势力主张以埃及和叙利亚合并的方式实现捍卫伊斯兰世界宗教事业的使命，建立超越主权的国家联合体。

以相同或相似的文化传统和背景构成的文化圈也赋予一些国家共同的"出身背景"。当今世界，国际舞台中一些国家因其文化相似性而显著地具有亲密关系。比如，美国与西欧各国因其文化上"同宗同源"而具有密切的联系，这种密切联系在欧洲向美国移民的过程中便以文化纽带的形式存在。这种共同的"文化出身"强化了美国和西欧在政治、经济、军事等方面的联系。再如，世界上的一些国家在习俗、节庆、饮食等方面的相似性也可以从历史文化中找到原因。

第二种情况，输出国强大的综合国力使受众国对其产生"仰慕感"而对其道德文化具有更高的认可度。在一定历史阶段内，一些国家以先驱者的姿态探索出符合彼时世界发展潮流的发展模式，这些先驱国对于同样想要实现富强目标的追随国来说无疑是带有"光环"的，先驱国的道德文化于是具有很大的吸引力。

比如近代西方国家借助率先开辟世界市场、完成工业革命、建立资产阶级政体的先发优势，客观上造成了"西强东弱"的世界格局。东方国家学习西方先进技术、经验和政治体系的同时，也对西方的道德文化怀有一定的好感度，将其视为先进文明的象征。比如日本在明治维新后，吃西餐、穿洋服、学习西式礼仪、举办西式酒会被视为上流的体现，文化上的"脱亚入欧"成为彼时日本社会革新的重要目标；土耳其凯末尔领导的资产阶级革命以西方资本主义政治理念全面取代封建主义的政治，以传播西方资产阶级政府的主权在民、天赋人权、三权分立等思想剥夺了封建领袖苏丹统治的合法性依据。总而言之，"西强东弱"格局形成以来，后发国家在现代化道路上几乎无法忽视西方世界所奠定的路径范式，也无法忽视西方国家道德文化曾经散发的先进光芒。历史上也存在过度"崇洋"主张全面西化的情况，更有甚者产生了严重的"文化软骨病"。如一些国家在学习西方经验的过程中，有人居然主张完全放弃自身文化，以字母取代本土文字，出现从"仰慕"到"迷信"的情况。

第三种情况，输出国的道德文化蕴含的先进性鲜明地占据了国际道义制高点。如前文所述，世界发展中的道义标准总是会不断"刷新"，总是伴随着新道德取代旧道德，以新秩序取代旧秩序，以新价值取代旧价值的过程。而在世界舞台上谁更具有道义性，也会大大增加其道德文化的认可度。以美国为例，该国在一定历史时期内以"巧取豪夺"替代英法等国的"殖民掠夺"而获得较高的声望，以更加温和的方式实现攫取现实利益的目标，体现出相对的道义优势。随后美国通过有计划地建构国家形象，将这种道义的相对优势"打扮"成为绝对的优势，攫取对"正义"解释权以推出所谓的"普世价值"，意图创造出一套有利于自己的"正义"解释范式。这套理念意图将自身的道德文化外化为国际秩序的伦理观念，以精美的包装掩盖、淡化其道德文化中的掠夺性，使其看似光鲜亮丽，其内核却依旧是资本主义攫取现实利益那套理念。这种建构性以高超的技巧和手段塑造出的"幻象"至今仍对维系美国软实力起到重要作用。

第四种情况，受众国因"共同的事业"与道德文化输出国黏合在一起形成对输出国的积极回应。从现实情况来看，这种因"共同的事业"建立起道德文化信任与积极回应的情况，按其表现样态可分为具有对等国际关系的情况和不对等国际关系的情况。

"欧洲一体化"是对等的"共同事业"一个典型的论证。早在1946年丘吉尔就在题为《欧洲的悲剧》的演讲中提到，"创造一个欧洲大家庭或尽量创造它的一部分，是指具有一个容纳和平、安全和自由的结构。我们必须创建一个欧洲合众国"[①]。为此，欧洲国家先后建立煤钢共同体、经贸共

---

① 李巍、王学玉主编：《欧洲一体化理论与历史文献选读》，济南：山东人民出版社，2001年，第5页。

同体、原子能共同体，最后形成具有高度融合性的"欧洲共同体"乃至具有高度政治属性的"欧盟"。这种"共同的事业"增加了国家间的理解力，在这个过程中，各国间的道德文化交流随着经济、政治、贸易等要素的高速流动变得更加频繁，在"共同事业"的导向中实现了一定程度的价值融合，增进了区域内国家的相互理解。

美国所倡导的"伙伴关系"是不对等的"共同事业"的代表模式。如英国、德国、日本、韩国、澳大利亚、新西兰，近年来还有印度等国时常在美国"国家安全战略"中以伙伴关系的面貌出现，实则这种"伙伴关系"以某种不对等性的纽带维系着。如美国所领导的"北约"是欧洲重要的军事力量，美国在澳大利亚、新西兰等国贸易份额的高占比使其能够引导这些国家经贸政策的制定，美国对日本、韩国等国军事要害的占领深刻地影响该国的内政外交。总体来说，这种不对等的"共同事业"在很大程度上是优势方对相对劣势方的价值观和实践导向的操控，看似是"伙伴"，实则是"主仆"。日本学者松田武在《战后美国在日本的软实力》中提到，美国在日本的占领政策就是弱化传统的天皇封建制度在日本的影响，使美国的价值理念为日本所尊崇，在文化上建构出对美国的"半永久性依存"①。

二、可能情况二：道德文化建构对国家软实力的消极影响②

在道德文化认同缺乏相同或相似的文化归属，或价值内核严重冲突的情况下，国家之间会更容易出现不理解、不支持甚至是排斥的"不兼容"现象。这种"不兼容"会损害道德文化在受众国的认可度，无法产生吸引力，甚至会产生排斥力。一般包括以下三种具体情况。

第一种情况是，道德文化输出国的价值内核与受众国相冲突。该现象的基本原因在于，受众国因其文化背景无法理解、甚至是反对输出国道德文化中的某些主张。

---

① ［日］松田武：《战后美国在日本的软实力》，金琮轩译，北京：商务印书馆，2014年，第35页。

② 同事任志锋教授在美国哈佛大学对约瑟夫·奈进行专访期间，谈到了道德文化可能存在的消极影响，对本部分的写作有所借鉴，在访谈中约瑟夫·奈教授所举的相关案例对文章有很大启发。

比如，在美国的政治光谱中女性独立、女性权利、女性解放被视为一种"政治正确"，这在其道德文化意蕴着平等、独立、自强、奋斗等正向形象。但这种观念在一些国家则被视为不可理解和接受的观念，与其宗教教义中对女性的角色定位、宗教使命和社会地位相冲突。

再如宗教内部的教派间、宗教与宗教之间也存在核心价值理念冲突的情况，这种世界观上的根本冲突容易引发现实冲突。历史上，基督教内部的各派别之间的斗争激烈，欧洲历史的"胡格诺战争"，美国历史上的"猎巫运动"等都在宗教内部被视为"正统"对"异端"的战争。相同宗教内部尚且如此，不同宗教间的冲突就更加明显。宗教战争的典型案例就是中世纪欧洲长达数世纪之久十字军东征，这是基督教文明与伊斯兰教文明的一场因宗教因素产生的旷日持久的冲突。宗教间的冲突在现实利益的加持下往往会演变为现实冲突。

第二种情况是，道德文化输出国的某些文化特质因过于独特使其难以在受众国找到被接受的土壤。这种特质往往是因迥异于世界各国发展的一般性国家实践与经历形成的某种文化内容。这些特殊文化在国家内部能够被理解和接受，然而置于国际社会的道德文化互动中时，发挥的可能是反作用。

以美国枪支问题为例，有研究认为，美国社会大约有 2.5 亿支私人拥有的枪支，近 40% 的美国家庭至少拥有一支枪。美国目前的枪支暴力水平远远高于其他富裕国家[1]。枪支在美国语境下其背后具有捍卫个人自由、保护私有财产的道德逻辑。以至于枪支制造商柯尔特有一句广告语风靡美国："上帝创造了人类，柯尔特让人人平等。"在特殊的历史语境下，枪支在美国具有保护权利的工具意蕴，不仅仅是暴力的工具。有研究认为，"公民持枪的自由权利为宪法第二修正案。第二修正案的内容是纪律优良的民兵对自由州的安全是必要的。因此，人民持有并携带武器的权利不可被侵害"[2]。在世界绝大多数国家，公民持枪是被禁止的。很多国家将其视为社会不稳定因素的重要来源，将枪支与暴乱、杀戮、动荡等因素联系起来。这种特殊的理解方式产生于美国早期发展的蛮荒时期，枪支在动荡的社会

---

[1]　Gabor T . America's Gun Violence Problem[M]// Confronting Gun Violence in America. Springer International Publishing, 2016.

[2]　陈晓平：《透视美国枪支文化的死结》，《湖南社会科学》，2018 年第 1 期。

背景下对于个人权利维护的重要作用，以及在反抗英国殖民压迫的以枪支争取独立、捍卫自由的象征意义。这种独特的历史实践并非一般性的国家发展经历，世界各国也缺乏对这种"枪支捍卫权利"进行理解的文化土壤。

有些国家道德文化中的一些要素则因其蕴含的逻辑迥异于常而难以被接受。如日本的"耻感"文化，其核心观点是人的过错会在社会中形成强烈的道德批判，这对本人来说是一种羞耻，这种因羞耻导致的"耻感"会使日本人在生活的社会中失去安身立命的根本，导致个体被群体疏离和排斥。但令人匪夷所思的是，日本人消除"耻感"的方式既不是中国文化中"知错能改，善莫大焉"，也不是美国文化中诸如"华盛顿砍樱桃树"那样绅士般的主动承认错误。如鲁思·本尼迪克特在《菊与刀》中描述的那样，凡是玷污名誉使自己受辱必须雪洗，方式有二："一个是有错误者向正确者进行报复；另一个是凡受辱必报复，即使对方是自己的主君。"[①] 日本右翼"耻感"文化中消除耻辱方式是不惜一切代价去掩盖，通过消灭使自己受辱的事物而重新获得自我的社会认同。即使过错在自身，或那个人是自己的主君。这种消除"耻感"的方式迥异于其他文化中弥补错误的一般性思维，但却可以解释日本人的行事方式。如否认发动侵华战争、否定"南京大屠杀"、篡改历史教科书内容、掩盖福岛核泄漏事故以及其产生的巨大风险等，均是在这种右翼"耻感"文化下的产物。

第三种情况是，道德文化输出国与受众国的核心利益有冲突而产生心理上的敌视。国家利益是影响国家对他者看法的重要因素，国家利益的冲突容易将对方视为邪恶势力而对其价值理念形成天然的排斥。

国家间的战争及长期对抗会导致某些国家间相互产生道德文化的恶劣观感。比如英国和法国的百年战争以及历次在欧陆大陆争霸的历史记忆，导致两国的道德文化交流中的彼此排斥。这很大程度上源于英法百年战争的历史记忆使双方"仇深似海"，双方的各种相互抹黑也层出不穷。举例来说，彼时英国的长弓兵给法国带来了巨大的伤亡，法王宣称要将所有英国长弓兵的食指和中指砍掉（拉弓的两个手指）以此泄愤。但随后法国的重骑兵轻敌冒进输给了使用长弓的英国人，英国人就发明了一个剪刀手背过来的姿势，竖起食指和中指嘲讽法国人，至今仍成为"辱法"的经典手

---

① ［美］鲁思·本尼迪克特：《菊与刀》，吕万和等译，北京：商务印书馆，第 148 页。

势。英语词汇里和 French 有关的词汇很多都具有负面意义，比如性病叫 French disease（直译为法国病），梅毒叫 French marbles（直译为法国疱疹），色情图片叫 French postcards（直译为法国明信片）等。法国面对英国人的抹黑也不甘示弱，创造了 La maladie anglaise（直意为英国病）、Capote anglaise（直译为英国大衣，实则指避孕套）等。时至今日，很多英国人拍的电影、电视剧中还时常出现辱法桥段，如电视剧《是，首相》中有几十处"辱法"笑话，甚至还用外号"Frogs"（意为法国蛙）代指法国人。很多法国人对英国人也怀有芥蒂，很多法国人甚至拒绝说英语。

现实政治中核心利益的冲突会加剧国家间的对抗情绪。比如韩国和日本就独岛（日本称"竹岛"）问题产生领土争端，导致日本和韩国的国内民众情绪相互敌视，加剧了彼此印象的恶化。如在互联网上，每当韩国进行文化申遗的时候，日本的网民总会对其持反对态度，并通过历史考证指责韩国为文化上的"盗窃者"。而在日本倾倒核污水事件中，韩国网民对其的批判也非常激烈，称其为"核恐怖"行为，韩国政府迅速宣布停止进口日本的海产品。核心利益的对抗削弱道德文化认同的心理基础，加剧两国间道德文化的敌视态度。

三、可能情况三：道德文化建构与国家软实力的弱相关性

道德文化的建构与软实力关系，并非只有消极影响或积极影响的二元对立，也存在输出国道德文化传播与软实力提升或衰落并无明显作用的情况。道德文化归根结底是一种具有强烈道德色彩的文化现象，具有鲜明的文化属性。文化属性辐射范围或大或小地规定了其受众范围，范围内的受众会产生文化倾向和判断，范围外的受众则是与这些文化现象无关的群体，不会产生明显的倾向和判断，我们将这部分文化辐射范围以外的受众称为"无感"的受众。究其原因，大致是当道德文化输出国的价值理念与受众国的民族文化、现实利益、宗教习俗等无甚大关系时，道德文化输出国的价值理念就无法在受众国心中"掀起波澜"。也就是说，输出国的道德文化既不会产生吸引力，也不会产生排斥力，而是因受众国对其兴趣较低、受众较少、理解程度不高、反应程度较小等因素，没有在受众国形成规模化、群体化、社会化的影响力。一般包括以下四种具体情况。

第一种情况，因信息流动的相关问题导致道德文化输出国对受众国的

影响较低，使其软实力处于"失效"的状态。如果受众国对道德文化输出国所传递的信息内容"无感"，则输出国的道德文化难以产生效果。

当道德文化的输出国与受众国产生的交集不多，受众国也没有深入道德文化输出国所构建的影响圈层中时，就会产生"无感"的现象。当今世界，国家间文化的深入交流多是由政治、经贸等链接因素串联起来的交往与碰撞，缺乏链接因素的"跳跃式"交往必然会使两国间信息流动缓慢，彼此间认识不清，以至于会基于某种刻板印象形成认知。比如，目前世界存在一些"边缘型"国家，它们远离国际政治中心，同时具有较为封闭的国内外环境。输出国的道德文化会因语言、习俗、地理等因素难以准确传播到此地，即使有零星信息传播到这类受众国，民众也会因"事不关己"缺乏足够的兴趣。

再如，很多国家本地的文化传统具有根深蒂固的土壤，在输出国道德文化未能威胁到其主流地位的时候，对输出国所宣扬的道德文化具有漠视的态度。在本土文化传统构建出的熟悉的文化环境下，受众国既不觉得输出国道德文化具有优越性，也不反对其道德文化，而时常以"看客"的角度去围观这种道德文化。产生这种现象的原因是，受众国面对一个几乎陌生的国家，难以形成有效的价值判断，由此输出国的道德文化对受众国的影响就体现出弱相关性。

第二种情况，当互动交流程度较浅的时候，受众国对道德文化输出国的信息蕴含的价值理念"无感"。比如说，国际社会政治格局经历了威斯特伐利亚体系、维也纳体系、凡尔赛—华盛顿体系、雅尔塔体系的重大变更，但这种变更对于一些利益相关性较弱的国家来说则并非具有很大影响。有些受众国游离于世界主流体系之外，或某种体系的边缘，这种体系的变更对他们影响不大，就会因利益无涉而选择观望。究其原因，这种由低利益关系导致的弱相关性必然会使道德文化输出国在受众国难以形成规模化的影响力。

第三种情况，道德文化输出国与受众国因为缺乏文化通约的现实条件导致受众国对输出国的道德文化理解程度较低。比如，道德文化因"代沟"难以具有通约的基础。在19世纪美国提出了经济自由竞争的口号，但对于广大的殖民地和半殖民地国家来说，他们并不理解其意味着什么，因此也不能理解其具体含义，就造成一种信息的低效或无效交流。同时，文化传播的形式也会影响其文化通约性。一般来说，国际社会中的政治新闻很难打破文化隔阂获取广泛的社会关注，但生活化、娱乐化的方式则会打破文化隔阂。

第四种情况，道德文化输出国的自身实力不足以打破信息和文化壁垒。道德文化输出国若缺乏硬实力支撑，便会被国际社会边缘化而丧失话语权，更谈不上扩大影响力的问题。国际社会中道德文化的发展、传播直至被认同，需要经济实力、军事实力等硬实力的支撑和保障。大国因其在世界发展中的地位举足轻重，其国家形象出现在世界各国视野中的机会比较多，其信息传播的机会也就较多。相对而言，一些国家因体量小、国力较弱、地缘政治影响小等原因，在世界上缺乏影响力，其道德文化主张难以被传播和接受。这种在国际社会和地缘政治中存在感较低的情况，使这些国家在道德文化输出的时候回响较弱，难以形成规模化的影响力。

第三节　美国现代道德文化建构与软实力变迁的走向分析

美国凭借其强大的实力在世界诸领域获得了全面的领先地位，以其道德文化为内核的意识形态也在冷战中作为存续的一方获得了巨大的声望，在苏联解体的事件中达到了顶点。但冷战结束后，美国的霸权主义行径时常出现不顾国际规则和道义，以强权政治绕过国际规则的情况，甚至不惜破坏世界和平以攫取现实利益的做法，迅速消耗了美国长期积攒的道义口碑。百年未有之大变局下，随着新兴力量的崛起和世界多极化的发展，美国"一超"的绝对优势逐渐丧失，其引以为傲的道德文化也在综合国力的衰败中无可避免地走向衰落。

一、美国软实力的衰落是一个长期、必然的过程

美国软实力衰落的一个重要表现就是其现代道德文化的衰落。当前，美国建立在包装、建构基础上的道德文化的掠夺性正在充分暴露出来，很多时候为攫取现实利益已经无暇他顾，这不可避免地会导致美国软实力的衰落。同时，美国依然是当今世界唯一的超级大国，其在发展中深厚的历史积淀，以及依托长期积累的军事资源、文化资源、经济资源等在国际社

会中具有强大的行动力。由于这些资源的衰落是以缓慢流失的形式进行，使得美国霸权的衰落又必将是一个长期的过程。

从文化的通约性来讲，美国日益封闭的道德文化难以与其他文化进行通约。当前，尽管美国的硬实力相对衰落，但其文化观却越来越展现出"傲慢"的西方中心主义倾向，将西方文化凌驾于所有文化之上。美国试图以自身道德文化去替代他者的道德文化，这种充满西方主义色彩的文明观使美国现代道德文化逐渐以"故步自封"的态度走向封闭。

从利益的相关性来讲，美国的"单边主义"行事风格不可避免地损害了他国的利益。单边主义会导致两败俱伤的零和博弈，不仅会使大国陷入恶性竞争的"修昔底德陷阱"，也会导致全球治理出现结构失衡与制度紊乱①。这可以从权力的滥用和权力的失控两方面来解读。权力的滥用就是在行使权力时过于"任性"，将自己的国家意志强加到他国身上，在权力使用的过程中仅仅关注自己的利益忽视对他国利益的考量。权力的失控是资本掌握了美国国家机器后，为谋取超额利润而进行"非理性"实践，使国家决策呈现出越来越多的"见利忘义"行为。在利益面前，美国逐渐放弃了其长期以来引以为豪的大国责任，这极大地损害了美国的全球信誉。

从实力的支撑性来讲，美国国家实力的相对衰落也导致了软实力的下降。首先，美国的"超级大国"地位开始由全球霸主的绝对优势，转变为局部领先的相对优势，依托其实力肆意妄为的时代已经一去不返，其霸权更容易受到多极化的"制衡"。其次，新兴国家在科技等领域不断具有创新性突破，与美国产生有力的竞争，突破了美国在某些方面的垄断地位。最后，美国的国内乱象使其民主危机被充分暴露，尤其是美国政治极化日趋严重，贫富差距日益扩大，社会乱象不断滋生的现象使美式民主疲态尽显，以此被参照美国再对外进行民主输出就难以具有说服力。

从道德文化输出对象的差异性来讲，美国不尊重他国的差异性并想通过民主输出的方式强行改变其国家治理模式，这在发展中国家普遍实力获得增强的背景下必将受到抵抗。在美国的世界观里，民主国家只有"美式民主"一种范式，其他均为"异端"。美国不尊重国家间的差异强行推广其意识形态，必定在各国出现水土不服的情况。比如，美国多次使用武力

---

① 肖军勇等:《反对单边主义的中国智慧》,《人民论坛》,2019 年第 17 期。

强行推广其民主模式，不经联合国批准违背正当程序行使权力。美国的行为既不合理，也缺乏深思熟虑，其结果往往是冲动过后的"一地鸡毛"，美国在索马里的"黑鹰坠落"，在中东反恐导致当地社会愈加动乱，在阿富汗灰溜溜地狼狈撤军等，均可以证明这一观点。

二、对美国现代道德文化的改造正在成为其稳固软实力的重要手段

为了挽回其软实力不断下降的颓势，美国统治阶层尝试对国家道德文化进行改造，使其道德文化在此发挥支撑软实力的重要作用，提振美国日趋衰落的软实力状况。美国对其现代道德文化的改造，是一种对当前局面的战略再适应，以适应新的国际背景。但由于当前美国两党间政治极化严重，两党轮流执政的体制也使美国对现代道德文化的改造出现两种方式，即民主党的"自由主义"方案和共和党的"保守主义"方案。

民主党的"自由主义"主张以更加多元、包容的方向改造美国现代道德文化。在民主党看来，"自由"理念理应成为总领美国道德文化的核心。在政治上主张对少数群体权利的关注，尤其注重将同性恋、残疾人、跨性别者、少数族裔、各种宗教团体等权力的保护；在经济上主张回归福利国家模式，以高税收、高福利的政策治理方式提供优厚的社会福利保障，减少公民因经济困窘陷入道德败坏境地的情况；在文化上主张更为宽泛的个人自由，减少对公民私生活的干预，这产生的后果就是很多地区将大麻等毒品合法化，同时道德相对主义的盛行也加剧了社会中酗酒、过度消费、堕胎等问题的滋生。

共和党的"保守主义"为核心的道德文化主张回归传统的具有浓厚基督教色彩的生活方式。在经济上，共和党鼓励以自由竞争为核心的政策模式。主张废除国家福利政策，通过鼓励竞争来实现美国的进步；在政治上，主张建立"有限责任"的小政府模式，减少政府对公共事务的干预；在国际战略上，主张放弃无用的责任，积极倡导"美国优先"，积极推动贸易保护主义实现"制造业"回归；在文化塑造上，主张主流文化的同化作用，尤其是回归清教主义的传统道德文化，倡导勤奋、慈善、奉献等传统生活方式。共和党认为，文化多元是造成美国思想混乱和道德衰败的源头，民主党的福利国家政策是"养懒虫"、鼓励道德败坏的政策。

可以看见，美国两党在重建道德文化的根本方向上具有较大争议，并且存在相互对立的情况，这就导致了两党对道德文化的改造会因为党派轮流执政而存在失效的风险。当今国际风云变幻的局势下，美国两党在如何应对世界格局深刻变化的策略上分歧尤为严重。以特朗普为代表的共和党主张抛弃无用的道义体面，赤裸裸地攫取最大利益。特朗普放弃了其前任总统们推崇的"全球主义"，实行以美国的利益最大化为导向的政策，这尽管使美国在对外交往中能够获得更多的利益，但也削弱了美国的国际声望。拜登的民主党政府则更注重依托传统的伙伴关系开展国际行动，尝试重新扛起西方资本主义国家领袖的旗帜，尝试继续向世界推广美式民主。同时，对外积极参与国际事务，主动争取国际事务的话语权。

就目前的态势而言，尽管两党均意识到改造美国现代道德文化是稳固其软实力的重要手段，但两党走的路径却大相径庭，在诸多关键问题上产生分歧，这种分歧因核心价值理念的根本冲突而难以弥合。因此，尽管两党都有重塑道德文化提振其软实力的愿望，但二者在道德文化改造方案中的分歧会在党派政治的框架中产生严重的内耗，最终会加剧两党的道德文化分裂，阻碍对美国现代道德文化的有效重塑。

三、重塑美国现代道德文化能在多大程度上延缓美国软实力的衰落

为挽救美国江河日下的全球影响力，美国开启了一系列重振软实力的行动，重振其现代道德文化是其中的重要手段。可以预见的是，尽管重塑美国现代道德文化会在一定程度上重塑其软实力，但就世界历史发展的趋势而言，其国家影响力虽然会出现暂时性重振，会在部分区域内增强，但其软实力的发展总体上会呈现螺旋下降趋势。

1. 美国现代道德文化"阶段性回暖"能够使美国软实力得到暂时的重振

美国软实力衰落的原因很大程度上在于美国现代道德文化的衰落。历史地来看，美国道德文化发展中具有"阶段性回暖"的传统，每当美国社会因道德败坏产生严重的社会问题时，都会出现大规模的社会性的道德振兴运动。比如说，19世纪末20世纪初的"丑恶揭发运动"，就是以揭发政治腐败方式批判贿选、操纵选举、权钱交易，倡导政治改良的社会运动；20世纪初的"社会福音运动"，就是在美国社会严重缺乏社会福利保障的

情况下，由社会精英发起的倡导社会慈善、救济贫困群体、帮助弱势人权的社会改良运动；20 世纪 60 年代的"民权运动"，就是在政治权力分配不公的情况下，美国各界进步主义人士参与并发起的支持少数族裔和妇女参政权、争取政治权力和社会地位平等的运动。20 世纪 80 年代末的教育改革，就是在青少年道德败坏，酗酒、毒品、早孕等问题层出不穷，青少年法制、道德意识淡薄的背景下，教育者发起的一场对教育系统的改良运动。

　　总体来说，当美国社会中的道德危机发展到一定程度时，国家内部的一些有识之士便会以高度的责任感尝试去扭转道德衰败的颓势。当前，美国政治家、学者、新闻工作者、教育家中很多人已经意识到美国现代道德文化中存在的问题，并在国家战略、法律法规、教育实践等方面提出自己的重振道德文化的方案，并为此付诸行动。在重塑美国道德文化的主张中，有人呼吁弥合政治极化凝聚国家力量，有人主张调整国家战略重振美国的全球影响力，有人倡导通过将主流价值观融入教育立法以扭转青少年道德败坏的颓势。他们尝试借助最广泛的社会力量，在一系列广泛的社会运动中以改善道德文化的方式实现其"阶段性回暖"，主要表现为遏制道德文化衰败、增强道德文化建构、加强道德文化包装塑造。

　　遏制道德文化衰败使美国道德文化更加回归其本真的道德属性，使整个社会看起来更加具有"道德"观感。实际上，国家道德吸引力的重要来源就是国家在内政外交上所展现出的形象，以及这种形象符合受众预期的程度。在国际社会中，道德文化衰败的重要特点是道德理念和道德实践相脱节的"言行不一"。改变因道德败坏导致的道德文化上"言行不一"可以在很大程度上提振美国在国际社会的道德行动，提升美国在国际社会的道德观感。共和党选择的方案是主张回归基督教倡导的传统道德，将基督教传统道德视为美国人实现美国梦，国家政体走向富强的伦理基础；民主党的方案是，尝试在全球以承担更多国际责任的方式，在理念和实践中重新锚定美国的国际形象，增加美国行事风格中的道义属性。总体来说，双方都在一定程度上改善了美国现代道德文化的堕落，增加美国社会及其外交政治的道德观感。

　　强化道德文化建构就是指在国家的内政外交中将道德文化的所占据地位更加凸显出来，以彰显国家行为的道义属性。在美国的国家战略中，理想主义与现实主义此消彼长的斗争深刻影响着美国形象中的"道义"含量。

一方面,"山巅之城"的理想主义因素蕴含着对他国福祉的关照,是美国国家战略的历史底蕴;另一方面,关注利益、注重实用、重视效果的现实主义外交理念,是美国国家战略中重要的考量因素。在国家战略的制定中,理想主义因素占据上风时,美国的国家战略就会显得更加道义,而现实主义占据上风时,美国的国家战略则会显得更加功利。历史的经验表明,当道德文化"阶段性回暖"后,国家战略中的理想主义因素便会占据上风,使其外交战略中现实主义因素有所收敛,使其在攫取利益的同时更加顾及其行动是否合理,其攫取利益的过程是否合法,国家战略的理想主义因素能够有效地限制美国在发展过程中的不道德的行为,并注重赋予其行为鲜明的道义属性。

当道德文化"阶段性回暖"时,美国对道德文化的包装工作便会被重新重视起来。美国会更加注重国内外形象,更加注重对其行为的合理性阐释,更加注重通过其所掌握的技术手段对其道德文化进行全面包装。其典型模式是,通过更加多样的道德文化塑造方式,充分挖掘美国内政外交的道义属性,掩盖其不道义的行为,以强大的信息流、巧妙的叙事角度以及精心安排的情节设计,将受众带入美国营造的道义语境中,培养他者对美国的共情、理解乃至欣赏、钦佩等正面情感。在这种情况下,对道德文化的全面包装,能够在一定程度上延缓美国软实力的衰落,展现出更加符合公共预期的美国内政外交的形象。

但是,重塑美国现代道德文化对于重振软实力的作用是暂时的,难以长久地维持。一方面,加强美国现代道德文化的建构因党派而异,随着党派轮流执政,这种重振道德文化的行为在政治极化的背景下几乎很难具有政策延续性;另一方面,当今时代信息化的发展使美国对道德文化的包装愈加困难,尤其是美国国内枪击问题、毒品问题、政治极化问题、社会动荡问题等,美国在国际社会的贸易保护主义、美元霸权、地缘政治干预、攫取石油霸权等行为已经突破了其用媒体技术的"滤镜"塑造出良好形象的限度。同时,美国道德文化在"阶段性回暖"取得一定效果后往往因缺乏后续长久的支持机制而难以长久。

2. 美国对现代道德文化的重塑,可能使其软实力在部分区域内得以维系

一是从美国现代道德文化的影响力范围来看,对现代道德文化的重塑有可能会维系其在盟友及"伙伴关系"中的影响力。美国以掌握"民主国

家"的认定权的方式，建立具有"党同伐异"属性的国家小团体。美国是该团体的领导者，通过构建利益同盟维系该团体的世界影响力。G7 联盟、"五眼联盟"、"四方会谈"等都需要跟随美国的政策充当"打手"来为进入其团体纳"投名状"。同时，美国依然具有控制日、韩等国家亲美势力的能力，这些国家更具"附属国""仆从国"性质。美国深度掌握了这些国家的内政外交，使其能够唯美国"马首是瞻"。在美国实力衰落的背景下，美国建构的"伙伴关系"愈加成为其道德文化传播的重点区域，甚至成为美国未来的政策的核心。在这个团体中，美国设定某种标准作为凝聚该团体的价值准则，会增强美国的软实力。

二是从美国现代道德文化的意识形态划分来看，对现代道德文化的重塑会有可能会维系其在西方资本主义国家文化圈层的影响力。一方面，美国在西方资本主义国家内颇有威望，被视为西方资本主义国家的领导者。为了加强美国道德文化在西方资本主义国家的凝聚力，美国时常制造西方文明的假想敌，由此来实现西方文明内部的团结。美国创造出"修正主义国家""威权国家""恐怖主义"国家等词汇去形容其竞争对手，在对他国贴标签的同时，也过度强调西方国家的阵营化特性，使其道德文化失去了更大范围传播的可能性。另一方面，随着中国等发展中国家的崛起，世界呈现出多极化的发展趋势。这使得世界上很多国家可以有能力拒绝美国强行施加的政治条件，不再被轻易地裹挟进美国创造的国家阵营之中，在很大程度上能够实现国家行为的独立自主。同时，当代中国开辟中国式现代化新道路和人类文明新形态，使世界各国在迈向现代化的道路上有了全新选择，这打破了西方现代化道路的垄断地位，限制了美国现代道德文化的影响力。

三是从美国现代道德文化的文化归属来看，对现代道德文化的重塑有可能会维系其在基督教文明圈层的影响力。从道德文化重塑的内容上来看，无论是民主党还是共和党，他们都寄希望于美国人道德理念向宗教精神的回归，都以基督教道德秩序作为所建构理念世界的模板。两党主张的对道德文化的重塑方案，其根本主张都是从基督教教义中衍生出来的。比如说，共和党主张的回归传统的清教主义道德传统，只有新教徒才能对其具有共鸣，才能理解其中观念中关于上帝喜爱、自我救赎、奉献等概念在道德体系中的逻辑构成。美国坚定地认为，基督教就是最好的道德，这是在其他文明圈所难以理解和认同的观点。而民主党所主张的重振世界责任中蕴含的"山巅之城"式的理想，只有在圣经中了解《出埃及记》，了解圣奥古斯丁（Saint Augustinus）的《上帝之城》中的拯救观念，才能被理解和接受。这种充满"宿命论"式的宗教使命感，只有在基督教国家会拥有被理解的土壤。同时，美国也乐于接受这种宗教赋予的使命，尝试"新耶路撒冷"的人设。总之，重振美国现代道德文化的行动的宗教色彩越浓厚，就越能在基督教文化圈产生影响力，但同时也就越会被其他文明圈所排斥。

3. 美国对现代道德文化的重塑，使其软实力呈现出起起伏伏的发展态势

当今世界，美国大国地位衰落的趋势越发明显，但作为深刻影响世界格局近一个世纪的超级大国，美国的衰落又是一个缓慢的过程，美国国家实力会呈现出螺旋下降的趋势，美国的软实力也在这个过程中会呈起起伏伏的状态。

一方面，美国现代道德文化的重塑中一些行为会使得软实力因道德文化中的某些补救措施而断断续续地获得软实力发展的正面反馈。其影响因素主要有：一是更加注重所谓道义向度的国际行为。比如，拜登政府则更注重依托传统的伙伴关系进行行动，并尝试为其国际行为蒙上合法性外衣。注重自身行为的国家形象，利用其搭建的伙伴关系进行发声，使美国可以在短时间内重新获得较强的行动力。二是更具国际责任的扩张主义的国家战略。如以美国"例外论"为主的"理想主义"的回归，秉承着清教主义的"山巅之城"理想，意图为全世界做表率而采取一些积极扩张的行为。三是在道德文化建构中与包装中，开展的一系列有助于提升有助于改善国家形象的国际行为，也会暂时维持美国的道德观感。四是在未来发展中，美国可能存在的经济振兴情况带来的社会的重新繁荣，经济的回暖将改变美国的社会面貌，重新使"美式生活"蕴含的某些道德文化属性被挖掘并展现出来。

另一方面，美国现代道德文化重塑中无法克服的一些因素会持续地削弱其软实力的基础。一是随着信息技术的发展，世界之间的信息交流日益密切。美国社会以往的一些鲜为人知的事件都被发掘出来，更新了人们对美国社会的印象。一些私有制所滋生的不良道德社会风气被充分地暴露出来，将资本主义的掠夺性充分展现。二是美国"任性"的权力行使方式将付出更大的代价，其"单边主义"的做派将难以施展。长期以来，美国往

往置作为国际准则的国际秩序于不顾，在世界范围内任意的施展自己的理念和原则，如此的行事风格会在相当大程度上消解美国的软实力。三是资本的逐利性依然是美国国家行为的重要导向。随着维系美国软实力的道德文化呈现出一定程度上被资本主义私有制产生的利己主义和实用主义侵蚀的问题，使美国违背了自身所标榜的道德文化准则，"言行不一"损害了美国的国家软实力。

总体来说，在美国现代道德文化重塑并以此推进软实力重振的过程中，存在"向前推"的正向力量和"向后拉"的负面力量两种作用力。两种力量中蕴含的诸多要素在推动其发展和阻碍其发展的角力中决定重塑美国现代道德文化能否重振其软实力的最终结果。一方面，这种"向前推"与"向后拉"两种力量的博弈必然是一场旷日持久的拉锯战，双方角力的任何一个历史阶段中，某一方占据优势就会改变整体的力量占比。比如，由于党派更迭产生的政策差异会导致美国现代道德文化战略的差异。随着政治极化的愈演愈烈，这种差异很难获得弥合。另一方面，在这种拉锯战状态的具体呈现上，存在力量对比频繁交错的情况。某种力量在历史时间段内占据上风就会提振或降低美国的软实力，这种交错是频繁的，甚至每个总统任期、外交政策的变化、议会选举的人员更迭都会产生力量的变化。这表现在道德文化与软实力关系上，就会呈现出频繁的起起伏伏的状态。

需要明确的是，美国道德文化走向衰落是历史发展的必然结果，尽管其软实力呈现出起起伏伏的状态，但总体态势是走向衰落的。一是从世界历史的发展进程来看，世界多极化的发展必然会导致美国的国家实力的相对衰落，其道德文化的影响力也会因此收缩。二是从美国道德文化重塑正向和负面力量的对比来看，当前美国重塑道德文化的正向力量侧重于方法上振兴，但其负面拉力则由其国家体制产生，随着资本主义的优越性逐渐丧失，乃至走向世界历史发展的对立面，美国对其意识形态的自救将难起作用。

参考文献

一、中文文献

（一）经典著作与文献

［1］马克思恩格斯文集［M］.北京：人民出版社，2009.

［2］列宁选集［M］.北京：人民出版社，2012.

［3］毛泽东选集［M］.北京：人民出版社，1991.

［4］邓小平文选［M］.北京：人民出版社，1993—1994.

［5］习近平谈治国理政（1—4卷）［M］.北京：外文出版社，2014，2017，2020，2022.

［6］习近平关于实现中华民族伟大复兴的中国梦论述摘编［M］.北京：中央文献出版社，2013.

［7］习近平新闻舆论思想要［M］.北京：新华出版社，2017年.

［8］习近平关于总体国家安全观论述摘编［M］.北京：中央文献出版社，2018.

［9］习近平关于社会主义文化建设论述摘编［M］.北京：中央文献出版社，2017.

［10］习近平关于中国特色大国外交论述摘编［M］.北京：中央文献出版社，2020.

［11］习近平总书记教育重要论述讲义［M］.北京：高等教育出版社，2020.

［12］习近平外交思想学习纲要［M］.北京：人民出版社，2021.

［13］习近平外交演讲集（全2册）［M］.北京：中央文献出版社，2022.

［14］中国社会科学院马克思主义研究院编.马克思恩格斯列宁论意识形态

〔M〕.北京：人民出版社，2009.

〔15〕刘方喜等.马克思恩格斯列宁斯大林论文艺与文化（上下）〔M〕.北京：中国社会科学出版社，2012.

〔16〕黄平等.马克思恩格斯列宁斯大林论美国〔M〕.北京：中国社会科学出版社，2013.

〔17〕韦冬等.马克思主义经典作家论道德〔M〕.北京：中国人民大学出版社，2017.

（二）学术专著

〔18〕刘绪贻，杨生茂主编.美国通史（六卷本）〔M〕.北京：人民出版社，2002.

〔19〕何顺果.美国史通论〔M〕.上海：学林出版社，2001.

〔20〕吴于廑，齐世荣主编.世界史（六卷本）〔M〕.北京：高等教育出版社，2001.

〔21〕王晓德.美国文化与外交〔M〕.北京：世界知识出版社，2000.

〔22〕梁茂信.美国移民政策史〔M〕.长春：东北师范大学出版社，1996.

〔23〕王立新.踌躇的霸权：美国崛起后的身份困惑与秩序追求（1913—1945）〔M〕.北京：中国社会科学出版社，2015.

〔24〕李剑鸣.美国的奠基时代 1585—1775（修订版）〔M〕.北京：中国人民大学出版社，2011.

〔25〕林立树.美国文化史〔M〕.北京：中央编译出版社，2014.

〔26〕刘澎.当代美国宗教〔M〕.北京：社会科学文献出版社，2012.

〔27〕朱世达.当代美国文化〔M〕.北京：社会科学文献出版社，2011.

〔28〕赵学功.当代美国外交〔M〕.北京：社会科学文献出版社，2012.

〔29〕史静寰.当代美国教育〔M〕.北京：社会科学文献出版社，2012.

〔30〕姬虹.当代美国社会〔M〕.北京：社会科学文献出版社，2012.

〔31〕资中筠.20世纪的美国（修订版）〔M〕.北京：商务印书馆，2018.

〔32〕王希.原则与妥协：美国宪法的精神与实践（增订版）〔M〕.北京：北京大学出版社，2014.

〔33〕周琪.意识形态与美国外交〔M〕.上海：上海人民出版社，2006.

〔34〕门洪华.中国软实力方略〔M〕.杭州：浙江人民出版社，2007.

〔35〕阎学通.中国国家利益分析〔M〕.天津：天津人民出版社，1997.

［36］梁劲泰等.社会发展软实力中的道德文化研究［M］.北京：知识产权
　　　出版社，2014.

［37］陈正良.软实力发展战略视阈下的中国国际话语权研究［M］.北京：
　　　人民出版社，2017.

［38］沈壮海.文化软实力及其价值之轴［M］.北京：中华书局，2013.

［39］刘德定.当代中国文化软实力研究［M］.北京：人民出版社，2013.

［40］张国祚.中国文化软实力研究论纲［M］.北京：社会科学文献出版
　　　社，2015.

［41］王海燕.中国文化传播软实力研究［M］.北京：社会科学文献出版社，
　　　2016.

［42］黄钊.中国道德文化［M］.武汉：湖北人民出版社，2000.

［43］高兆明.道德文化：从传统到现代［M］.北京：人民出版社，2015.

［44］李建华.中国道德文化的传统理念与现代践行研究［M］.北京：经济
　　　科学出版社，2016.

［45］韩经太.省鉴与传习：中国道德文化的传统与现实［M］.北京：人民
　　　出版社，2013.

［46］江畅.论价值观与价值文化［M］.北京：北京科学出版社，2017.

［47］罗国杰主编.马克思主义伦理学［M］.北京：人民出版社，1982.

［48］向玉乔.美国伦理思想史［M］.长沙：湖南师范大学出版社，2015.

［49］申建为.中国道德文化与世界道德前景［M］.桂林：漓江出版社，
　　　2011.

［50］许桂清.美国道德教育理念研究［M］.北京：中国社会科学出版社，
　　　2008.

［51］袁明主编.美国文化与社会十五讲（第二版）［M］.北京：北京大学
　　　出版社，2015.

［52］费孝通.美国人的性格［M］.上海：华东师范大学出版社，2013.

［53］郭强.当代美国高校德育研究［M］.上海：同济大学出版社，2014.

（三）学术译著

［54］［美］汉密尔顿等，程逢如译.联邦党人文集［M］.北京：商务印书
　　　馆，1980.

［55］［美］阿瑟·林克等，刘绪贻等译.1900年以来的美国史［M］.北京：

中国社会科学出版社，1983.

［56］［美］查尔斯·比尔德著，何希奇译.美国宪法的经济观［M］.北京：商务印书馆，1984.

［57］［美］塞缪尔·亨廷顿著，程克雄译.谁是美国人？——美国国民特性面临的挑战［M］.北京：新华出版社，2010.

［58］［美］塞缪尔·亨廷顿著，周琪、刘绯、张立平、王圆译.文明的冲突与世界秩序的重建［M］.北京：新华出版社，2009.

［59］［美］约瑟夫·熊彼得著，吴良健译.资本主义、社会主义与民主［M］.北京：商务印书馆，2021.

［60］［美］比尔德著，许亚芬、于干译.美国文明的兴起［M］.北京：商务印书馆，2010.

［61］［法］托克维尔著，董果良译.论美国的民主［M］.北京：商务印书馆，1989.

［62］［美］艾伦·布雷克利著，陈志杰等译.美国史［M］.北京：北京大学出版社，2019.

［63］［美］埃里克·方纳著，王希译.给我自由：一部美国史［M］.北京：商务印书馆，2010.

［64］［美］艾伦·布鲁姆著，缪青、宋丽娜译.走向封闭的美国精神［M］.北京：中国社会科学出版社，中国社会科学出版社，1994.

［65］［美］帕灵顿.陈永国译.美国思想史［M］.长春：吉林人民出版社，2002.

［66］［美］艾略特·特里尔，高地等译.社会知识的发展：道德与习俗［M］.长春：东北师范大学出版社，2020.

［67］［美］约瑟夫·奈著，马娟娟译.软实力：权力，从硬实力到软实力［M］.北京：中信出版社，2013.

［68］［美］约瑟夫·奈著，李达飞译.灵巧领导力［M］.北京：中信出版社，2010.

［69］［美］约瑟夫·奈著，门洪华译.硬权力与软权力［M］.北京：北京大学出版社，2005.

［70］［美］约瑟夫·奈著，郑志国等译.美国霸权的困惑［M］.北京：世界知识出版社，2002.

［71］［美］约翰·米尔斯海默著，王义桅译.大国政治的悲剧［M］.上海：
　　　上海人民出版社，2003.

［72］［美］保罗·肯尼迪著，王保存、陈景彪译.大国的兴衰［M］.北京：
　　　国际文化出版公司，2006.

［73］［加］马修·弗雷泽著，刘满贵等译.软实力：美国电影、流行乐、
　　　电视和快餐的全球统治［M］.北京：新华出版社，2005.

［74］［日］渡边靖著，金琮轩译.美国文化中心——美国的国际文化战略
　　　［M］.北京：商务印书馆，2013.

［75］［法］弗雷德里克·马特尔著，周莽译.论美国的文化——在本土和
　　　全球之间双向运行的文化体制［M］.北京：商务印书馆，2013.

［76］［德］马克思·韦伯著，马奇炎、陈婧译.新教伦理与资本主义精神
　　　［M］.北京：北京大学出版社，2012.

［77］［美］道格拉斯·霍尔特、［美］道格拉斯·卡梅隆著，秦其伦译.文
　　　化战略——以创新的意识形态构建独特的文化品牌［M］.北京：商
　　　务印书馆，2013.

［78］［美］苏珊·乔治著，蓝胤淇译.思想的锁链——宗教与世俗右翼如
　　　何改变美国人的思维［M］.北京：商务印书馆，2016.

［79］［美］约书亚·科兰兹克著，陈平译.魅力攻势：看中国的软实力如
　　　何改变世界［M］.北京：中央编译出版社，2014.

［80］克莱·瑞恩著，程农译.道德自负的美国：民主的危机与霸权的图谋
　　　［M］.上海：上海人民出版社，2007.

［81］［美］罗伯特·帕特南著，刘波等译.独自打保龄——美国社区的衰
　　　落与复兴［M］.北京：北京大学出版社，2011.

［82］［美］吉米·卡特著，汤玉明译.我们濒危的价值观：美国道德危机
　　　［M］.西安：西北大学出版社，2007.

［83］［美］莱茵霍尔德·尼布尔，蒋庆等译.道德的人和不道德的社会
　　　［M］.贵州：贵州人民出版社，1998.

［84］［法］巴斯卡尔·博尼法斯著，河清译.造假的知识分子——谎言专
　　　家们的媒体胜利［M］.北京：商务印书馆，2013.

［85］［美］威廉·曼彻斯特著，四川外国语大学翻译学院翻译组译.光荣
　　　与梦想——1932—1972 年美国社会实录［M］.北京：中信出版社，

2015.

［86］［美］保罗·肯尼迪著，陈景彪等译.大国的兴衰——1500—2000 年
　　　的经济变迁与军事冲突［M］.北京：国际文化出版公司，2006.

（四）学术论文

［87］于群.“特洛伊计划”——美国冷战心理宣传战略探微［J］.东北师
　　　大学报（哲学社会科学版），2007（2）.

［88］胡媛媛等.“普世价值”与社会主义核心价值观的区别［J］.世界社
　　　会主义研究，2018（04）.

［89］阮建平.话语权与国际秩序的建构［J］.现代国际关系，2003（05）.

［90］陈晓平.透视美国枪支文化的死结［J］.湖南社会科学，2018（01）.

［91］王道.普遍主义的胜利——迪安·艾奇逊与“杜鲁门主义”之缔造
　　　［J］.历史教学问题，2019（05）.

［92］江畅.西方近现代主流价值文化构建的启示［J］.人民论坛·学术前
　　　沿，2012（11）.

［93］张国祚.文化软实力研究［J］.中国高校社会科学，2015（01）.

［94］杨卫东.宗教伦理道德与美国外交［J］.国际论坛，2010（05）.

［95］黄金辉，丁忠毅.中国国家软实力研究述评［J］.社会科学，2010（05）.

［96］孔祥永，梅仁毅.如何看待美国的软实力［J］.美国研究，2012（02）.

［97］门洪华.中国软实力评估报告［J］.国际观察，2007（23）.

［98］王沪宁.作为国家实力的文化：软权力［J］.复旦大学学报（社会科
　　　学版），1993（3）.

［99］蒋英州，叶娟丽.国家软实力研究述评［J］.武汉大学学报（哲学社
　　　会科学版），2009（2）.

［100］阎学通，徐进.中美软实力比较［J］.现代国际关系，2008（1）.

［101］朱世达.影响美国软实力的因素分析［J］.美国研究，2011（02）.

［102］桂翔.美国软实力的影响之道［J］.国外社会科学，2009（05）.

［103］肖欢.冷战后美国软实力的下降及其启示［J］.国际政治研究，
　　　2006（03）.

［104］王希.中美软实力运用的比较［J］.美国研究，2011（03）.

［105］唐彦林.美国对中国软实力的评估及对中国软实力建设的启示［J］.
　　　当代世界与社会主义，2009（06）.

［106］周厚虎.公共外交与中美软实力战略［J］.国际展望，2012（01）.

［107］黄钊.论思想道德建设在文化软实力建设中的重要地位［J］.武汉科技大学学报（社会科学版），2010（05）.

［108］龙静云.道德问题治理与提升文化软实力［J］.马克思主义研究，2015（02）.

［109］张小明.约瑟夫·奈的软权力思想研究［J］.美国研究，2005（1）.

［110］黄仁伟，胡键.中国和平发展道路与软力量建设［J］.社会科学，2007（9）.

［111］万俊人.道德传统与现代性——中国现代语境中的道德文化问题（英文）［J］. Social Sciences in China，2013（02）.

［112］钱广荣.道德文化建设之"文以载道"视野探微［J］.道德与文明，2013（01）.

［113］吴灿新.道德建设是和谐文化建设的主体内容［J］.伦理学研究，2007（03）.

［114］潘敏学.批判与借鉴西方道德文化——学习邓小平道德建设理论一得［J］.中国高教研究，2000（01）.

［115］王岩.从"美国精神"到实用主义——兼论当代美国人的价值观［J］.南京大学学报，1998（02）.

［116］项久雨.美国软实力建设的启示与借鉴［J］.学习与实践，2010（08）.

［117］高兆明.民族道德文化：从传统到现代［J］.哲学研究，2010（04）.

［118］潘敏学.批判与借鉴西方道德文化［J］.中国高教研究，2000（01）.

［119］孟万金.美国道德教育50年的演进历程及其启示［J］.教育研究，2006（02）.

二、英文文献

（一）英文著作

［120］Gabor T . America's Gun Violence Problem[M]// Confronting Gun Violence in America. Springer International Publishing, 2016.

［121］Peter L, Callero, The Myth of Individualism: How Social Forces Shape Our Lives[M]. Rowman & Littlefield Publishers, 2013.

［122］F.A, Hayek, Individualism and Economic Order [M]. University of Chicago Press, 1996.

［123］Robert N. Bellah, Habits of the Heart: Individualism and Commitment in American Life [M]. University of California Press, 2007.

［124］John Dewey, Individualism Old and New (Great Books in Philosophy)[M]. Prometheus Books, 1999 .

［125］Lorenzo Infantino, Individualism in Modern Thought: From Adam Smith to Hayek (Routledge Studies in Social and Political Thought) [M]. Routledge , 2014.

［126］JerryMuller, Conservatism [M]. Princeton University Press, 1997.

［127］Frank Meyer, What Is Conservatism? :A New Edition of the Classic by 12 Leading Conservatives [M]. Intercollegiate Studies Institute, 2015.

［128］Ronald Story, The Rise of Conservatism in America, 1945-2000: A Brief History with Documents (Bedford Series in History &Culture (Paperback) [M]. Bedford/St. Martin's, 2007.

［129］Leonard Trelawney Hobhouse, Liberalism[M]., Create Space Independent Publishing Platform, August 18, 2017 .

［130］Edward Luce, The Retreat of Western Liberalism[M]. Atlantic Monthly Press, 2017.

［131］Michael Freeden, Liberalism: A Very Short Introduction (Very Short Introductions) [M]. Oxford University Press, 2015.

［132］Edmund Fawcett, Liberalism: The Life of an Idea [M]. Princeton University Press, 2014.

［133］Larry Siedentop, Inventing the Individual: The Origins of Western Liberalism [M]. Belknap Press: An Imprint of Harvard University Press, 2014.

［134］David Harvey, A Brief History of Neoliberalism [M]. Oxford University Press, 2007.

［135］Manfred Steger, Neoliberalism: A Very Short Introduction [M]. Oxford University Press, February 8, 2010.

［136］William Davie, The Limits of Neoliberalism: Authority, Sovereignty and the Logic of Competition (Theory, Culture & Society) [M]. SAGE Publications Ltd., 2017.

[137] Melinda Cooper, Family Values: Between Neoliberalism and the New Social Conservatism (Zone/ Near Futures) [M]. Zone Books, 2017.

[138] Noam Chomsky, Profit Over People: Neoliberalism &Global Order [M]. Seven Stories Press, 1999.

（二）学术论文

[139] Inglis, D.A Durkheimian Account of Globalization the Construction of Global Moral Culture, Durkheimian Studies, December 2011, Vol.17(1).

[140] Stephen Vaisey & Andrew Miles, Tools From Moral Psychology for Measuring Personal Moral Culture, Theory and Society, 2014, Vol.43(3).

[141] Beem, A.L.; Brugman, D.; Host, K.; Tavecchio, L., Students' Perception of School Moral Atmosphere: From Moral Culture to Social Competence. A Generalizability Study, European Journal of Developmental Psychology, 2004, Vol.1(2).

[142] Lloyd, Joan , Is Your Organization Built on a Moral Culture? Key Questions to Evaluate Your Culture.(Column), Healthcare Registration, February, 2017, Vol.26(5).

[143] Myrza, Natalya; Babich, Oleg, Formation of Moral Culture of School Students as Pedagogical Problem Education and Science Without Borders, 2017, Vol.8(15).

[144] Lasch-Quinn, Elisabeth, Unschooled: Democratic Life in the Absence of a Moral Culture, International Journal of Public Administration, April 2007, Vol.30(6-7).

[145] Power, Clark, The Moral Education Miracle at the Franklin County Community Based Corrections Facility: The Influence of Moral Culture, Journal of Research in Character Education, 2010, Vol.8(1).

[146] Thoms, John C, Ethical Integrity in Leadership and Organizational Moral Culture, Leadership, 2008, Vol.4(4).

[147] Joseph Nye, The Decline of America's Soft Power, Foreign Affairs, May 2004, Vol.83(3).

［148］Joseph Nye, Security and Smart Power, American Behavioral Scientist, 2008, Vol.51(9)

［149］Joseph Nye, The Future of American Power Dominance and Decline in Perspective, Foreign Affairs, November 2010, Vol.89(6).

三、网络文献

［150］中国人民大学重阳金融研究院:《十问美国民主》，2021 年 12 月 6 日。http://www.rdcy.org/uploads2021/file/20211205/20211205191735_3872 1.pdf.

［151］White House, "Statement by President Joe Biden on the Investigation into the Origins of COVID-19", https://www.whitehouse.gov/briefing-room/ statements-releases/2021/08/27/statement-by-president-joe-biden-on-the- investigation-into-the-origins-of-covid-%e2%81%a019.

［152］外交部发布:《美国民主情况》，http://szb.xihang.edu.cn/info/1051/1384. html.

［153］Wike, R., Silver, L., Fetterolf, J., Huang, C., & Moncus, J. J. (2021, November 1). What People Around the World Like – and Dislike – About American Society and Politics. Pew Research Center's Global Attitudes Project. Retrieved November 30, 2021, from https://www.pewresearch. org/global/2021/11/01/what-people-around-the-world-like-and-dislike- about-american-society-and-politics/.

［154］［美］约瑟夫·奈:《"特朗普商人思维治国正对美国的软实力造成伤害"》，https://news.sina.com.cn/w/2018-11-07/doc-ihnprhzv6164949.shtml.

［155］Board of Governors of the Federal Reserve System. (n.d.). Distribution of Household Wealth in the U.S. since 1989: Levels($). The Federal Reserve System. Retrieved 21 November, 2021, from https://www.federalreserve. gov/releases/z1/dataviz/dfa/distribute/table/#quarter:127;series:Net%20 worth;demographic:networth;population: all;units:levels.

［156］《美国人价值观道德沦丧表》，http://www.m4.cn/opinion/2012-04/1159660. shtml.

［157］《美国第 45 任总统特朗普就职演说》，https://www.guancha.cn/america/

2017_01_21_390488_s.shtml.

[158]《拜登总统就职演说》, https://www.sohu.com/a/445800193_162522?_trans_=000014_bdss_dk2020mgdx.

[159] U.S.Congress. No Child Left Behind Act [EB/OL]. https://www2.ed.gov/policy/elsec/leg/esea02/index.html.

[160] U.S.Congress. Every Student Succeeds Act [EB/OL]. https://www.ed.gov/essa.

[161] National Center for History. The National Standards for History[EB/OL].

[162] https://phi.history.ucla.edu/nchs/preface/significance-history-educated-citizen/.

[163] Lowry, R. (2021, October 6). Opinion | A Surprising Share of Americans Wants to Break Up the Country. Here's Why They're Wrong. Politico. https://www.politico.com/news/magazine/2021/10/06/americans-national-divorse-theyre-wrong-515443.